新编21世纪研究生系列教材 · 会计硕士（MPAcc）
· 工商管理硕士（MBA）

财务报表分析

理论与实务

第 2 版

张新民　钱爱民 / 编著

中国人民大学出版社
· 北京 ·

前言

PREFACE

目前，国内开设会计硕士（MPAcc）和工商管理硕士（MBA）的大学越来越多。但是，作为会计硕士和工商管理硕士的重要课程，“财务报表分析”的教材建设明显滞后于课程教学的需要。这严重影响了“财务报表分析”课程建设及会计硕士和工商管理硕士的教育质量。

本书作者长期从事专业学位（包括会计硕士、工商管理硕士、金融硕士等）“财务报表分析”等相关课程的教学，积累了较为丰富的教学经验。

应中国人民大学出版社之邀，结合我们的理论研究和教学实践积累，编写了这部教材，以支持各高校会计硕士、工商管理硕士等专业硕士项目的“财务报表分析”课程建设。

一、本教材的主要特色

1. 坚持以理论创新为引领，着力解决中国情境下财务报表分析的理论与方法问题

本书作者长期跟踪并参与中国企业会计准则建设与中国资本市场信息披露制度建设，致力于探索中国企业制度背景和市场环境下的会计信息披露特征，以及中国企业财务报表分析的理论与方法问题。经过长期艰辛而执着的耕耘与实践，逐渐提炼出了一套从财务比率分析到企业财务状况质量分析，再到战略视角下财务报表分析的框架体系，发展至今基本解决了在中国情境下进行企业财务报表分析的理论与方法问题，实现了中国人用自己的分析框架研究中国企业财务报表分析问题的“本土化”突破，摆脱了基于美国会计准则与资本市场信息披露，主要服务于美国资本市场投资者的财务报表分析框架和方法的束缚。

2. 坚持用主流价值观引领案例分析

本教材坚持理论密切结合实际，强调理论的价值在于应用。在案例的选取上，全部案例均来自中国资本市场上真实的上市公司年报信息和相关资料。在案

例的分析上（如对企业战略、竞争力、风险等方面的分析），注重将理论、方法与实践进行有机融合，案例分析内容与职业道德教育、责任意识教育和思政元素相统一，在分析中用主流价值观引领读者的思维与认知。

二、第2版的主要变化

在第2版的编写过程中，我们融入了最新的研究成果，吸纳了最新的企业案例，有效强化了教材的时效性和适用性。

在融入最新研究成果方面，按照母公司资产是企业发展战略的发起端、合并资产是企业发展战略的阶段性执行结果的基本思路，在教材中将母公司资产按照战略属性进行分类，使得依据财报数据对企业战略信息的挖掘更加清晰。

在吸纳最新企业案例方面，除保留了极个别经典案例外，大量案例进行了调换和更新。调换、更新后的案例更加鲜活，也更能够加深对相关分析理论与方法的理解。

值得一提的是，在第七章“企业价值分析”中，我们增加了最近发生的资本市场典型的并购案例。增加的案例试图将公司治理、公司战略、企业财务可持续以及企业风险之间建立起内在的联系。

三、本教材的使用方法

在教材内容的整体安排上，本书在每一章中均提出了学习目标，帮助读者跟随每一章的内容进行循序渐进的学习；对于每一部分的分析内容在讲解之后都配有相应的案例加以分析展示；每一章最后对全章进行了全面总结，并配有思考题和案例分析作业，帮助读者巩固所学内容，增强学习效果。

在案例方面，即使不参考其他案例，本书所配备的案例也完全可以满足本课程的教学与学习任务要求。

尽管如此，作者仍然鼓励读者采集更典型、更鲜活的案例。最简单的办法就是：(1) 获取本书所涉及的上市公司的最新年度报告；(2) 跟踪它们未来的发展走势。

本书适宜作为高等院校MPAcc、MBA/EMBA、金融硕士、国际商务硕士等各专业硕士项目以及企业高级管理人员培训学习财务报表分析课程的教材，也适宜作为会计学、财务管理、工商管理、金融学以及经济学类各专业以及其他相关专业开设各层次相关课程的教材。

本书得到国家自然科学基金重大研究课题“互联网时代的公司财务行为研究”和北京企业国际化经营研究基地的支持。

由于作者水平所限，书中难免存在不足之处，恳请广大读者批评指正。

编著者

目录
CONTENTS

第一章

财务报表分析基础

学习目标

1. 掌握财务报表分析的概念；
2. 了解财务报表分析的主体和不同的分析目的；
3. 了解财务报表分析的对象，掌握企业的经济活动与财务报表之间的关系；
4. 掌握企业财务报告的构成；
5. 了解合并财务报表与母公司财务报表的编制要点；
6. 熟悉合并财务报表的特征；
7. 掌握制约企业报表编制的基本会计假设和一般会计原则；
8. 熟悉会计的确认基础和计量属性。

企业财务报表通过对企业某一特定日期的财务状况以及一定时期的经营成果和现金流量情况的具体列报，全面揭示企业各项经济活动的过程及其经济后果。企业财务报表反映的内容专业性强、概括性高，如不运用专门方法对其加以系统分析，就难以对企业财务状况的整体做出较为科学的评价与判断。因此，企业财务报表分析的重要功能就是对财务报表的数据做进一步加工、整理和分析，更加清晰、完整地展示企业财务状况的全貌。

对企业财务报表进行分析，需要融合会计学、财务管理学、企业管理学、金融学及行为科学等多门学科的理论与实践经验。站在不同视角，分析者对一家企业财务状况的评价结论可能仁者见仁、智者见智。因此，财务报表分析既是一门科学，也是一门艺术。一位优秀的财务分析师不但能洞悉企业所提供的财务数字背后的经营状况，评价其偿债能力、盈利能力与营运能力，还能通过财务报表分析，对企业的战略制定与实施情况、经营管理模式与质量、行业竞争力、风险与价值等诸多方面做出进一步的判断，并对企业的发展前景进行有效预测。

第一节　财务报表分析的概念、主体和目的

一、财务报表分析的概念

企业财务报表分析的概念有狭义与广义之分。狭义的概念是指仅以企业对外提供的财务报表为主要依据，运用比率分析等一系列财务报表分析方法，对企业

的偿债能力、盈利能力与营运能力加以判断，并有重点、有针对性地对有关项目进行质量分析，从而对企业整体的财务状况质量进行评价，为报表使用者的经济决策提供财务信息支持的一种分析活动。广义的概念以此为基础，强调结合企业财务报表之外的其他信息来源（包括公开和不公开的财务信息与非财务信息），进行更为广泛的企业战略制定与实施情况分析、管理模式与质量分析、行业竞争格局与自身竞争优势分析（地域、资源、政策、行业、人才、管理等）、未来风险与挑战分析、发展前景与投资价值分析等等。

如果说财务报表的产生过程是一种“综合”，把企业各个方面、各个部分、各种因素的变化所产生的经济业务，按照一定的规则加以分类、汇总，从而在整体上反映出企业的财务状况和经营成果，那么财务报表分析则是更进一步的“综合”，通过专门的分析方法与手段，对财务报表所反映的信息做进一步的提炼、处理与加工，揭示企业的各种经营、管理活动与企业财务状况之间的内在联系、企业战略制定与实施对企业财务状况造成的影响，从而有利于更恰当地考察企业整体的财务状况质量，更科学地预测企业的未来发展趋势以及更合理地评估企业的价值。

二、财务报表分析的主体和目的

财务报表分析的主体是与企业存在现实或潜在的利益关系，出于某些目的对企业的财务报表展开分析的组织或个人。通常情况下，财务报表分析的主体与会计信息使用者大体相同，均属于企业的利益相关者。不同的财务报表分析主体的利益倾向存在明显差异，与企业的利益关系也各不相同，这就决定了他们在对企业财务报表进行分析时必然有不同的分析目的和侧重点。

（一）企业所有者

企业所有者（即权益投资人）不管是大股东还是中小股东，其投资公司的目的最终都是追求自身财富的增长。对于股份有限公司而言，企业所有者的财富最直接的表现就是股东权益的价格即股价的高低。影响股价的因素有很多，企业的盈利能力和风险水平是其中比较重要的两个因素。由于普通股股东的权益是剩余权益，因此他们对财务报表分析的重视程度会超过其他利益相关者。一般来说，权益投资人进行财务报表分析，主要是为了在面对竞争性的投资机会时做出投资决策。控股股东、大股东和中小股东的投资目的存在差异，他们对企业进行财务报表分析的侧重点必然有所不同，不同的投资者将根据各自的投资目的来确定分析重点。

一般而言，控股股东控制着董事会，参与企业的战略制定，主导企业的各项经营决策与财务决策，通过企业不断成长来获取持续的投资收益（当然也可以通过资金占用、关联交易等手段来转移企业的资源），在企业经营失败时将面临最大的投资损失，因此他们往往更注重企业的长远发展，更强调企业战略的运行方向和实施效果，对企业财务状况的整体质量尤为关注。中小股东则主要是通过股价短期上涨、当期现金分红等方式来获取投资收益，因而他们更关注企业的短期盈利水平、现金流量状况与股利分配政策等方面的信息。

一般认为，能否合理估计企业内在价值区间将决定基本投资策略是否有效。企业内在价值来源于企业的经营活动和投资活动，由于财务报表反映了企业经营活动、投资活动的财务后果，因而被认为包含了大量有关企业内在价值的信息。虽然由于种种局限，财务报表所反映的企业内在价值并不十分全面准确，但不管怎样，通过财务报表所展开的企业基本面分析在投资决策中起着不可或缺的作用。基于投资决策的财务报表分析框架可以简单概括为：（1）企业盈利能力分析；（2）企业投资风险分析；（3）未来盈利预测（包括会计利润和现金流量）；（4）利用适当的价值评估模型估计企业的内在价值。

然而在利用各种价值评估模型对企业进行估值的过程中不难发现，模型中的变量不管是以未来利润为基础还是以未来现金流量为基础，其增长率都是难以准确估算的，折现率更是难以确定；而各种相对估值法要么比较粗糙，要么过于含糊。当然，估值的意义不仅在于其科学性，更在于其普遍可接受性，只要有利于促成参与企业价值评估各方的意见达成即可。

（二）企业债权人

企业债权人是指以出让资金使用权的方式或提供其他资产的方式向企业投入资源的自然人或法人，如商业银行、供应商、企业债券持有人等。由于对于企业债权人来说最重要的事情就是确保其债权的安全，即能否按期收回本金和利息，因此他们非常关注企业偿债能力方面的信息。此外，企业的盈利能力、资产质量和现金流量状况会在根本上决定企业的偿债能力，企业的营运能力又在很大程度上决定企业资产的流动性，因此，债权人也会关注企业盈利能力、营运能力以及资产质量和现金流量质量等方面的信息。

依据债务的偿还期限，债权人分为短期债权人和长期债权人。短期债权人通常需要在一年之内收回本金和利息，因此更关注企业资产的流动性和企业的现金流量状况，强调企业应具有一定的短期支付能力。而长期债权人在较长时间之后才需要收回本金和利息，因而往往更关注企业的财务状况质量，如资产质量、盈利能力、资本结构以及企业陷入财务危机的可能性等，更为强调企业的风险因素和未来发展前景。

一般而言，债权人要在财务报表中寻找借款企业有能力定期支付利息和到期偿还贷款本金的线索。因而，基于信贷决策的财务报表分析框架可以简单概括为：(1) 企业偿债能力分析；(2) 企业创造现金流量的能力分析；(3) 企业的信用状况分析；(4) 企业发展前景预测和财务危机预警；(5) 企业综合信用风险评估。

然而，作者在对大量的上市公司进行风险评估时发现，能够通过财务指标计算出来的风险其实未必是企业所面临的真正的风险。宏观经济环境、国家政策、行业竞争格局等诸多方面均会给企业带来外部环境风险；企业因盲目扩张而发生的过度融资和过度投资会给企业带来战略失败风险；股权结构巨变会给企业带来治理风险；对组织文化、竞争环境、核心人物和核心业务的“过度顺从”会给企业带来惯性依赖风险；等等。这些因素对企业的负面影响可能更大，甚至会给企业带来灭顶之灾。因此，在通过财务报表分析对企业的风险因素进行评价时，应该在计算财务指标的基础上充分考虑非财务因素，强调企业所处的实际环境和特定背景对企业的经济行为造成的不同影响。

（三）经营管理者

企业的经营管理者接受企业所有者的委托，对企业所从事的各项经济活动及其经营成果和财务状况进行有效的管理与控制，以实现企业长短期的经营目标。虽然相对于所有者和债权人等外部信息使用者而言，经营管理者拥有更多用于了解企业的信息渠道和监控企业的方法，但财务报表仍是十分重要且有效的信息来源，无论企业进行收购兼并、成本管理、风险控制还是业绩评价，财务报表分析所提供的信息在管理决策中均起到非常重要的作用。

为满足不同利益主体的需要，协调各方面的利益关系，经营管理者必须对涉及企业财务状况的各个方面予以详尽了解和掌握，以便及时发现问题、采取对策，进行科学的投融资决策，规划和修订市场定位目标，制定和调整资源配置战略、资本引入战略等各方面战略，进一步挖掘潜力，为经济效益的持续稳定增长奠定基础。同时，经营管理者还需要借助财务报表分析参与企业各个部门的业务运营和管理，对员工进行业绩评价，为日后的生产经营编制科学的预算，实现高效的控制与监督。基于管理决策的财务报表分析框架要视具体的管理行为和管理目的而定，呈现出灵活多样的特点，难以统一概括。

随着大数据时代的到来，业财融合的广度和深度都会不断加大，财务报表分析将逐渐演变成大数据分析，从结果的分析向基于过程的分析转变，从阶段性的定期报告分析向实时报告分析转变，从结构化的数据分析向非结构化的数据分析转变，从表内数据分析向表外数据分析转变，从以财务信息为主的分析向财务信息与非财务信息并重的分析转变。这些转变决定了财务报表分析在管理决策中将发挥越来越大的作用。

（四）政府职能机构

政府职能机构是指市场监管、税务、财政以及各级国有资产监督管理委员会（以下简称国资委）等对企业有监管职能的各政府职能部门。市场监管部门主要是审核企业经营的合法性，进行产品质量监督与安全检查；税务与财政部门则主要关注企业的盈利水平与资产的增减变动情况，监督企业是否遵守相关政策法规，检查企业税收缴纳情况；各级国资委作为国有企业的直接出资人，除关注投资所产生的社会效应外，还必然对投资的经济效益予以考虑，在谋求资本保全的前提下，期望能够带来稳定增长的财政收入。总之，政府职能机构不仅需要了解企业资金的使用效率，预测财务收入增长情况，有效地组织和调整社会资金资源的配置，而且要借助财务报表分析，检查企业是否存在违法违纪、浪费国家财产等问题，最后通过综合分析，对企业的发展后劲以及对社会的贡献程度进行考察。

（五）社会中介机构

社会中介机构通常包括会计师事务所、律师事务所、资产评估事务所、资信评估公司以及各类咨询机构等。它们以独立第三方的身份为企业提供服务，包括对企业相关事项做出客观公正的评价，提出中肯的意见和建议，等等。通过财务报表分析，了解企业的财务状况，发现生产经营过程中存在的问题，会为社会中介机构提供非常有价值的判断依据。

在这些社会中介机构中，会计师事务所与财务报表分析的关系最为密切。注册会计师在对企业的财务报表进行审计时，需要就财务报表编制状况发表审计意见，而财务报表分析可以帮助其发现问题和线索，为审计结论提供依据。

（六）其他财务报表分析的主体

除上述财务报表分析主体之外，企业的客户、员工、竞争对手以及社会公众等都可能需要通过财务报表分析来了解企业的财务状况，以便做出各种决策。

在许多情况下，企业可能成为某个客户的重要的商品或劳务供应商。因此，客户关心企业连续提供商品或劳务的能力，关心企业的长期发展前景以及有助于对此做出估计的盈利能力指标与财务杠杆指标等。

企业的员工通常与企业存在长久、持续的关系。他们关心工作岗位的稳定性、工作环境的安全性以及获取报酬的前景。因而，他们对企业的盈利能力和偿债能力特别感兴趣。

竞争对手希望获取关于企业财务状况的会计信息及其他信息，借以判断企业间的相对效率与竞争优势，为未来可能出现的企业兼并提供信息。因此，竞争对手可能把企业作为接管目标，对企业财务状况的各个方面均感兴趣。

社会公众对特定企业的关心也是多方面的。一般而言，他们关心企业的就业政策、环境政策、产品政策以及社会责任履行情况等。对这些方面的分析可以借助盈利能力分析等手段。

我们可以从上述分析中得出以下结论：各财务报表分析主体要求得到的信息大部分都是面向未来的，而对外披露的财务报表反映的是企业过去的财务状况，因而财务报表分析并不能提供他们需要的全部信息；不同的财务报表分析主体有着不同的分析目的，财务报表分析要依据分析目的的不同而选用不同的分析视角和分析侧重点；不同的财务报表分析主体需要获得的信息的深度和广度并不相同，财务报表分析应选择具有个性化的分析方法而不能简单粗暴地“一刀切”。

第二节　财务报表分析的对象

财务报表是以货币作为计量单位，将企业内外部资源在企业既定战略及既定运营模式下的配置与运用成果，依据会计准则进行确认、计量、记录和报告后的数字化表现形式，是企业各项活动经济后果的综合反映。财务报表分析就是从报表中获取符合信息使用者分析目的的信息，帮助信息使用者了解企业的基本面，分析企业的竞争优势和潜在的风险，更加科学地预测企业未来的发展趋势。因此，财务报表分析的对象就是财务报表所能反映的企业各项基本经济活动。而影响企业财务报表的主要因素涉及宏观经济环境、行业环境、企业战略、会计准则和管理者的动机等各个方面。

一、企业的经济活动与财务报表的关系

企业经营和发展的根本目的是为股东创造财富，为了不断创造财富，企业必须在市场上进行各种经营活动；经营活动需要以资产为物质条件，企业为取得各

项资产需要进行投资活动；投资活动需要使用资金，企业为满足投资的资金需求需要进行筹资活动。因此，企业开展的经营活动、投资活动和筹资活动便成为财务报表中主要包含的三项经济活动。

1. 经营活动

经营活动是企业自身运用各项资源开展日常经营的过程，是直接赚取营业收入的活动，因此，通常是企业最为核心的经济活动。企业的日常经济活动通常由各种相互继起、循环往复的经营环节构成。而不同行业的企业，其经营活动所包含的内容各不相同。以制造业企业为例，其经营活动主要包括研究与开发、采购、生产、销售等四项活动。研究与开发活动是为保证企业的生产技术和产品特性具有一定的市场竞争优势；采购活动是为保证日常生产活动的顺利进行而获取所需原材料等资源；生产活动则由生产工人利用机器设备对原材料进行加工和制造，生产出市场所需的各项产品；销售活动则是企业将所生产的产品对外进行销售，从而取得营业收入的过程。其中，前三项活动通常情况下基本都需要动用资金，产生现金流出，只有最后一项活动——销售活动通常能收回资金，产生现金流入，从而使企业的经营活动得以持续不断、循环往复地进行。经营活动的关键是通过上述四项活动的适当组合，使之符合企业外部竞争环境以及自身发展战略的需要。在经营活动的竞争战略选择上，企业可以通过差异化战略构建属于自己的“护城河”，也可以通过成本领先战略实现“薄利多销”，但不管怎样，企业从事经营活动的最终目标都是要打造自身在行业中的核心竞争力。

经营活动的直接后果是取得收入和支出各项成本、费用，它们反映在利润表的上半部分，通常是企业营业利润的主要来源（即核心利润部分）。经营活动所占用的资源称为经营性资产，它们构成企业资产负债表左方——资产的主要项目，其中经营性流动资产主要包括货币资金（在规模不大，没有造成大量闲置的情况下）、商业债权、存货等，经营性非流动资产则包括固定资产、无形资产等（它们虽然是通过投资活动取得，但是为经营活动所需，主要为经营活动提供劳动资料）。经营活动会引起企业现金的流动，它们反映在现金流量表的第一部分（经营活动产生的现金流量）中，其中销售商品、提供劳务会引起现金流入，而购买商品、接受劳务会引起现金流出，引起现金流出的还有企业向职工支付的工资以及各项税费。

2. 投资活动

投资活动是指企业将所筹集到的资金用于取得各项非流动（或长期）资产的过程。企业的投资活动通常可分为对内投资和对外投资两个部分：对内投资是为了取得企业日常经营活动所需设备、厂房、技术等劳动资料所进行的投资，体现为购置固定资产、无形资产等活动；而对外投资是企业将资金通过购买其他企业的股权、债权等方式来赚取投资收益的活动。

投资活动的规模和投向在很大程度上取决于企业资源配置战略的选择和实施情况，对内和对外投资的相对规模决定了企业是经营主导型还是投资主导型的发展模式，而对内投资的规模与特征又决定了企业经营活动的规模、类型和运营方式，是企业开展经营活动的基础和前提条件，它影响着企业的生产经营能力、技术装备水平和工艺特点，甚至还会影响到企业的组织架构、成长能力和经营风险。

投资活动的直接后果是取得各项非流动（或长期）资产，它们反映在资产负债表的左方——非流动资产的各项目中。投资活动的最终结果是运用资产赚取的收益，它们反映在利润表上，对内投资主要带来核心利润，对外投资则主要带来投资收益。投资活动反映在企业现金流动的过程中，是现金流出企业（主要包括购建固定资产、无形资产和其他长期资产支付的现金以及投资支付的现金等）以及收回投资时现金流入企业（主要包括处置固定资产、无形资产和其他长期资产收回的现金以及收回投资收到的现金等），它们反映在现金流量表的第二部分——投资活动产生的现金流量中。通过财务报表分析，可以考察企业资源配置战略的选择和实施状况（主要通过资产结构来体现）以及战略实施的经济后果（主要通过利润结构和现金流量结构来体现）。

3. *筹资活动*

筹资活动是指企业向资金提供者（债权人和所有者）筹集投资活动和经营活动所需资金的过程，主要包括发行股票和债券、取得借款以及利用内部积累资金等。

筹资活动的结果，一方面是取得现金资产（有时也包括非现金资产），它们反映在资产负债表的左方——资产中；另一方面是产生债权人和所有者对企业的某种要求权，它们反映在资产负债表的右方——负债及所有者权益中。运用筹资活动取得的资金进行经营和投资活动可以取得收益，它们反映在利润表的营业利润中；满足资金提供者的要求权则需要支付利息和分配股利，它们反映在利润表的利息费用和所有者权益变动表的向所有者（或股东）的分配中。筹资活动的过程（不是结果）体现在企业现金流动的过程中，有现金流入企业（主要包括吸收投资收到的现金、取得借款和发行债券收到的现金等），也有现金流出企业（主要包括偿还债务支付的现金，分配股利、利润或偿付利息支付的现金等），它们反映在现金流量表的第三部分——筹资活动产生的现金流量中。通过财务报表分析，可以考察企业的资本引入战略的选择与实施状况以及给企业带来的经济后果。

二、企业财务报告的构成

一般认为财务报表是指用货币形式表现企业一定时期财务状况、经营成果和现金流量的书面文件，通常包括资产负债表、利润表、现金流量表和所有者（股东）权益变动表等。本书的财务报表分析所涉及的内容较为广泛，与通常所说的企业财务报告一致。企业财务报告是指企业对外提供的反映企业某一特定日期的财务状况和某一会计期间的经营成果、现金流量等会计信息的文件。企业财务报告包括基本财务报表和其他应当在财务报告中披露的相关信息和资料，如审计报告、报表附注等。为便于读者理解和掌握财务报表分析的内容，本节对企业财务报告的构成加以简要介绍。

（一）基本财务报表

一般而言，基本财务报表是会计信息的载体，是对企业财务状况、经营成果和现金流量的结构性表述，是对企业各种经济活动财务后果的综合性反映。

从基本财务报表的发展、演变过程来看，世界各国的报表体系逐渐趋于形式上的一致（尽管其概念内涵、指标口径等在各国有不同程度的差异）。目前，世界各国的基本财务报表一般包括资产负债表、利润表、现金流量表和所有者（股东）权益变动表。

1. 资产负债表

资产负债表（balance sheet）是企业的基本财务报表之一，它反映企业在某一特定日期（如月末、季末、年末）全部资产、负债和所有者权益的情况，是企业经营活动的静态体现。它是根据“资产＝负债＋所有者权益”这一平衡公式，依照一定的分类标准和一定的次序，将某一特定日期的资产、负债、所有者权益的具体项目加以适当的排列编制而成。它表明企业在某一特定日期所拥有或控制的经济资源、所承担的现时义务和所有者对净资产的要求权（即剩余权益）。

2. 利润表

利润表（income statement）也是企业的基本财务报表之一，它反映企业一定会计期间（如月度、季度、半年度或年度）的经营成果，是企业经营活动的动态体现。企业一定会计期间的经营成果既可能表现为盈利，也可能表现为亏损，因此利润表也称损益表。它全面揭示了企业在某一特定时期实现的各种收入，发生的各种费用、成本或支出，以及企业实现的利润或发生的亏损情况。利润表是根据“收入－费用＝利润”这一基本关系编制的，其具体内容取决于收入、费用、利润等会计要素及其内容，利润表项目是收入、费用和利润等要素内容的具体体现。

3. 现金流量表

现金流量表（statement of cash flow）是反映企业一定时期（如月度、季度、半年度或年度）内经营活动、投资活动和筹资活动对其现金所产生影响的财务报表。现金流量表详细描述了企业在一定会计期间分别由经营活动、投资活动与筹资活动所产生的现金流入与现金流出的具体情况。

需要说明的是，现金流量表中的“现金”指的是货币资金（包括库存现金、银行存款、其他货币资金等）和现金等价物（一般指企业持有的期限短、流动性强、易于转换为已知金额现金、价值变动风险很小的投资）。

4. 所有者（股东）权益变动表

所有者（股东）权益变动表（statement of changes in stockholders equity）是反映构成所有者权益的各个组成部分当期增减变动情况的报表。通过所有者权益变动表，既可以为报表使用者提供所有者权益总量增减变动的信息，也能为其提供所有者权益增减变动的结构性信息，特别是能够让报表使用者理解所有者权益增减变动的根源。

上述财务报表中各具体项目的内涵与分析将在后面相关章节中详细介绍。

（二）报表附注

报表附注是有关资产负债表、利润表、现金流量表和所有者（股东）权益变动表等报表中列示项目的文字描述或明细资料，以及对未能在这些报表中列示项目的说明等。现代企业经营活动日益复杂，财务报表越来越难以满足利益相关者充分了解企业实际情况的需求，作为表外信息的报表附注因此越来越受到报表编制者和使用者的重视。我国在2014年修订的《企业会计准则第30号——财务报表列报》中，明确说明报表附注和财务报表具有同等重要的地位，同时也对附注信息的披露做出了进一步的规范。报表附注一般应当包括下列内容：

（1）企业的基本情况。

1）企业注册地、组织形式和总部地址；

2）企业的业务性质和主要经营活动；

3）母公司以及集团最终母公司的名称。

（2）财务报表的编制基础。

（3）遵循企业会计准则的声明。

（4）重要会计政策的说明。包括财务报表项目的计量基础和会计政策的确定依据等。

（5）重要会计估计的说明。包括下一会计期间内很可能导致资产、负债账面价值重大调整的会计估计的确定依据等。

（6）会计政策和会计估计变更以及差错更正的说明。

（7）对在资产负债表、利润表、现金流量表和所有者权益变动表中列示的重要项目的进一步说明，包括终止经营税后利润的金额及其构成情况等。

（8）或有和承诺事项、资产负债表日后非调整事项、关联方关系及其交易等需要说明的事项。

（9）在资产负债表日后财务报告批准报出日前提议或宣布发放的股利总额和每股股利金额（或向投资者分配的利润总额）。

（10）财务报表重要项目的说明。

概括起来，附注要求披露的信息非常广泛，除了要对报表编制的基础、所采用的固定资产折旧方法、存货盘存和计价方法等会计政策进行明晰，还要对关联方交易、或有负债等不便于单纯用数字表达的重要内容加以说明，也要对表内信息做进一步的拓展，如对营业收入和营业成本的构成、应收账款的账龄分布和前五大客户的占比以及存货各组成部分的增减变动等详细信息进行披露，因此，附注信息是财务报表信息的有力补充。

报表附注至少会在上市公司的年度报告中进行披露，所占篇幅通常很大（约占整个年报的1/2左右），所披露内容由于涉及上市公司的具体业务和经营情况，因此往往带有很强的上市公司个性化色彩，是分析者了解上市公司报表各项目当期变动原因、解读各项目背后的管理活动、判断上市公司财务状况质量和管理质量的重要资料，因此，只有采用项目质量分析法，对上市公司报表中的重大项目和异动项目运用报表附注信息做进一步的解读与分析，才能真正达到报表分析的“个性化”分析境界，所得出的分析结论才有可能更加贴近上市公司的实际情况，在此基础上进行预测和决策才能更加科学、合理。

（三）审计报告

上市公司年度报告中涉及的审计报告是指审计人员（即注册会计师）根据独立审计准则，在对被审计单位（即上市公司）制定审计计划的基础上，实施必要的审计程序，就被审计事项做出审计结论，提出审计意见和审计建议的书面文件。审计报告是注册会计师在完成审计工作后向委托人提交的最终产品，是注册会计师与财务报表使用者沟通所审计事项的主要手段，相当于财务报表和报表附注的“质量鉴定书”，它具有法定证明效力，对增加会计信息的可靠性起着至关重要的作用。

审计报告一般包括标题、收件人、范围段、意见段、签章、会计师事务所地址和报告日期等基本内容。注册会计师根据审计结果和被审计单位对有关问题的处理情况，形成不同的审计意见，分别出具标准无保留意见、带强调事项段的无保留意见、保留意见、无法表示意见和否定意见等审计意见的审计报告。

标准无保留意见说明审计师认为被审计单位编制的财务报表已按照适用的会计准则的规定编制并在所有重大方面公允反映了被审计单位的财务状况、经营成果和现金流量；带强调事项段的无保留意见说明审计师认为被审计单位编制的财务报表符合相关会计准则的要求并在所有重大方面公允反映了被审计单位的财务状况、经营成果和现金流量，但是存在需要说明的事项，如对持续经营能力产生重大疑虑及重大不确定事项等；保留意见说明审计师认为财务报表整体是公允的，但是存在影响重大的错报；无法表示意见说明审计师的审计范围受到了限制，且其可能产生的影响是重大而广泛的，审计师不能获取充分的审计证据；否定意见说明审计师认为财务报表整体是不公允的或没有按照适用的会计准则的规定编制。

简单地说，标准无保留意见就是表示财务报表和报表附注质量符合要求，数据可靠、信息真实；其他四种类型的意见表示财务报表和报表附注或多或少都存在问题，其问题的严重性由轻到重依次为带强调事项段的无保留意见、保留意见、无法表示意见和否定意见。

如前所述，由于对财务报表展开会计分析以及识别相应的报表粉饰等内容并不是本书的研究重点，因而本书在进行财务报表分析之前，主要是基于财务报告中注册会计师出具的审计报告的类型和措辞，对企业财务报表的会计质量做出整体判断，而不再开展单独的会计分析。不可否认的是，审计报告代表注册会计师所发表的一种专业判断，不可避免地也会带有人为估计因素，很难保证审计意见绝对的真实、客观和公正，甚至在会计造假舞弊案件中对相关注册会计师通常都要追究一定的连带责任，但是，随着监管力度的加大和注册会计师法律风险意识的增强，应该说审计报告的总体质量在不断提高。

三、合并财务报表与母公司财务报表

从企业发展的一般规律来看，当企业的经营活动发展到一定阶段以后，随着企业的经营能力、融资能力的增强以及发展战略的调整，企业往往要对外进行控制性投资，以集团化的管理方式继续发展。当然，也有的公司从一开始就以对外控制性投资的方式开展其业务。所谓控制性投资，是指企业出于竞争与自身发展的需要，谋求能够对被投资企业的经营决策和财务决策实施控制性影响而进行的权益性投资。在企业管理实践中，具有控制性影响的企业被称为母公司，而被实施控制性影响的企业称为子公司。母公司可以通过对外控制性投资，实现以较少资源控制更多资源的战略目标。同时，随着子公司业务的不断发展以及子公司盈利能力的不断增强，在母公司自身没有任何变化的情况下，母公司所实际控制的资源有可能会越来越多。

作为母公司财务报表的使用者，当然希望直观地考察企业对外控制性投资的成效，因此，在会计上，母公司被要求在编制一套自身财务报表的同时，还要编制一套将其所有控制范围内的子公司都纳入合并范围的合并财务报表。

（一）相关概念

1. 合并财务报表

一般来说，合并财务报表（也称合并报表）是以母公司控制的整个企业集团（在母公司具有对外控制性投资且母公司编制合并财务报表的条件下，母子公司就形成了财务报表编制意义上的企业集团，即使在母公司的名字中并不出现“集团”或“集团公司”的字样）为单位，以组成企业集团的母公司和子公司的个别财务报表（也称个别报表）为基础，在抵销了个别财务报表中集团内部交易和重复项目的金额后编制的体现企业集团整体财务状况、经营成果和现金流量状况的财务报表。

需要注意的是，合并财务报表由于是涵盖了整个集团内的所有成员单位，因此，整合到一起后的合并财务报表所代表的法律主体是不存在的。集团内的各个独立核算的母公司或者子公司均是法律主体。

2. 母公司财务报表

母公司财务报表是指对外具有控制性投资的企业所编制的自身财务报表。按照当前的规定，上市公司必须同时披露母公司财务报表和合并财务报表。

3. 商誉

根据现行的会计准则，非同一控制下的企业合并，是参与合并的一方购买另一方或多方控制权的交易。在这种情况下，企业合并成本（即购买方所确定的支付对价）大于合并中取得的被购买方可辨认净资产公允价值份额的差额被确认为商誉。在控股合并的情况下，该差额将在合并资产负债表中作为商誉列示，其计算方式是：长期股权投资的成本与购买日按照持股比例（股权交易的股份占全部股份的比例）计算确定应享有被购买方可辨认净资产公允价值份额之间的差额；在吸收合并的情况下，该差额是购买方在其账簿或个别报表中应确认的商誉。

在中国资本市场上，出现了很多高商誉并购（高商誉并购是指购买方付出的购买成本远远超过购买日按照持股比例计算确定应享有被购买方可辨认净资产公允价值份额）。出现高商誉的原因很多，过高的商誉将会危及企业未来的整体盈利能力。

4. 少数股东权益

少数股东是指不享有子公司控制权的股东。在现实经济中，很多握有企业控制权的股份并没有达到50％以上。这就是说，“少数”的概念不是股份数的绝对少数，而是非控制。

在财务报表上，少数股权主要体现在如下几个方面：一是在合并资产负债表中，代表少数股东对子公司净资产的要求权，以“少数股权权益”列示；二是在合并利润表中，代表少数股东对子公司利润的应享份额，以“少数股权损益”列示；三是在合并现金流量表中列示“子公司吸收少数股东投资收到的现金”和“子公司支付给少数股东的股利、利润”。

（二）合并财务报表编制的要点

在编制合并财务报表的过程中，并不是将母公司财务报表与合并财务报表的相同项目进行简单直接相加，而是需要对母子公司之间的内部交易进行剔除。

为加深读者对合并财务报表的理解和认识，下面简单介绍一下合并财务报表的编制过程。

1. 合并资产负债表的编制

合并资产负债表是母公司编制的，以母公司和符合合并资产负债表编制要求的子公司的资产负债表为基础、剔除母子公司内部交易的影响后编制而成的，用以展示母公司控制的企业集团整体资产、负债和所有者权益状况的财务报表。

实际上，合并资产负债表编制需要注意的关键点在于把母公司与子公司、子公司之间的债权债务进行抵销。可能出现母子公司之间交互关系的债权债务项目主要有：

（1）应收账款与应收票据、应付账款与应付票据。例如，母公司向子公司赊销商品。一方面，这个业务对于母公司是销售业务，形成母公司应收票据或者应收账款的增加；另一方面，这个业务对于子公司是采购业务，形成子公司应付票据或者应付账款。

实际上，站在母子公司以外看这个企业集团，只不过是母公司的存货转移到了子公司，因此，其债权债务站在母子公司以外看是不存在的。同样，因此产生的毛利（营业收入、营业成本）站在母子公司以外看也是不存在的。在编制合并资产负债表时，与这种业务有关的集团内部债权与债务要进行抵销（在编制合并利润表时，与这种业务有关的营业收入与营业成本也要抵销，相关的毛利自然也就抵销了）。

(2) 其他应收款与其他应付款。本来，“其他”就应该是规模不大的项目。但实际上，除了日常规模不大的“其他”应收和应付，在集团化管理的条件下，很多企业还把母公司支持子公司的资金所形成的债权计入其他应收款，把母公司从子公司处整合过来的资金所引起的负债计入其他应付款。在这种情况下，母公司的其他应收款与其他应付款的规模均可能很大。

实际上，尽管母子公司之间的资金往来比较热闹，但站在母子公司以外看这个企业集团，只不过是母公司的资金转移到了子公司，或者子公司的资金转移到了母公司。因此，其债权债务站在母子公司以外看是不存在的。在编制合并资产负债表时，与这种集团内资金往来业务有关的债权与债务要进行抵销。

(3) 子公司的少数股东权益。在合并资产负债表的编制过程中，母公司是把自己的资产负债表与子公司的全部资产、负债和股东权益在剔除重复因素后进行合并的。这样，子公司非控制性股东对子公司股东权益的要求权就要单独列示。

少数股东权益的计算公式为：

少数股东权益＝子公司股东权益×非控制性股东持股比例

(4) 合并资产负债表中的商誉。在购买日，母公司对子公司的长期股权投资与母公司在子公司所有者权益中所享有的份额的差额，确认为商誉。

与个别资产负债表不同，合并资产负债表的结构如表 1－1 所示。

表 1－1　合并资产负债表

项目	金额	项目	金额
资产		负债	
常规经营性资产与投资性资产		股东权益	
商誉		少数股东权益	
资产总计		负债与股东权益总计	

2. 合并利润表的编制

合并利润表是母公司编制的，以母公司自身的利润表与符合合并利润表编制要求的子公司的利润表为基础、剔除集团内部交易的影响后编制而成的，用以展示母公司控制的企业集团整体盈亏状况的财务报表。

编制合并利润表的基本原理与上述编制合并资产负债表的情况相似，关键也在于母公司和子公司相互之间的内部交易事项的抵销，主要包括：

(1) 母公司与子公司、子公司之间的集团内部营业收入与营业成本的抵销；

(2) 购买集团内企业的存货作为固定资产、无形资产等资产使用时未实现毛利的抵销；

(3) 集团内部应收款项计提的坏账准备等减值准备的抵销；

(4) 集团内部投资收益（利息收入）与利息支出的抵销；

(5) 母公司与子公司、子公司相互之间持有对方长期股权投资的投资收益与利润分配有关项目的抵销；

(6) 子公司的少数股东损益。

在合并利润表的编制过程中，母公司是把自己的收入、费用等利润表项目与子公司的全部利润表项目在剔除重复因素后进行合并的。这样，子公司非控制性股东对子公司剔除重复因素后的净利润的要求权就要单独列示。

少数股东损益的计算公式为：

少数股东损益＝子公司剔除重复因素后净利润×非控制性股东持股比例

3. 合并现金流量表的编制

合并现金流量表是由母公司编制的，以母公司自身的现金流量表与符合合并现金流量表编制要求的子公司的现金流量表为基础、剔除集团内部交易的影响后编制而成的，反映母公司控制的企业集团整体时间内现金流入、现金流出数量及其增减变动情况的财务报表。

合并现金流量表的编制主要应掌握两个方面的内容：一方面是采用什么方法编制合并现金流量表；另一方面是企业集团少数股东与子公司之间的现金流动应如何披露。合并现金流量表有两种编制方法：第一种方法是根据合并资产负债表、合并利润表及其他有关资料，按个别现金流量表的编制方法编制；第二种方法是根据集团内部成员企业（母公司及纳入合并范围的子公司）的个别现金流量表，通过抵销母子公司之间的现金流入和现金流出，采用合并财务报表的一般编制程序编制。

在以母公司、子公司个别现金流量表为基础编制合并现金流量表时，同合并资产负债表、合并利润表的编制程序一样，关键也在于母公司和子公司相互之间的内部交易事项的抵销，主要包括：

(1) 集团内部公司之间相互销售和提供商品时，一方的经营活动现金流入需要与另一方的经营活动现金流出相抵销；

(2) 集团内部公司之间发生投融资业务时，一方的投资活动现金流出或流入与另一方的筹资活动现金流入或流出相抵销；

(3) 集团内部一方当期取得投资收益产生的现金流入与另一方分配股利、利润或偿付利息产生的现金流出相抵销；

(4) 集团内部公司之间以现金结算债权与债务所产生的现金流量的抵销。

(三) 合并财务报表的特征

从合并报表的编制过程来看，合并报表至少具有如下特征：

1. 合并报表主体仅是一个会计主体而非法律主体

合并报表是以组成企业集团的母公司和子公司的个别报表为基础，在抵销了集团各公司之间的内部交易事项之后编制的，体现企业集团整体财务状况的报表。也就是说，组成集团的母公司、子公司均是独立核算、各自具有独立的财务和经营体系、独立对其股东出具财务报告的经济实体（多数为法律主体）。集团内的母公司、子公司均有权支配各自报表中所列示的资源，并运用各自资源来取得相应的经营成果。整个集团内的母公司与子公司虽然以股权关系为纽带有机地联系在一起，但实际上并不存在一个有权支配合并报表所列示的全部资源，并通过对这种资源的有效运用或支配来谋求现实经济利益的法律主体。

2. 合并报表的编制质量仅体现逻辑关系的正确性

合并报表是母公司以合并范围内的母公司、子公司的报表为基础编制的。对于个别报表来说，企业的报表与账簿、凭证以及实物等有“可验证”的对应关系，报表的编制质量可以通过这种可验证性来检验。但是，对于合并报表来说，由于在编制过程中集团内部交易需要相互抵销，因此合并报表与分散在企业集团各个企业的账簿、凭证以及实物不可能存在个别报表的那种可验证的关系。合并报表的编制质量仅仅体现逻辑关系正确与否。

3. 合并报表信息的决策有用性具有显著差异

合并报表信息可以综合反映通过产权纽带关系构成的企业集团某一期间的整体财务状况、经营成果和现金流转状况，揭示整个集团所控制的资产、承担的负债、实现的收入以及发生的费用等方面的信息，因此，合并报表信息的决策有用性毋庸置疑。但由于合并报表在编制基础、编制方法、处理程序等诸多方面相对于个别报表来说存在特殊性，因而决定了合并报表信息的决策有用性可能存在显著差异。尤其是在子公司与母公司的经营性质和业务特征截然不同的情况下，合并报表信息的决策有用性更会受到不同程度的影响。

举例来说，在合并报表的编制过程中，要将与内部交易相关的项目剔除。然而被剔除的项目对个别报表的主体——母公司、子公司来说仍具有决策有用性，如债务企业的债务仍需要偿还、内部交易实现的销售收入已经计入利润表作为计税的依据等。这种合并报表编制过程中的“项目在抵销基础上的直接相加”程序，使得对个别报表有意义的信息在合并报表分析中有可能消失或者失去意义，结果导致合并报表中的数字在很大程度上具有“汇总”味道，而失去了原有的“鲜活”味道。因此，通常情况下，当企业面对诸如分派股利、支付报酬、偿付债务、缴纳税金等一系列决策问题时，还是应该以母公司个别报表为基础。合并报表揭示的信息在很多情况下（尤其是针对母公司、子公司自身来说）并不能直接作为决策依据。而一些用于决策的财务指标，如毛利率、存货周转率、资产周转率等，更会由于子公司与母公司的经营性质和业务特征有差异，在合并报表分析中不同程度地失去意义。

信息使用者在决策过程中如何恰当利用合并财务报表和母公司财务报表信息，在理论界和实务界一直是一个颇具争议的话题。尽管人们通常认为，较之于母公司财务报表，合并财务报表可以为母公司的股东（特别是控股股东）提供更有用的信息，但关于母公司财务报表是否对合并财务报表具有补充性的作用尚存争议，关于合并财务报表对债权人的有用性也没有统一的认识。鉴于此，西方主要发达国家对母公司财务报表存在两种制度安排：一种是以合并财务报表取代母公司财务报表，母公司只对外提供合并财务报表，而不提供自身的财务报表，即单一披露制，如美国和加拿大等；另一种则是要求母公司同时提供合并财务报表和母公司财务报表，即双重披露制，如英国、法国、德国和日本等。我国目前实行的是双重披露制，证监会要求作为母公司的上市公司同时提供母公司财务报表和合并财务报表。不论各国准则制定机构和相关证券监管机构选择单一披露制还是双重披露制，合并财务报表的作用是不言而喻的，它能提供有关母公司直接或间接控制的经济资源，以及整个企业集团的经营成果等方面的综合信息，同时也全面反映了母公司的股东在企业集团中所享有的权益。

第三节　制约企业报表编制的基本会计假设

一般认为，会计假设是指会计机构和会计人员对那些未经确认或无法正面论证的经济业务或会计事项，根据客观的正常情况或变化趋势所做出的合乎情理的判断。

下面分别介绍基本会计假设的含义及其对报表编制的影响。

一、会计主体假设

会计主体（accounting entity）假设的基本含义是，每个企业的经济业务必须与企业的所有者及其他经济组织分开。会计主体假设规定了会计处理与财务报告的空间范围，也限定了企业的会计活动范围。有了会计主体假设，会计处理的经济业务和财务报告才可以按特定的主体来识别。在上市公司年报中，上市公司自身和上市公司与其子公司组成的企业集团都可以成为一个会计主体，但一般情况下，这样的企业集团（除非履行了正式的法律登记注册手续）并不是一个法律主体。

目前，我国证监会要求上市公司对外披露的财务报表中包括合并报表和母公司报表两套报表。合并报表是指反映母公司及其全部子公司所形成的企业集团的整体财务状况、经营成果和现金流量的财务报表。

股东和债权人在决策过程中如何恰当利用合并报表和母公司报表信息，在理论界和实务界一直是一个颇具争议的话题。在分析某些问题时，使用合并报表并不能得出科学、合理的结论，例如，母公司和子公司的债权人对企业债务的求偿权应该是针对法律主体而非会计主体的，合并报表实际上是母公司和各子公司报表数据的合并（经过一定的抵销处理），并不能反映母子公司作为单个法律主体的实际偿债能力，只有当母子公司存在债务交叉担保，或对企业集团进行整体授信时，合并报表才能为债权人提供更有用的信息。因此，在报表分析中，是否恰当地利用了母公司报表和合并报表信息，在很大程度上决定着报表分析结论的质量。

二、持续经营假设

持续经营（going concern）假设的基本含义是，企业会计方法的选择应以企业在可预见的未来将以它现时的形式并按既定的目标持续不断地经营下去为假设。通俗地讲，就是企业在可预见的将来不会面临破产、清算。对此，《企业会计准则——基本准则》的表述是："企业会计确认、计量和报告应当以持续经营为前提。"在这里，企业在可预见的将来保持持续经营并不意味着企业会永久存在，而是指企业能存在足够长的时间，使企业按其既定的目标开展经营活动、按已有的承诺去偿清债务。

在实务中，当企业的持续经营可能面临严重困难时，注册会计师往往会在审计意见中予以说明，以提醒信息使用者关注企业可能面临的相关风险。在企业确实难以维持"持续经营"的情形下，企业就不能再采用以"持续经营"为假设的各种会计处理方法（如固定资产折旧、无形资产摊销等）了。

三、会计分期假设

会计分期（accounting periods）假设的含义是，企业在持续经营过程中所发生的各种经济业务可以归属于人为划分的各个期间。这种因会计的需要而划分的期间称为会计期间，会计期间通常是按月、季和年来划分的。对此，《企业会计准则——基本准则》的表述是："企业应当划分会计期间，分期结算账目和编制财务会计报告。"

会计分期假设是持续经营假设的必然结果。由于我们假设企业会在可预见的将来保持持续经营状态，因此在持续经营的过程中存在何时向与企业有利害关系的各方提供财务报告的问题。为了使财务报告的使用者能定期、及时地了解企业的财务状况和经营成果，会计上应把持续经营的经济活动人为地进行划分，使其归属于各不相同的会计期间，并进行会计处理及财务报告的编制。以年度划分的会计期间称为会计年度，会计年度可与日历年度一致，也可与日历年度不一致。我国《企业会计准则——基本准则》规定："会计期间分为年度和中期。中期是指短于一个完整的会计年度的时间间隔。"

会计期间的确定，实际上决定了企业对外报送报表的时间间隔以及企业报表所涵盖的时间跨度。从会计信息本身应当反映的经济内容以及报表信息使用者希望了解的内容来看，会计期间的划分应当体现较为完整的生产经营过程。在企业连续、大批、大量生产和经营产品且季节性影响较小的条件下，会计期间的划分不会对信息披露以及信息使用者分析企业财务状况产生较大影响。但是，在企业季节性生产的条件下，整齐划一地以日历年度为会计年度，有可能因财务信息代表性较差而使企业所披露的部分信息（如资产负债表信息）难以反映企业财务状况，从而误导信息使用者。

会计分期假设除了为企业进行会计处理、计算损益和编制财务报告限定了时间区域，对会计信息质量有重要影响，对会计的概念也有一定的影响。由于受会计分期假设的影响，许多会计概念具有鲜明的"时期"特性。比如，利润总额、收入、费用等均带有鲜明的时期特性。此外，会计分期假设与持续经营假设一起，构成了权责发生制原则的理论基础。

四、货币计量假设

货币计量（monetary measurement）假设的基本含义是，会计主体在财务会计确认、计量和报告时均采用货币作为计量单位，反映会计主体生产经营活动价值方面的表现。也就是说，只有能用货币反映的经济活动，才能纳入会计系统；不同实物形态的资产只有用货币作为统一计量单位，才能进行会计处理，揭示企业的财务状况。货币计量假设使得企业对大量复杂的经济业务进行统一汇总和计量成为可能。货币计量假设的深层次含义还在于假设币值是稳定的，否则货币并不完全符合作为计量单位所应具有的特征。

但这也意味着选择货币作为计量单位，会给财务报表带来一定的局限性：第一，报表信息并未完全反映企业可以利用的经济资源，企业有许多经济资源受客观条件制约或者受会计惯例的制约并未在报表中得到体现，如企业的人力资源、历史悠久的企业账外存在的大量无形资产（如未申请专利的专有技术）、大数据资源、客户资源以及自创商誉等，这些资源难以用货币计量，均不可能在报表中予以反映。第二，大量的实物资产在选择货币作为计量单位体现其价值时，还会产生计量属性的“两难选择”问题：历史成本计量属性缺乏决策相关性，而公允价值计量属性又在一定程度上缺乏客观性。第三，当某一时期存在较大幅度的通货膨胀时，会计信息的价值会大大降低。

第四节　制约企业报表编制的一般会计原则

会计原则是从会计实践中逐渐发展起来的，被公认为公正、妥善和有用的系统化的惯例，是会计人员据以辨认、计量和记录经济业务，提供财务报告的指南。

财政部发布的《企业会计准则——基本准则》对我国企业会计以及报表编制应遵循的基本会计原则做了规定。现分述如下。

一、客观性原则

企业应当以实际发生的交易或者事项为依据进行会计确认、计量和报告，如实反映符合确认和计量要求的各项会计要素及其他相关信息，保证会计信息真实可靠、内容完整。我们认为，客观性（objectivity）原则有两层含义：一是可验证性；二是会计人员对某些会计事项的估计判断合法、合规、合理。

可验证性是指企业的会计处理应当尽量以实际发生的业务为基础，以取得的业务凭证为依据。这样就既能保证企业的会计处理从填制记账凭证、登记账簿到编制财务报表等都有可靠的凭证为依据，也能保证会计上的账证、账账、账表和账实之间的相互一致。

在会计实务上，除了能够取得记载业务发生情况的凭证的业务，还有一些虽已发生但其金额需要靠会计人员的职业估计和判断才能确定的业务。对这类业务的处理，就很难要求其达到数据准确性。这些业务有：固定资产和无形资产、递延资产的摊销，坏账损失的预先估计，制造费用在完工产品和在产品之间的分摊，或有损失的估计，等等。很明显，这些业务在各个会计期间都会发生，但其金额大小不一，不同的会计人员可能会估计出不同的结果。对此，我们只能要求会计人员的处理尽量合法、合规、合理，不带主观偏见。美国会计界比较有代表性的见解认为，财务信息客观性的标志是："如果两个以上有资格的人员查证同样的数据，基本上能得出相同的计量和结论。"①

二、相关性原则

相关性（relevance）原则是指企业所提供的会计信息应当与信息使用者相关，对信息使用者的决策有用。会计的相关性原则是会计信息的生命力所在，因为企业会计信息的使用者都希望通过利用会计信息做出更加客观、科学的决策。如果会计信息不能起到这一作用，会计信息乃至会计工作就失去了意义。

企业提供的会计信息应当与财务报告使用者的经济决策需要相关，有助于财务报告使用者对企业过去、现在或者未来的情况做出评价或者预测。因此，我们通过财务报表分析，正是利用反映企业过去业绩和财务状况的财务报表，通过结合其他一系列非财务因素，利用专门的分析方法，进一步预测企业的未来发展走势，提供更加科学、合理的决策依据。

三、明晰性原则

企业提供的会计信息应当清晰明了，便于财务报告使用者理解和利用。强调明晰性（clarity）原则是由会计核算的目的决定的。会计核算的目的之一是向与企业有关的各个方面提供有用的会计信息，而要做到这一点，就必须要求企业的会计信息能够清晰完整地反映企业经济活动的来龙去脉。如果因为企业提供的会计信息清晰度不高而无法使用，不仅会给信息使用者造成困难，对提供信息的企业来说也是一种损失。

① 常勋.现代西方财务会计.北京：中国统计出版社，1994：16.

另外，为了保证企业提供的会计信息符合客观性原则的要求，还需要通过特定的方法对会计信息及其产生的过程进行审查和验证。这就要求企业的会计记录准确、清晰，会计凭证和账簿据实填制和登记，账户对应关系清楚，文字摘要属实，手续齐备，程序合理。

四、可比性原则

企业提供的会计信息应当具有可比性，可比性（comparability）原则具有两个方面的要求：第一，同一企业不同时期发生的相同或者相似的交易或者事项，应当采用一致的会计政策，不得随意变更。确需变更的，应当在附注中说明。第二，不同企业发生的相同或者相似的交易或者事项，应当采用规定的会计政策，确保会计信息口径一致，相互可比。

坚持可比性原则，可以使企业连续几个会计期间的会计信息对经营决策有使用价值，还可以对不同会计期间的财务报表和会计信息进行纵向的分析和对比；也可以防止个别企业或个别人利用会计方法的变动，人为地操纵体现企业财务状况的指标（如成本、利润等）以粉饰企业的财务状况和财务成果。财务报表分析中的比较分析法正是在会计信息可比性原则的基础上建立起来的。

另外，对于不同企业，特别是同一行业的不同企业，按照会计准则的可比性要求，应当采用相同或相似的会计政策，以使不同企业财务报表的编制建立在相同的基础上，从而有利于会计信息的使用者进行企业间的分析比较。遵守可比性原则将使企业间会计信息的比较质量大大提高。

五、实质重于形式原则

企业应当按照交易或者事项的经济实质进行会计确认、计量和报告，不应仅以交易或者事项的法律形式为依据。按照实质重于形式（substance over form）原则，企业在进行会计处理时，对那些经济实质与法律形式不相符的业务或者事项，可以按照经济实质进行处理。如在判断纳入合并报表的合并范围时，是以实质性控制权作为标准，更强调对被投资企业的控制程度而不仅仅看持股比例。

六、重要性原则

企业提供的会计信息应当反映与企业财务状况、经营成果和现金流量等有关的所有重要交易和事项。重要性（materiality）原则主要表现为：对某些经济业务，因其金额或数量较小，不单独反映对揭示企业的财务状况不致发生重大影响，所以在处理时采取与其他项目合并以突出其他重要性项目的做法。例如，对低值易耗品的会计处理，尽管其受益期将持续若干会计期间，但其金额与固定资产相比较小，因而在实务上多采用简化的方法，如一次摊销法、五五摊销法等。对固定资产则采用比较规范的折旧处理。至于哪些项目可视为重要性项目，应视企业的实际情况而定。

在运用项目质量分析法进行分析时，也强调要将重大项目（即金额巨大的项目）列为重点分析对象予以特殊关注。

七、谨慎性原则

谨慎性（prudence）原则又称稳健性原则，是指在对企业不确定的经济业务进行处理时，应持保守态度。具体地说，凡是可以预见的损失和费用均应予以确认，对不确定的收入则不予确认。企业对交易或者事项进行确认、计量和报告应当保持应有的谨慎，不应高估资产或者收益、低估负债或者费用。

必须指出的是，谨慎性原则是市场经济条件下企业会计活动必须遵循的一条重要原则。这是因为，在现实经济生活中存在许多不确定性因素。比如，企业只要与其他经济组织和个人发生商品赊销业务，就存在发生坏账损失的可能性；商业企业购入的商品在经营活动中可能存在削价处理损失以及其他一些或有损失；等等。所有这些都可能对企业的财务状况产生影响。对于上述可能发生的费用和损失，如果不进行预先处理，可能导致高估资产和收益、低估费用和损失，从而使企业在财务分配上处于不利的境地，并且影响企业未来的正常经营活动。

目前一般认为，允许企业采用谨慎性原则的方面有：对各种质量下降的资产计提减值准备、对企业进行预计负债的账务处理、对部分固定资产可以采用加速折旧法等。

需要强调的是，采用谨慎性原则会使得企业的会计信息因去除了“水分”而变得更加可信，但同时也会因掺杂进了对“可能性”以及减值损失金额等诸多方面的估计和判断，而加大了会计信息的操纵空间。

八、及时性原则

企业对于已经发生的交易或者事项，应当及时进行确认、计量和报告，不得提前或者延后。我们认为，及时性（timeliness）原则有两方面的含义：一是在企业的经济活动发生以后，会计人员应对其进行及时的会计处理，将其纳入会计系统；二是在会计期间结束以后，应及时编制财务报告，便于利益相关者了解企业财务状况的最新变化。

上述两方面含义是相互联系的：只有对已发生的经济业务进行及时的会计处理，才有可能在会计期间结束以后迅速编制财务报告；但如果在会计期间结束以后未能及时编制财务报告，即使会计记录做到了及时性，也会使会计信息的价值大打折扣。

第五节　会计的确认基础和计量属性

一、会计的确认基础

在财务会计理论和实务中，会计确认是一个十分重要的环节，它决定了会计核算主体何时将本单位具体的经济业务记录为何种要素，从而实现向企业外部的利益集团提供符合要求的会计信息这一根本目标。目前，无论是从财务会计的理论还是实务来看，可选择的会计确认基础一般只有两个，即收付实现制和权责发生制。

1. 收付实现制

收付实现制（cash basis）又称现金制，是以款项的实收实付时间为入账标准来确认本期收入和费用，即凡是本期收到的收入款项和付出的费用款项，不论是否应该属于本期的收入和费用，均作为本期的收入和费用处理，期末不需要对收入和费用进行任何账项调整。

由于收付实现制是以企业实际收付现金的时间为确认收入和费用的基本标准，因而报表中所体现的企业当期经营成果与期末的现金余额相一致，这样可以使企业的经营成果具有非常高的含金量和可信度。但是在商业信用广泛应用的行业和领域，现金的收付时间往往和企业实际的收入赚取及费用发生的时间不一致，采用收付实现制将导致计入当期的收入和费用相互之间并不存在事实上的因果关系，报表中的利润并不反映企业真实的经营业绩，从而使其失去科学性及运用价值。这一致命缺陷导致当今世界范围内没有一个国家在会计上采用这一确认基础。

2. 权责发生制

权责发生制（accrual basis）又称应计制，是以业务的实际发生时间为入账标准来确认本期收入和费用，即凡是属于本期发生的收入和费用，不论其款项是否收付，均应作为本期的收入和费用处理；凡是不属于本期发生的收入和费用，即使其款项已在本期收取或付出，也不作为本期的收入和费用处理。

在这里，属于本期的收入也称已实现的收入，其确认主要关注实现收入的过程是否完成，并不关注货币的收取情况：只要商品销售的过程完成或收入的赚取过程完成，在会计上就确认收入。一般来说，企业会计上所确认的收入（体现为利润表中引起利润增加的因素）与货币收款情况有三种对应关系：一是在销售活动完结或劳务提供过程完结时立即收取货款（如现销），使得收入的确认引起货币同时增加；二是在销售活动完结或劳务提供过程完结时并不立即收取货款（部分或全部），但取得在未来确定的时间内收取货款的权利（如赊销），使得收入的确认引起债权增加；三是在向顾客提供商品和劳务以前已经收取货币（如预收款销售），此时收入的确认引起债务减少。

属于本期的费用也称已发生的费用，是指为产生一定会计期间的收入而发生的耗费，在利润表中表现为使利润减少的因素。按照权责发生制原则对费用进行确认，主要关注资源的消耗与实现收入的过程是否相关，并不关注货币的支付情况：只要是为实现收入发生的资源消耗，在会计上就确认为费用。一般来说，企业会计上所确认的费用（体现为利润表中各项费用等）与货币支付情况有三种对应关系：一是在费用发生时立即支付货款（如小额的费用开支），使得费用的确认引起货币同时减少；二是在费用发生时并不立即支付款项（部分或全部），但承担在未来确定的时间内支付款项的义务（如先耗用他人资源，后付款），使得费用的确认引起债务增加；三是在费用发生以前已经对有关资源的取得进行支付（如先付款购买，后耗用），此时费用的确认引起非货币性资产减少。

权责发生制是依据持续经营和会计分期两个基本前提来正确划分不同会计期间资产、负债、收入、费用等会计要素的归属，并运用诸如应收、应付、预提、待摊等项目来记录由此形成的资产和负债等会计要素。企业的经营活动不是一次而是多次，其损益的记录要分期进行，每期损益的计算理应反映所有属于本期的真实经营业绩，收付实现制显然不能完全做到这一点。因此，与收付实现制相比，权责发生制能更加准确地反映特定会计期间企业实际的财务状况和经营业绩，成为世界范围内普遍采用的会计确认基础。

然而，在实务中确认企业业务实际发生的时间往往以企业开发票的时间为标准，而开发票的时间易受人为控制，带有一定的主观性，这便为企业操纵利润提供了相当大的空间和可能性。同时，企业业务发生的时间往往和现金实际收付的时间不一致，导致一个从利润表来看经营很好、效率很高的企业，在资产负债表上却可能因没有足够的现金而陷入财务困境，即通常所说的“有利润没钱”的状况。在金融风险日益加剧的今天，“现金为王”的观念越来越深入人心，人们甚至认为现金与现金流量比会计利润更重要，因为企业的现金流量状况在很大程度上影响着企业的生存与发展。为满足人们的这一信息需求，可以通过编制以收付实现制为基础的现金流量表来弥补权责发生制的不足。

二、会计的计量属性

会计计量是为了将符合确认条件的会计要素登记入账并列报于财务报表而确定其金额的过程。企业应当按照规定的会计计量属性进行计量，确定相关金额。计量属性是指所计量的某一要素的特性，如固定资产的数量、原材料的重量、楼房的高度等。从会计的角度看，计量属性反映的是会计要素金额的确定基础。按照《企业会计准则——基本准则》，会计计量属性主要包括：

1. 历史成本

历史成本（historical cost）又称实际成本，就是取得或制造某项财产物资时所实际支付的现金或者其他等价物。在历史成本计量下，资产按照购置时支付的现金或者现金等价物的金额，或者按照购置资产时支付的对价的公允价值计量。负债按照因承担现时义务而实际收到的款项或者资产的金额，或者承担现时义务的合同金额，或者按照日常活动中为偿还负债预计需要支付的现金或者现金等价物的金额计量。

采用历史成本原则计价的优越性在于：第一，由于交易价格是由企业与企业外部共同确定的，因而具有一定的客观性；第二，历史成本的确定通常要有一定的会计凭证作为依据，具有可验证性；第三，历史成本原则可抑制因主观判断而产生的可能蓄意歪曲企业财务状况的事件发生。

2. 重置成本

重置成本（replacement cost）又称现行成本，是指按照当前市场条件，重新取得同样一项资产所需支付的现金或现金等价物的金额。在重置成本计量下，资产按照当前市场条件下重新取得同样一项资产所需支付的现金或现金等价物的金额计量。负债按照现在偿付该项债务所需支付的现金或者现金等价物的金额计量。

3. 可变现净值

可变现净值（net realizable value）是指在正常生产经营过程中以预计售价减

去进一步加工的成本和销售所必需的预计税金、费用后的净值。在可变现净值计量下，资产按照其正常对外销售所能收到的现金或者现金等价物的金额扣减该资产至完工时估计将要发生的成本、估计的销售费用以及相关税费后的金额计量。

4. 现值

现值（present value）是指对未来现金流量以恰当的折现率进行折现后的价值，是考虑货币时间价值因素等的一种计量属性。在现值计量下，资产按照预计从其持续使用和最终处置中产生的未来净现金流入量的折现金额计量，负债按照预计期限内需要偿还的未来净现金流出量的折现金额计量。

5. 公允价值

公允价值（fair value）是指在公平交易中，熟悉情况的交易双方自愿进行资产交换或者债务清偿的金额。在公允价值计量下，资产和负债按照在公平交易中熟悉情况的交易双方自愿进行资产交换或者债务清偿的金额计量。

在实务中，一般应当采用历史成本。采用重置成本、可变现净值、现值、公允价值计量的，应当保证所确定的资产金额能够取得并可靠计量。

美国会计准则和国际财务报告准则比较侧重公允价值的运用，以体现会计信息的相关性。据悉，我国财政部为此多次与国际会计准则理事会讨论相关问题。考虑到中国市场发展的现状，现行准则体系中主要在金融工具、投资性房地产、非同一控制下的企业合并、债务重组和非货币性交易等方面采用了公允价值。总体上，我国新会计准则体系对公允价值的运用还是比较谨慎的，只有在存在活跃市场、公允价值能够取得并可靠计量的情况下，才能采用公允价值计量。

本章小结

本章介绍了财务报表分析的概念；分析了财务报表分析的主体和不同的分析目的；讨论了财务报表分析的对象；介绍了企业财务报告的构成；介绍了合并财务报表与母公司财务报表的编制要点；讨论了合并财务报表的特征；说明了制约企业报表编制的基本会计假设和一般会计原则；介绍了会计的确认基础和计量属性。

思考题

1. 如何理解财务报表分析的广义和狭义的概念？
2. 如何理解财务报表分析的主体和不同的分析目的？
3. 财务报表分析的对象是什么？企业的经济活动与财务报表之间的关系如何？

4. 企业财务报告是由哪几个部分构成的?

5. 如何理解合并财务报表与母公司财务报表之间的区别? 合并财务报表与母公司财务报表的编制要点有哪些?

6. 合并财务报表的特征有哪些? 在进行财务报表分析时应该注意什么?

7. 制约企业报表编制的基本会计假设和一般会计原则有哪些?

8. 会计的确认基础和计量属性有哪些?

第二章

财务报表分析方法

学习目标

1. 掌握常用的基本财务比率；
2. 了解财务比率分析的局限性；
3. 了解杜邦分析体系的基本逻辑、分析方法及其局限性；
4. 掌握财务比率分析方法在运用于合并财务报表和母公司财务报表中的差异性；
5. 了解与上市公司有关的特殊比率及其价值；
6. 了解基于中国情境的财务报表分析方法的新发展。

第一节　传统财务报表分析方法概述

本书所指的传统财务报表分析方法，是指以美国主流财务报表分析教材为代表的以财务比率分析为主的分析方法。截至目前，这些传统财务报表分析方法在我国的理论和实务界仍具有较大的影响力。

一、美国主流财务报表分析教材财务报表分析方法的特征

美国主流的财务报表分析教材中所涉及的财务报表分析方法一般有这样几个特征：

（一）财务报表分析方法与资本市场估值密切相关

美国主流财务报表分析教材的名称往往加上一些与估值有关的后缀，有的叫作《财务报表分析与证券定价》，有的叫作《财务报表分析与企业估值》等。如果认真翻阅书中的内容，即使是只冠名以《财务报表分析》的教材，也基本会包含企业估值方面的内容。

这意味着，由于美国资本市场发展至今相对已经比较成熟，美国这些主流教材的主要服务对象就是资本市场中的投资者。

（二）案例分析对象是美国上市公司的合并财务报表

美国教材中的案例分析对象当然是那些以美国会计准则和美国资本市场信息

披露要求为基础的美国上市公司对外定期披露的年报，而按照美国资本市场的信息披露要求，上市公司对外披露的年报中基本上只包含合并财务报表——合并资产负债表、合并利润表和合并现金流量表。

当采纳和使用这些教材进行教学的时候，需要思考的问题是：中国企业会计准则有没有自己的特殊性？中国企业财务报表的信息披露要求有没有自身独有的特征？中国的资本市场有没有不同于美国资本市场的地方？中国的上市公司与美国的上市公司所面对的经济环境、制度背景、经营风险、运营模式等方面有哪些不同？财务报表分析中对合并报表进行分析和对母公司报表进行分析应该有什么差异？

（三）财务报表的分析方法以比率分析法为主

在美国主流的财务报表分析教材中，除了包含一些战略分析、经济环境和行业分析以外，针对财务报表的分析主要是以数据分析为主，所包含的基本分析方法有：

1. 结构分析法

结构分析法，是指以特定财务报表主要项目的结构与整体的比重关系、不同项目结构之间的相互关系及具体项目结构的变化为基础进行的分析。

例如，在对资产负债表进行分析时，运用结构分析法，可以将流动资产和非流动资产分别与资产总额进行对比，以考察企业资产的流动性；也可以将更加具体的资产项目如存货、固定资产、无形资产等与资产总额进行对比，以考察企业的行业特征对资产结构的影响；还可以将企业负债总额与资产总额进行比较，以考察企业债务对企业资源的贡献程度及企业的债务清偿能力等。

又如，在对利润表进行分析时，运用结构分析法，通常是以营业收入总额为共同基数，然后求出表中各项目相对于营业收入的百分比，目的在于帮助了解企业有关销售利润率以及各项费用率的情况。在此基础上，还可将前后几期的结构百分比报表汇集在一起，以判断企业盈利状况的发展趋势。

2. 趋势分析法

趋势分析法，是指以特定财务报表主要项目在不同会计期间的变动为基础，考察企业主要项目发展变化动态与方向的方法。具体来说，可以有绝对数额分析法、环比分析法和定基分析法。

绝对数额分析法就是将有关项目连续几期的绝对数额进行比较。通过这种分析方法可以看出相关项目的变动方向和变动趋势。

环比分析法就是计算有关项目相邻两期的变化率，即某项目在分析期的数值相对于基期数值的变动百分比。通过这种分析方法可以看出相关项目的变动方向和变动幅度。

定基分析法就是选择一个固定的期间作为基期，计算相关项目在各分析期的数值相对于基期数值的变动百分比。通过这种分析方法可以看出相关项目相对于基期水平的变动方向和变动幅度。

3. 比率分析法

比率分析法是美国主流的财务报表分析教材中最主要的分析方法，它是将相关的项目进行对比，计算出具有特定经济意义的相对数指标，据以评价企业的财务状况和经营成果。常规的财务比率可以对企业的偿债能力、盈利能力和营运能力加以分析。本章后续内容将对这些常规的财务比率进行介绍和讨论。

二、对上述传统财务报表分析方法的简要评述

应该说，上述传统财务报表分析方法无论是在美国、中国还是在世界上的其他国家，都广泛地运用于教学和实践，并且这些方法仍是我们今后进行财务报表分析所必须掌握的基本方法。

然而，中国特有的制度背景和市场环境，使得我们在对中国的上市公司进行财务报表分析时，无法按照美国教材中介绍的财务指标和标准加以“一刀切”式的评价。此外，随着数字时代的到来以及中国企业商业模式的不断创新，大量非常有价值的资源存在于财务报表之外（这些问题本章后面将进行讨论），致使传统的财务报表分析方法在很多方面越来越无法满足企业财务报表分析的实际需求。这就需要我们基于中国的现实环境和经济发展阶段，结合中国企业会计准则及中国企业财务信息披露的相关制度，不断去做更加“本土化”的学术和案例研究，在企业财务报表分析方法上进行大胆创新和尝试。

第二节　财务比率分析

在对企业的财务报表进行分析时，目前国际上运用最为广泛的方法仍是财务比率分析法。

一般而言，三张基本财务报表之间存在紧密的逻辑关系：企业的资本结构支撑并决定了企业的资产结构；资产结构及其运作产生企业的营业收入和投资收益进而形成企业在一段时期的净利润；利润必然产生现金流量并在现金流量表上反

映出来；利润产生的现金流量与企业投资、筹资活动产生的现金流量一起，形成了企业新的经营与投资的现金基础。因此，财务报表诸多项目之间的两两组合所形成的财务比率可以揭示企业财务状况在某些方面的特征。运用财务比率进行分析，可以在一定程度上达到了解企业财务状况的目的，并有利于在企业间进行比较。

随着客观经济环境的发展变化，有关信息披露的会计准则和监管要求不断发生变革，财务比率也需随之不断做出调整和改变。本节在重点介绍一些经典的财务比率的同时，试图向读者推荐一些本书作者基于最新会计准则和分析实践提炼出来的财务比率。

一、基本财务比率

一般来说，经典的财务比率由以下几方面的内容组成。

（一）偿债能力分析

偿债能力分析是指通过反映企业用现有资产偿还债务能力的比率，分析企业目前的资产（流动资产与全部资产）是否存在不能偿还到期债务的风险。偿债能力比率主要包括流动比率、速动比率、资产负债率等。

1. 流动比率

流动比率是流动资产与流动负债的比率，计算公式为：

$$流动比率=\frac{流动资产}{流动负债}$$

流动比率反映企业运用其流动资产偿还流动负债的能力。从概念来说，流动负债偿还期较近，流动资产具有容易变现的特点，正好可以满足流动负债的偿还需要，所以一般认为流动比率是分析短期偿债能力的最主要的指标。实践当中，有人认为将其保持在 2∶1 左右比较适宜。

2. 速动比率

在制造业和商品流通企业，其资产负债表上往往保有一定规模的存货。在赊销方式销售的情况下，存货要首先转化为应收账款或者应收票据，才能转化为现金。为了更精确地评价企业短期偿债能力，有人设计出了速动比率：

$$速动比率=\frac{速动资产}{流动负债}$$

速动比率中分子的“速动资产”是指可以及时、不贬值地转换为可以直接偿债的资产的流动资产。在计算时，一般是将存货从流动资产中剔除就得到速动资产。与流动比率的经验类似，有人认为一个企业的速动比率为1∶1通常是恰当的。

这两个比率是用来衡量一个企业的短期偿债能力的。需要注意的是，这两个比率并不是越高越好，因为流动资产流动性越强，其收益性可能越差。

3. 杠杆比率

杠杆比率反映的是企业的负债与所有者权益之间的对比关系，是用来评价企业长期偿债能力和继续举借债务能力的指标。

从负债和所有者权益的数量关系来看，在资产总额一定的情况下，负债和所有者权益之间存在着此消彼长的关系。因此，学术界将此关系比喻为杠杆关系。一般认为，企业股东权益与企业负债的比率越大，企业进一步举债的能力就越强。

具体的杠杆比率有：

（1）资产负债率。资产负债率等于负债总额除以资产总额，表示企业全部资金来源中有多少来源于举借债务。这个指标也被认为是衡量企业财务风险的主要指标。

$$资产负债率=\frac{负债总额}{资产总额}\times 100\%$$

资产负债率是对企业负债状况的一个总体反映。

（2）权益比率。权益比率等于所有者权益总额除以资产总额，表示资产中股东权益的比例。

$$权益比率=\frac{所有者权益总额}{资产总额}\times 100\%$$

可见，权益比率是资产负债率的另一种表现形式。

这两个比率应该是多大，理论上并没有定论。这是因为，这两个比率的大小除了受所在行业、所处经营周期以及资产负债表日所反映状况的代表性等经营因素的影响，还与企业管理层的经营方针和竞争地位有关系。例如，在采用预收款方式销售的企业，往往具有较高的负债率。尽管如此，在一般的认识上还是认为，比较低的权益比率（即比较高的资产负债率）的企业财务风险比较大。

（3）资产金融负债率。本书作者认为，将资产负债率作为衡量企业财务风险的指标具有较大的缺陷。这是因为，资产负债率没有区分具有极端重要意义的债务结构：企业的债务明显可以区分为经营性负债（即由企业的经营规模和竞争优势决定的负债，包括应付票据、应付账款、预收款项、合同负债、应付职工薪酬和应交税费等项目）和金融性负债（即企业的各类有息负债）。实际上，当企业具有较高的经营性负债并能够持续发展的话，其较高的经营性负债恰恰反映了企业的竞争优势。

企业真正需要高度关注的是较高的金融负债。因此，可以用资产金融负债率（也称资产有息负债率）来衡量企业有息负债的偿还能力。

$$资产金融负债率=\frac{金融性负债}{资产总额}\times 100\%$$

4. 其他相关比率

除了以上比率，还有两个在一般教材中均会出现的比率：利息保障倍数和固定支出保障倍数。

（1）利息保障倍数。

$$利息保障倍数=\frac{息税前利润}{利息费用}$$

息税前利润是指扣除利息和税务支出之前的利润。从基本关系来看，这个指标一般来说至少要大于1，否则企业的利润总额就是负数。一般认为，这个指标越大，意味着企业债务融资对企业的股东有利。

有教材认为，利息保障倍数反映了企业偿还利息的能力。此倍数越大，表明企业还息能力越强。只要此比率大于1，企业即可举债。

但是，企业偿还利息的能力，在短时间内，应主要取决于企业的现金支付能力，与利息保障倍数无关。实际上，如果利息保障倍数小于1，则表明企业的财务成果不足以回报债权人，从长期来看，将最终损害股东的利益。因此，利息保障倍数的真正作用在于，从股东的角度评价企业当前的借债融资政策是否有利。

（2）固定支出保障倍数。

$$固定支出保障倍数=\frac{支付固定支出前利润}{固定支出}$$

这个比率是考虑到企业中除利息费用之外，还有一些固定的支出，即无论企业是否盈利都会发生的支出，比如优先股的股利、为了保证到期偿还负债而设立的偿债基金要求每年提取的费用。用这个比率评价企业的偿债能力比利息保障倍数更保守、更稳健。

一般认为，上述两个指标是用来评价企业的偿债能力的。但是这两个比率与其他比率（资产负债率、资产金融负债率）相比，其评价的角度是不同的：资产负债率、资产金融负债率是从评价企业偿还债务本金的能力的角度出发的，而这两个比率是从评价企业每年支付利息和固定支出的能力的角度出发的。这也是由长期负债的自身特点决定的，长期负债除了要求到期偿还本金，每年还要支付利息，如果企业出现不能及时偿还利息的情况，就会影响企业的信誉，企业的举债能力就会受到打击。所以，这两个比率也可以作为评价企业偿债能力的指标。

（二）盈利能力分析

对企业报表的使用者来说，首要关心的往往是企业获得利润的能力。评价企业盈利能力的财务比率主要包括两类：一类是经营活动获取利润的能力（这类财务比率的计算主要以利润表的项目为基础）比率；另一类是企业的资产获取利润的能力（这类财务比率的计算主要以资产负债表和利润表的项目为基础）比率。

1. 毛利率

$$毛利率=\frac{毛利}{营业收入}\times 100\%$$

分子中的毛利等于营业收入减去营业成本。这个比率用来衡量企业产品或者劳务的初始盈利能力。

显然，影响毛利率的主要是营业收入和营业成本两个项目。但由于企业所处行业不同，企业间营业成本的构成有很大的差别。这就需要注意在企业间进行毛利率比较时特别关注营业成本的构成情况。

2. 营业利润（对营业收入）率

$$营业利润率=\frac{营业利润}{营业收入}\times 100\%$$

如果企业的营业利润与营业收入有关联的话，营业利润率可以用来评价企业管理层的管理经营能力以及企业产品或者劳务在市场里的综合竞争力，是对企业经营能力的直接评价。

但必须注意的是，在过去20余年的会计改革中，利润表上的“营业利润”已经面目全非。在利润表上，形成营业利润的，既包括与营业收入有关的营业成本、税金及附加、销售费用、管理费用、研发费用和利息费用等，也包括与营业收入关联度较低或根本没有关联的投资收益、公允价值变动收益、资产处置收益和与政府补贴直接相关的其他收益等内容。

这样一改革，就使得营业利润与营业收入之间的关联变革极其复杂：有的公司产品或者劳务的竞争力十分明显，根本不需要用与营业收入没有关联的投资收益、公允价值变动收益、其他收益等来“充实”营业利润；有的公司则产品或者劳务没有什么市场竞争力，但基于各种原因，还想保持一个看得过去的营业利润和营业利润率，这时就只能借助与营业收入没有关联的投资收益、公允价值变动收益、其他收益等来“充实”营业利润；还有的公司多管齐下，既有产品或者劳务的市场竞争力，其他能力也很强劲，营业利润呈现出多个支撑点；等等。

这就是说，改来改去的利润表，其“营业利润”的“营业”已经完全不是传统意义上的与“营业收入”相关联的“营业”概念了。因此，如果以利润表的营业利润去直接与营业收入对比，在企业投资收益、公允价值变动收益、其他收益等占营业利润比重较大时，将会失去意义。

为了解决上述分析问题，就需要创造一个新概念——核心利润，将核心利润与营业收入相对比，就可以反映企业从事经营活动的业绩的成效。

核心利润是指企业的毛利减去销售费用、管理费用、研发费用、利息费用以及税金及附加后的余额。核心利润反映了企业经营活动带来利润的规模。

核心利润率的计算公式为：

$$\text{核心利润}=\text{毛利}-\text{税金及附加}-\text{销售费用}-\text{管理费用}-\text{研发费用}-\text{利息费用}$$

$$\text{核心利润率}=\frac{\text{核心利润}}{\text{营业收入}}\times 100\%$$

核心利润率更准确地反映了企业经营活动的盈利能力。

3. 总营业费用率

$$\text{总营业费用率}=\frac{\text{总营业费用}}{\text{营业收入}}\times 100\%$$

这里的总营业费用，不包含利息费用，仅包含销售费用、管理费用和研发费用等。因此，还可以在分析时用上述各项费用单独与营业收入对比，形成不同的费用率指标，以分析各项目占总收入的比重及发展趋势。这个比率可以与企业以前期间的该比率进行比较，找出企业成本控制的变化情况，可以进一步了解企业的经营策略。还可以用来和企业所在行业的平均值或者相似企业的该比率进行比较，可以了解企业所在行业的情况和企业在该行业的地位。这些对企业财务状况的全面了解是非常重要的。

之所以在总营业费用中不包含利息费用，是因为企业的利息费用的发生在相当多的情况下与企业的营业收入没有关系：企业可能是为了对外投资而借款，可能是为了基本建设去借款，甚至于是为了要维持与金融机构的关系而借款。只有那些与支持企业日常经营活动有关的借款所发生的财务费用才与营业收入有关。

4. 销售净利率

$$销售净利率=\frac{净利润}{营业收入}\times 100\%$$

企业的净利润与营业收入有关联，销售净利率这个比率用来衡量企业营业收入给企业带来净利润的能力。如果销售净利率比较低，表明企业经营管理者未能创造出足够多的营业收入或者没有成功地控制成本。

需要注意的是，如果在企业的净利润中，投资收益、公允价值变动收益、资产处置收益和其他收益等这些与企业营业收入无关的项目金额过大，则此比率同样会失去意义。

5. 总资产报酬率

$$总资产报酬率=\frac{息税前利润}{平均资产总额}\times 100\%$$

请注意，比率的分子所采用的是息税前利润，等于利润总额加上财务费用。如果对企业的资产负债表做整体考察，读者就会发现，利润表的不同部分是对不同利益相关者的回报：企业的净利润是对所有者的回报，所得税是对政府的回报，利息是对企业贷款提供者的回报。而恰恰支撑企业资产的主要方面是所有者和贷款提供者，所得税则是企业获得利润前必须支付的。

这个比率反映的是企业管理层运用企业全部资产获得效益的能力，可有效评价企业管理层利用现有资源创造价值的能力。在企业采用集团化管理的条件下，这个比率应该使用合并报表信息。

6. 股东权益报酬率

$$股东权益报酬率=\frac{净利润}{平均股东权益总额}\times 100\%$$

这个比率通常也称为净资产收益率。计算时应注意以下问题：一是分子的净利润要与分母的范围一致：对于不编制合并报表的企业，净利润和股东权益总额直接取自利润表和资产负债表；对于合并报表，净利润和股东权益应该分别来自合并利润表的归属于母公司股东的净利润和合并资产负债表中的归属于母公司所有者权益。二是分母是期初数加上期末数除以 2 得到的。股东权益报酬率对于企业股东非常有意义。一方面，股东可以用这个数据和自己的要求收益率相比，决定是否继续投资该企业；另一方面，对管理层来说这个数据也有实际意义，用这个数据和企业的贷款利率相比较，如果比贷款利率高，则说明企业能够通过贷款筹资为股东创造价值。

（三）营运能力分析

1. 存货周转率

$$存货周转率=\frac{营业成本}{平均存货}$$

分母中的平均存货可以是年平均存货、季平均存货或者月平均存货，分子中的营业成本是对应的年营业成本、季营业成本和月营业成本。最常用的是年营业成本除以年平均存货，平均存货是年初存货加上年末存货的和除以 2。

存货周转天数是实践中常用的另一个数据，它实际是存货周转率的另一种表达方式，是一个事物的两种表述。不过存货周转天数比存货周转率更直观，更容易理解。

$$存货周转天数=\frac{平均存货\times 365}{营业成本}$$

2. 应收款项周转率

$$应收款项周转率=\frac{营业收入}{平均应收款项}$$

这里的应收款项也可以称为商业债权，包括应收票据、应收账款和应收款项融资，不包括应收利息、应收股利和其他应收款等债权。平均应收款项是年初应收款项和年末应收款项之和除以 2 得到的。营业收入则是通过赊销取得的收入。实践中由于信息获得的条件所限，一般用营业收入代替赊销额来计算这个比率。但如果企业销售中赊销比例较小，得到的周转率就会被夸大。

需要强调的是，利用上述公式进行分析，应注意：第一，该公式假设企业的预收款项与合同负债一般规模不大（因为预收款项与合同负债也推动了企业的营业收入），在预收款项与合同负债规模较大时，这个周转率会被夸大；第二，应收账款应该用没有减除坏账准备以前的“原值”金额（因为企业真正周转和回收的不是净值，而是原值）；第三，考虑到比率分子与分母之间的一致性问题，在实施增值税的条件下，企业的营业收入还应该乘以（1＋增值税税率），这是因为应收票据、应收账款和应收款项融资这三项债权中包括了增值税销项税。

3. 固定资产周转率

$$固定资产周转率=\frac{营业收入}{平均固定资产原值}$$

平均固定资产原值是期初固定资产原值和期末固定资产原值的和除以 2 得到

的。这个比率考察了企业的固定资产与市场的关联度，能够计量企业固定资产创造收入的能力，反映企业管理层管理企业固定资产的能力。

需要说明的是，有些教材中用固定资产净值来计算此指标。实际上，企业利用的固定资产不是净值，而是原值。因此，用原值计算出来的周转率可以恰当地反映企业对固定资产的运用状况。否则就会出现这样的情况：企业相邻两年的营业收入完全一样，但由于第二年企业计提了折旧而导致净值减少，结果用净值计算出来的周转率第二年高于第一年！而如果用原值计算，就会得出两年周转率一样的恰当结果。

4. 总资产周转率

$$总资产周转率=\frac{营业收入}{平均资产总额}$$

平均资产总额是期初资产总额和期末资产总额的和除以 2 得到的。这个比率考察了企业的全部资产与市场的关联度，能够计量企业资产创造收入的能力，反映企业管理层管理企业资产的能力。

需要注意的是，在企业货币资金、对外投资规模及与产生营业收入无关的资产如其他应收款等长期规模较大时，为了更准确地考察企业资产与市场的关联度，可以考虑在平均资产总额中剔除并不引起营业收入增加的货币资金、各项投资性资产和巨额其他应收款等资产。

在这里，本书将货币资金与各项投资资产项目归于一类，即不产生营业收入的资产。进行这种划分的主要考虑是，按照现行的企业利润表的披露格式，由平均货币资金产生而不是由营业收入产生的利息收入作为一个单独的项目列示在利润表中。

因此，未来在进行资产的结构性盈利能力分析时，可以考虑将合并报表中的资产分为经营资产与非经营资产，其中，经营资产主要包括应收账款、应收票据、应收款项融资、预付款项、存货、合同资产、固定资产、在建工程、生产性生物资产、无形资产、开发支出、商誉等，将产生利润表的营业收入与核心利润（在企业能够获得政府补贴的情况下，代表政府补贴的其他收益也主要与营业收入有关）以及现金流量表中的取得投资收益收到的现金；非经营资产则包括货币资金和其他各项投资，将产生利润表中的利息收入、投资收益和公允价值变动收益（可以将这三项称为“杂项收益”）。至于合并报表中的其他应收款，常不会超过资产总额的 1%，可以将其直接归于经营资产。如果合并报表中的其他应收款显著高于资产总额的 1%，则极有可能是关联方占用的资金，不可能产生利润的贡献。如果出现合并资产中其他应收款极高的情况，可以将其在进行资产的周转分析和资产的结构性盈利能力分析中予以剔除。

（四）现金流量比率

现金流量表是在20世纪80年代后期才开始编制的。关于现金流量比率，现在仍处于探索阶段。在其他书籍中我们可以看到很多与现金流量有关但实际上没有什么意义的比率。本书作者认为，比较有价值的现金流量比率有以下三个：

1. 现金与流动负债比率

现金与流动负债比率是指经营活动现金净流量与平均流动负债之比。计算公式为：

$$现金与流动负债比率=\frac{经营活动现金净流量}{平均流动负债}$$

现金与流动负债比率反映了企业经营活动产生的净现金流量所能够承担流动性债务的能力。一般来说，该比率越高，企业经营活动对流动负债的保证能力越强。

2. 核心利润获现率

这是作者根据中国企业财务报表的实际情况创造出来的一个比率。核心利润获现率反映了企业核心利润带来现金的能力。计算公式为：

$$核心利润获现率=\frac{经营活动现金净流量}{核心利润+其他收益}$$

需要注意的是，上述公式中的分母除核心利润外，还加上了主要反映政府补贴的其他收益。对核心利润范围的这种公式化的调整是由于企业获得的政府补贴归入现金流量表中经营活动产生的现金流量净额（即经营活动现金净流量）。请注意公式中的这种变化。

该数值越大，表明企业核心利润获得现金的能力越强，利润质量越高；该数值越小，表明企业经营性资产整体产生现金能力越差。根据作者的经验，对于传统工业企业与商业企业，在企业存货周转速度一年大于两次的条件下，核心利润获现率在1.2～1.5较为理想。

需要注意的是，如果企业的经营性非流动资产在资产总额中的比例较高（如航空公司等重资产类企业），企业的核心利润在减除较高的折旧与无形资产摊销后的规模可能较小，此时的核心利润获现率就会较高。

3. 投资收益获现率

这是作者根据中国财务报表的实际情况创造出来的又一个比率。投资收益获现率概括地反映了企业投资收益带来现金的能力。计算公式为：

$$投资收益获现率=\frac{取得投资收益收到的现金}{投资收益}$$

该数值越大，表明企业投资收益获得现金的能力越强，投资收益质量越高；该数值越小，表明企业投资收益产生现金能力越差。

需要注意的是，这个比率仅仅是对投资收益质量的一个大概性质的考察。实际上，熟悉会计学尤其是熟悉企业长期投资和短期投资会计处理的读者会注意到，企业产生投资收益的途径多种多样，投资收益带来的货币资金并不总是反映在“取得投资收益收到的现金”项目上。

因此，投资收益获现率对于那些投资结构和投资收益的产生渠道较为单一、投资收益取得的货币资金主要反映在“取得投资收益收到的现金”项目的企业，可以较好地反映其投资收益的质量。

二、财务比率分析的局限性

在前面讨论基本财务比率的时候，作者已经对一些财务比率存在的缺陷进行了讨论，进行了更正或提出新的比率。例如，鉴于资产负债率在度量企业财务风险方面存在的局限性，本书增加了资产金融负债率；鉴于应收票据、应收账款和应收款项融资之间的性质相关性，本书没有像其他同类书籍那样继续讨论应收账款周转率，而是直接讨论应收款项周转率；鉴于企业的营业利润的“大杂烩”特性，本书增加了核心利润与核心利润率的内容，讨论了销售净利率的不足；鉴于现金流量比率建设中存在的普遍问题，增加了两个比率——核心利润获现率和投资收益获现率。

下面再讨论一下财务比率局限性的其他表现。

1. 关于流动比率

流动比率从概念出发，试图考察流动资产对流动负债的保障程度。如果流动资产的结构均为经营性质且整体质量较高，流动负债的各个项目均是要按照账面清偿，则该比率是可以反映企业资产的流动性的。

但是，实际情况可能并不总是如此。

在流动资产方面，需要注意的是，在全部流动资产中，有些流动资产并不是经营性质的，比如隐藏在母公司其他应收款中向子公司提供资金所形成的债权（实际上，这部分债权具有投资性质，且经常具有长期投资性质。因此，这部分债权既不需要短时间内收回，也不可能用于偿还流动负债）以及其他短期投资

(这些短期投资虽然变现能力较强，但规模、结构及其运行方式显然与经营性质的资产不同)，这些非经营性质的流动资产可能在一开始形成的时候就与经营性质的流动资产的使命不同——经营性质的流动资产与经营性质的流动负债（如应付票据、应付账款、预收款项、应交税费和应付职工薪酬等）有天然的联系，而非经营性质的流动资产在形成时可能服务于企业的战略（如向子公司提供资金支持）或者服务于企业其他方面的盈利计划（如各种短期投资的形成）。此外，即使是经营性质的流动资产，各项目在清偿债务时的“可用性”并不相同。所谓的“可用性”，是指资产及时、不贬值地转变为可以清偿债务的现金、银行存款的能力。例如，对于以赊销为主的企业，其存货首先应转化为应收账款或应收票据债权，在回收债权后才能用于偿债。即使是应收账款和应收票据，其可回收性的质量也不相同——应收票据的质量更高。

在流动负债方面，需要注意的是，全部流动负债也并不均为经营性质，如各类贷款所形成的短期负债（如短期借款、一年内到期的非流动负债和其他具有贷款性质的负债)。这部分贷款类负债，可能与企业的经营活动关联度不高。也就是说，这部分贷款的清偿可能有其他的偿还安排，不一定要依赖于企业当前的流动资产。即使是经营性流动负债，各个项目被要求清偿的程度也不相同：预收款项中包含了不需要立即清偿的毛利部分。因此，毛利率越高，预收款项规模越大的企业，流动负债的清偿压力越小。

因此，流动比率仅是一个较为粗略的评价企业短期偿债能力的比率。

2. 关于速动比率

在认为流动资产中存货项目的流动性最差的条件下，剔除这个流动性最差的资产以考察企业流动资产中流动性更强的项目对流动负债的保证程度的初衷导致了这个比率的出现。

如果静态地考察企业流动资产的结构确实很容易得出这样的认识。但是，企业发展是动态的——流动资产的流动性，与其规模大小有关，更与其周转速度有关。另外，在不同的销售策略下，流动资产与应收票据和应收账款之间的关系呈现出多样化的态势：赊销政策宽松的企业，往往导致其存货周转速度加快、存货规模较低，但应收账款增长较快；赊销政策过紧的企业，往往导致其存货周转速度较慢、存货规模较高，应收账款规模不高；等等。

这就是说，很难简单、静态地断定存货质量和应收账款质量的彼此高低。

请读者在运用此比率分析时注意这些因素。

3. 各类周转率与企业的经营周期

在对企业的财务报表信息进行分析的过程中，我们总是以特定时期的财务报表数据为基础，如某年度、某半年度、某季度等。当我们以特定时期的财务数据做基础进行分析的时候，实际上有一个假设——假设数据是有代表性的，如资产负债表的期初、期末数据代表了企业日常的资产、负债和股东权益的态势即使在此期间有波动，也不是剧烈波动。这样，我们才可以用资产（资产总额或者个别资产）期初、期末数据的平均数来代替企业的日常规模和水平。

但是，企业的经营状况、行业特征是多种多样的。这就存在一种可能——我们所选取的年初、年末（或者期初、期末）数据并没有代表性。在这种情况下，我们计算出来的各种周转率指标都可能难以反映企业的实际。

因此，应当特别注意企业的经营周期的特点对企业财务报表以及财务报表的分析的影响。

第三节　杜邦分析体系的原理与应用

在进行财务报表分析的过程中，往往涉及利用杜邦分析体系的问题。本节讨论与杜邦分析体系有关的问题。

一、杜邦分析体系的基本原理

杜邦分析体系的基本原理是从所有者权益报酬率（即股东权益报酬率、净资产收益率）出发，将其分解为相互联系的几个因素，试图揭示改善企业所有者权益报酬率的主要途径。

有关关系如下：

$$\text{所有者权益报酬率}=\frac{\text{净利润}}{\text{平均所有者权益}} \tag{2.1}$$

进一步，将式（2.1）转化为式（2.2）：

$$\begin{aligned}\text{所有者权益报酬率}&=\frac{\text{净利润}}{\text{平均所有者权益}}\\&=\frac{\text{净利润}}{\text{平均资产总额}}\times\frac{\text{平均资产总额}}{\text{平均所有者权益}}\\&=\text{资产净利率}\times\text{权益乘数}\end{aligned} \tag{2.2}$$

再进一步，将式（2.2）转化为式（2.3）：

$$
\begin{aligned}
\text{所有者权益报酬率} &= \frac{\text{净利润}}{\text{平均资产总额}} \times \text{权益乘数} \\
&= \frac{\text{净利润}}{\text{营业收入}} \times \frac{\text{营业收入}}{\text{平均资产总额}} \times \text{权益乘数} \\
&= \text{销售净利率} \times \text{总资产周转率} \times \text{权益乘数} \qquad (2.3)
\end{aligned}
$$

上述关系如图 2-1 所示。

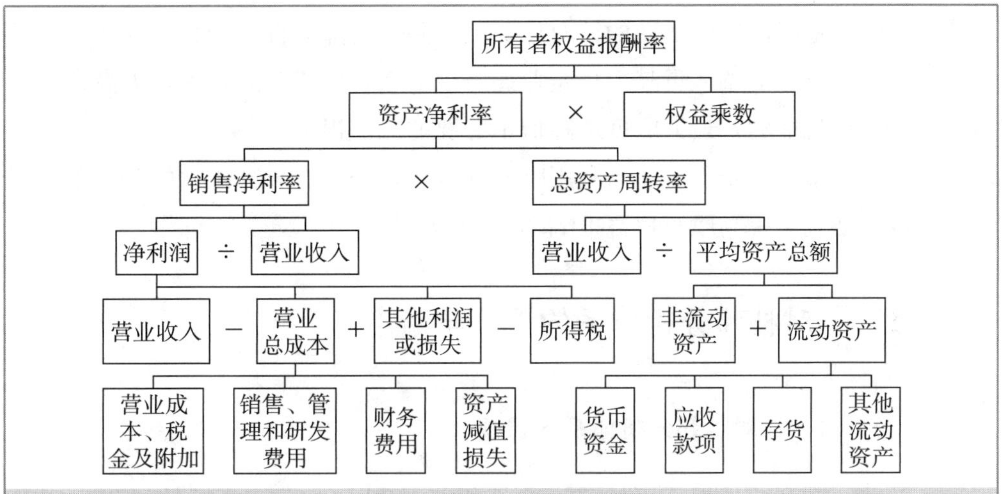

图 2-1 杜邦分析体系

二、对杜邦分析体系的解读与运用

在企业没有任何投资活动的情况下，其资产全部为经营性资产，资产负债表与利润表之间的内在关系就是非常清晰的：企业对经营性资产管理和经营产生营业收入；营业收入减去各项成本和费用后，得到企业的净利润。由于没有投资活动的“干扰”，营业收入与净利润之间是有直接关联的。

通过对杜邦分析体系逻辑关系的考察，很容易得出如下认识——改善企业的所有者权益报酬率，可以从三个途径入手：

首先，提高总资产周转率。这就要求企业用最低的资产规模，最大限度地获得营业收入。降低企业的资产规模，绝不意味着随意降低货币资金、降低存货、降低应收款项、降低固定资产、降低无形资产等，而是要最大限度地减少各项资产的闲置，缩短各项资产在企业的停留时间（加快资产周转），并将各项资产有机地组织起来，最大限度地产生或提供符合市场需要的产品或劳务。最大限度地获得营业收入，也绝不意味着增加销售数量的同时提高价格，而是要最大限度地研究和满足消费者需求，改善销售结构，提高综合毛利率和市场占有率。

其次，提高每一次周转或者销售的盈利能力，即提高销售净利率。在提高综合毛利率和市场占有率的条件下，提高销售净利率，就需要企业最大限度地降低资源消耗，提高资源的整体或综合利用效率；企业应最大限度地提高销售活动的有效性，最大限度地优化销售费用的支出结构，发挥销售费用对营业收入的贡献力；企业应最大限度地提高管理活动的有效性，最大限度地优化管理费用的支出结构，发挥研究与开发支出对改善企业经营活动盈利能力的贡献力；企业应最大限度地提高筹资活动的针对性，最大限度地降低盲目贷款，发挥筹资活动对企业盈利能力的整体贡献力；企业还应该加强各项资产的管理，提高资产的物理质量和变现能力，最大限度地降低不必要的减值损失。

最后，企业应适当利用财务杠杆。在企业有盈利能力的条件下，适当进行债务融资会提高股东权益报酬率。

三、对杜邦分析体系的误读与滥用

（一）对杜邦分析体系的误读

在利用杜邦分析体系对企业提高盈利水平进行分析的过程中，存在大量的误读。

1. 以为按照杜邦分析体系的结论去做就可以提高企业的盈利能力

按照杜邦分析体系的结论，改善企业的所有者权益报酬率，可以从提高总资产周转率、提高营业收入的获利能力以及适当利用财务杠杆即贷款等途径来入手。

以此展开下去，提高资产周转率，就要最大限度降低分母，提高分子；最大限度提高销售价格，降低各种资源投入；最大限度举借债务。

实际上，这种展开在实践中根本是行不通的。杜邦分析体系给出的是一个分析框架和思路。从杜邦分析体系应该得出的管理结论是：企业的发展，必须最大限度地满足市场对企业产品或者劳务的需要，这是企业发展的市场动力，也是企业存在的价值体现。在提供符合市场需要的产品或劳务的过程中，应该注重资产的系统整合与质量管理，最大限度降低不良资产。必要的时候，企业可以运用财务杠杆，以增加对所有者的回报。

2. 以为提高营业收入就是增加销量和销售价格

稍微有管理常识的人都会注意到，除了个别时期的个别产品或者某些特殊产品会出现越涨价市场容量越大的情形外，大多数产品或劳务的市场与价格之间的关系是：价格越高，市场容量相对越小。因此，提高盈利能力绝不能仅仅盯住价格一个因素，而应该在产品或劳务的销售结构以及资源管理的整体水平上下功夫。

3. 以为提高资产周转率就要尽力追求资产规模低的经营方式

如果仅仅从公式表面做文章，提高周转率肯定要增加营业收入和降低资产规模。但是，对于现代企业而言，我们能够在资产负债表上看到的，只是资产的结构和规模，看不到的是企业的商业模式、治理特征、核心管理人员的特质以及管理团队的整体素质和能力等。而这些因素对企业资产周转率的提高是非常重要的。

4. 以为只要企业有盈利能力，财务杠杆就可以尽量加大

一般认为，只要企业有盈利能力，适当的举借债务（贷款）是可以提高企业的净利润的。因为支付给贷款提供者的利息具有节税效果。但这并不意味着企业在有盈利能力的条件下贷款的规模越高越好。

从企业发展的一般规律来看，除了一部分贷款会形成流动资产去支持企业的日常经营以外，大部分贷款将用于扩大企业的生产经营能力和未来的发展上。这就是说，企业获得的大部分贷款将用于固定资产、无形资产和在建工程的增加上。大量在建工程和固定资产从建造、安装调试、试生产到转化为可以为市场做出贡献的可用资产是需要时间的。如果计划不周或者市场变化太快，企业因贷款而增加的固定资产和无形资产可能形成未来的闲置资产（产能过剩导致闲置）或无用资产（某些无形资产具有极强的时效性和专属性，环境变化后可能会迅速失去价值）。

因此，不能仅仅按照公式去误读杜邦分析体系，应该结合企业的具体实践来正确运用。

（二）对杜邦分析体系的滥用

对杜邦分析体系的滥用，大多表现在具体的财务报表分析过程中。这方面的表现主要集中在：

1. 不区分经营性资产与投资性资产，将全部资产视为经营性资产

对于大量的企业而言，现在的资产结构已经发生了深刻变化：资产结构中，既有服务于企业从事生产、销售等经营活动的经营性资产（如应收票据、应收账款、存货、固定资产、无形资产等），也有服务于企业扩张等战略或者为实现更多增值目的而形成的各项投资性资产（如交易性金融资产、其他应收款中向子公司提供资金而形成的债权、长期股权投资、债权投资以及因理财而形成的投资性资产等）。显然，只有经营性资产才支持企业的营业收入。

但在运用杜邦分析体系进行财务报表分析中，一些分析者根本不对资产进行经营性资产与投资性资产区分，而将全部资产视为经营性资产。除非企业的资产总额中，经营性资产占据绝大部分，否则这样得出的分析结论一定会在相当程度上失去意义。

2. 不区分母公司财务报表与合并财务报表，将合并财务报表视同个别财务报表

在运用杜邦分析体系进行财务报表分析时，在很多情况下，分析者不区分母公司财务报表与合并财务报表，将合并财务报表视同个别财务报表。

个别财务报表与合并财务报表之间存在显著差异：合并财务报表只是为了让信息使用者能够了解母公司所控制的企业集团整体的资产、负债、股东权益、收入、利润以及现金流量情况而编制的。并没有一个现实企业，以合并财务报表中展示的资产资源去从事其经营活动、投资活动和筹资活动。在一定意义上，合并财务报表具有将个别企业的相关信息加以“中和”的含义。

个别财务报表则不同。个别财务报表所代表的企业是真实存在的，个别企业的资产就是这个企业实际可以支配的资产，个别企业的债务则是这个企业必须承担的偿还义务。

因此，杜邦分析体系的恰当运用对象应该是个别财务报表，而且是那些以经营活动为主的企业的。以投资活动为主的企业，杜邦分析体系会在一定程度上失去意义。

第四节　合并财务报表与母公司财务报表比率分析的应用

应该说，对于大多数财务报表分析者而言，财务报表的比率分析方法是最常用的方法。但是，在运用比率分析方法对企业的财务报表进行分析的过程中，除了一些财务比率所具有的先天缺陷（我们在前面已经进行了讨论，并提出了改进思路）外，另一个普遍存在的问题是，不区分母公司财务报表与合并财务报表，而直接套用公式进行计算。

实际上，由于母公司财务报表与合并财务报表之间存在显著差异，在运用比率分析的过程中，应该注意母公司财务报表与合并财务报表的差异性问题。

一、母公司的资产、利润结构不同，财务比率运用也不尽相同

由于经营方式、发展战略等多方面的发展变化，母公司的资产、利润结构已

经发生了深刻的变化。这种深刻变化在财务报表上集中表现为：母公司的资产明显可以区分为经营性资产和投资性资产（此处的资产结构划分与前面讨论的经营资产与非经营资产有差别，后面还会讨论）；企业利润表的构成中，与经营活动有关的利润（核心利润）和与经营活动关联度不大的包括投资收益等的杂项收益复杂地交织在一起，共同构成了具有大杂烩意义的"营业利润"。

我们在前面讨论比率分析的过程中已经对此问题有所涉及。在这里再强调和总结一下母公司的资产、利润结构不同对财务比率分析的影响。

第一，在流动比率方面，当企业流动资产中经营性流动资产占比较低、投资性流动资产占比较高的情况下，应该慎重运用流动比率。

第二，在总资产周转率方面，当企业资产总额中经营性资产与投资性资产各自占比均较高的情况下，总资产周转率会在相当程度上失去意义。此时应考虑用经营性资产周转率。

第三，在杂项收益等（包括投资收益、公允价值变动收益以及利息收入等）与经营活动关联度较低的利润表项目占营业利润比重较高的时候，营业利润与营业收入之间的关联度会大幅降低，此时的营业利润率（营业利润率＝营业利润/营业收入×100%）、销售净利率（销售净利率＝净利润/营业收入×100%）也会在很大程度上失去意义。此时应该考虑用核心利润率（核心利润率＝核心利润/营业收入×100%）代替营业利润率来考察企业营业收入的盈利能力。

第四，在企业资产总额中投资性资产比重占据主体的情况下，企业已经不是从事经营活动的主体，而是投资活动的主体。此时，与考察企业经营活动有关的比率居于次要地位，考察企业资产整体盈利能力以及利润的现金能力等居于主导地位。

因此，即使是运用财务比率对母公司财务报表进行分析，也需要结合企业的具体情况来进行。

二、合并财务报表可以运用的财务比率

尽管母公司财务报表与合并财务报表有显著差异，但在一些财务比率的运用上，在合并财务报表的条件下仍然可以运用。在合并财务报表条件下可以应用的主要财务比率为：

1. 毛利率、销售费用率、管理费用率、研发费用率与核心利润率

合并利润表展示了母公司控制的整个集团主体的营业收入、营业成本、销售费用、管理费用、研发费用和利息费用等信息。

尽管不能够考察特定企业的具体情况，合并财务报表条件下的毛利率、销售

费用率、管理费用率、研发费用率仍然可以考察企业集团整体在年度之间的盈利竞争力和费用的有效性，以及企业营业收入获取核心利润的能力。

2. 核心利润获现率

在集团整体层面，核心利润获现率反映了整个集团的核心利润对从企业集团外部获得现金流量的能力。这种能力对集团而言是非常有意义的。

3. 总资产报酬率

以合并资产展示的整个集团的资产为基础，考察企业整体的盈利能力，对于集团管理层而言是非常有意义的。虽然这个比率不能反映具体企业的资产报酬情况，但从整体上把握企业集团的总资产报酬率及其变化趋势是非常有意义的。

4. 所有者（股东）权益报酬率（净资产收益率）

与总资产报酬率一样，以合并所有者（股东）权益展示的整个集团所有者（股东）权益报酬率，对于集团管理层而言是非常有意义的。虽然这个比率不能反映具体企业的所有者权益报酬情况，但从整体上把握企业集团的股东权益报酬率及其变化趋势对股东意义重大。

三、合并财务报表需要慎重运用的财务比率

由于合并财务报表的“合并”或者“叠加”的特性，一些反映企业流转性质的财务比率（如流动比率、存货周转率、固定资产周转率、总资产周转率等）需要慎重运用。

1. 流动比率

对于任何特定企业，在计算出其流动比率并结合对企业的流动资产结构与流动负债结构进行分析后，我们总能得出企业在营运资本管理方面的印象。但是，在合并财务报表条件下，再计算流动比率就不一定有意义了。

在合并财务报表的条件下，母子公司之间的内部交易在编制过程中被抵销掉了，这也就意味着企业间鲜活的内部业务关联被剔除掉了。合并资产负债表的流动资产展示的是整个集团所有企业加在一起的对外商业债权（应收票据和应收账款），企业集团拥有的货币资金、存货以及企业集团整体对外欠的贷款、货款、税金等。

因此，合并资产负债表的流动资产和流动负债更多的是展示和罗列流动资产和流动负债，不再反映流动资产和流动负债之间的内在联系。

2. 存货周转率

个别企业的存货周转率是有意义的，它反映了企业存货在企业的停留时间。

在有毛利的情况下，存货周转越快，企业的毛利越高。

但是，在合并财务报表的条件下，合并资产负债表上的存货数字是对整个集团母子公司的存货数字相加并剔除重复计算因素以后得到的数字。在母子公司的业务类型、存货的物理形态差异较大的情况下，合并资产项下的存货与利润表的营业成本之间的关联与个别企业条件下是完全不同的。企业集团内部的各个公司自己的存货推动了自己利润表的营业成本。没有一个企业以合并财务报表上的存货来推动合并财务报表上的营业成本。

3. 固定资产周转率

与存货周转率类似，个别企业的固定资产周转率是有意义的，它反映了企业固定资产（原值）推动营业收入的能力。在有毛利的情况下，固定资产周转越快，企业的毛利越高。

但有时企业的固定资产周转率是没有意义的。例如，当个别企业是投资型企业的话，其固定资产周转率就没有什么意义。这是因为，此时的固定资产不是获得营业收入的手段，而是企业投资管理的物质基础。对固定资产的运用也不是要产生营业收入，而是要获得投资收益。

但是，在合并财务报表的条件下，合并资产负债表上的固定资产数字是对整个集团母子公司的固定资产数字相加并剔除重复计算因素以后得到的数字（例如，在母公司的存货以毛利加价出售给子公司的情况下，现实中的子公司将以自己包含母公司毛利因素的取得成本为基础确定其固定资产价值并计提折旧。但在编制合并财务报表时，这种与内部交易毛利有关的固定资产原值增加要剔除，相关折旧也要剔除）。在母子公司的业务类型、固定资产的结构差异较大的情况下，合并资产项下的固定资产与利润表的营业收入之间的关联与个别企业条件下是完全不同的。企业集团内部的各个公司自己的固定资产原值推动了自己利润表的营业收入。

因此，以合并报表为基础计算的固定资产周转率更多的是对企业固定资产与营业收入之间关联度的整体性和趋势性考察。

4. 总资产周转率

与固定资产周转率类似，个别企业的总资产周转率或者有意义，或者无意义（当个别企业是投资型企业的话，总资产周转率没有什么意义）。在有意义的情况下，它反映了企业总资产推动营业收入的能力。在有毛利的情况下，总资产周转越快，企业的毛利就越高。

但是，在合并报表条件下，合并资产中的资产数字是对这个集团母子公司的资产数字相加并剔除重复计算因素以后得到的数字。在母子公司的业务类型、资产结构差异较大的情况下，合并资产项下的资产总额与利润表的营业收入之间的关联与个别企业条件下是完全不同的。企业集团内部的各个公司自己的资产总额推动了自己利润表的营业收入。

还要注意的是，在企业发生非同一控制下的企业并购的情况下，被收购企业的资产评估价值将计入相关合并资产（如存货、固定资产和无形资产等）、收购中产生的商誉将计入合并资产中的商誉。而在企业管理的现实中，这些“纸面数字型”资产通常不会在被收购企业哪里发挥作用——发挥作用的资产还是并购产生前的那些有效资产。当然，收购方可能在收购后通过改组董事会、调整管理层而改变（提升）被收购企业的盈利能力，但被收购企业的原有资产主要还是按照惯性发挥作用。

也就是说，商誉和收购过程中发生的被收购企业的资产评估增值，虽然在数字上已经计入了资产，但现实中这些“资产”并未直接推动被并购企业的营业收入。

因此，以合并报表为基础计算的总资产周转率更多的是对企业资产总额与营业收入之间关联度的整体性和趋势性考察。

第五节　与上市公司有关的特殊比率

在资本市场上，还有一些与上市公司财务数据与企业股份数、企业估值有关的财务比率。本节介绍一下相关比率。

一、与上市公司有关的特殊比率

与上市公司有关的财务比率主要包括：

1. 每股收益

每股收益，也称每股盈余或每股盈利、每股利润，反映了企业一定时期平均对外发行的股份所享有的净利润。计算公式为：

$$每股收益=\frac{可供普通股股东分配的净利润}{发行在外的普通股加权平均数}$$

一般来说，每股收益指标值越高，在利润质量较好的情况下，表明股东的投资获得利润的能力越强，股东获取较高股利分配的可能性也就越大。这个指标是普通股股东最关心的指标之一。

2. 股票收益率

股票收益率是指企业普通股每股股利与普通股每股市价之间的比率。计算公式为：

$$股票收益率=\frac{普通股每股股利}{普通股每股市价}$$

从上式分子、分母的构成可以看出，股票价格的波动和股利水平的任何变化均会导致股票收益率的变化。

3. 市盈率

市盈率是普通股每股市价与每股收益的比例。计算公式为：

$$市盈率=\frac{普通股每股市价}{普通股每股收益}$$

市盈率是反映市场对企业的期望的指标，比率越高，市场对企业的未来越看好。

在资本市场上，投资者经常将市盈率的高低作为企业股价高低的一个很重要参考因素。普遍认为，如果企业的市盈率较高，则股票被高估的可能性就比较大。当然，市盈率的问题之一是会计利润会受各种公认会计政策、会计估计的影响，企业间容易出现不可比性。

4. 股利支付率

股利支付率是每股股利与每股收益的比例。计算公式为：

$$股利支付率=\frac{每股股利}{每股收益}$$

股利支付率反映普通股股东从企业的全部利润中实际可获取的股利份额。

5. 每股净资产

每股净资产是企业的净资产与普通股股数之比。计算公式为：

$$每股净资产=\frac{净资产}{普通股股数}$$

每股净资产在理论上提供了企业普通股每股的最低价格。

6. 股利保障倍数

这一比率是指用企业的税后净利润与股利支付规模所进行的比较。据此，信息使用者可以分析在什么条件下企业的盈利仍能保障目前股利的分配。

$$股利保障倍数=\frac{属于普通股的税后净利润}{股利支付金额}$$

股利保障倍数反映了企业的净利润与股利支付数间的比例关系。此比率越大，表明企业留存的利润越多。

7. 每股经营活动现金净流量

每股经营活动现金净流量，反映了企业一定时期平均对外发行的股份所享有的经营活动现金流量净额。计算公式为：

$$每股经营活动现金净流量=\frac{经营活动产生的现金流量净额}{发行在外的普通股加权平均数}$$

一般来说，每股经营活动现金净流量指标值越高，企业核心利润的质量越高，股东获取较高现金股利分配的可能性也就越大。这个指标是普通股股东最关心的一个重要指标。

8. 市净率

市净率是指用企业的每股股价与每股净资产进行比较所形成的比率。计算公式为：

$$市净率=\frac{每股股价}{每股净资产}$$

市净率也是考察企业股价高低的一个重要参考。普遍认为，市净率越高的股价，被高估的可能性也就越大。

二、关于上市公司相关比率的讨论

上述八个比率，是在资本市场上经常运用的比率。在运用这些比率的过程中，需要注意以下两个方面：

（一）企业之间由于会计政策、会计估计的差异而难以进行比较

上述诸比率中，有的涉及企业的净利润，有的涉及企业的净资产。无论是净利润还是净资产，均是按照权责发生制的原则对企业的会计信息进行处理的结果。这样，即使是同行业内的企业，在具体的会计处理过程中对会计政策、会计估计的选择时，不同企业之间也可能存在显著差异。因此，在企业之间进行市盈率、市净率、每股收益等的比较时要特别注意。

（二）每股收益与每股经营活动现金净流量

在运用上述比率进行分析时，容易出现的一种现象是将每股经营活动现金净流量与每股收益进行直接比较，并认为当每股经营活动现金净流量大于或者等于每股收益时，企业每股收益或者企业净利润的质量较高。

前已述及，核心利润获现率与投资收益获现率是分别反映企业核心利润与投资收益质量的指标。我们在此前也没有试图用经营活动现金流量净额与净利润进行直接比较。这是因为，利润表上的净利润与现金流量表上的经营活动产生的现金流量净额是两个口径有显著差异的概念，一般不能直接进行比较。同样，每股经营活动现金净流量与每股收益之间口径是有显著差异的。一般来说，不能简单认为每股经营活动现金净流量大于或等于每股收益时企业的净利润质量就高。

第六节　基于中国情境的财务报表分析方法的新发展

1993年7月1日，财政部发布《企业会计准则——基本准则》，随后一系列具体会计准则陆续发布。此前发布的《企业会计制度》废止。中国的企业会计进入了会计准则规范新时代。当然，中国会计准则也是不断发展变化的。在企业会计准则发布的早期，企业编制的基本财务报表包括资产负债表、利润表和财务状况变动表。几年后，用现金流量表代替了财务状况变动表。之后又出现了第四张基本财务报表——所有者权益变动表。具体会计准则的某些内容也经历了变化。

与企业会计准则发布导致企业编制的基本财务报表发生根本变化相适应，"财务报表分析"课程迅速成为商学院、会计学院教学的重要内容。但值得关注的是，财政部在发布各个企业会计准则的同时，并没有发布关于财务报表分析方法的指导性文件。这就使得我们在学习中国企业财务报表分析的过程中，只能引进国外教材。

然而，在认真学习了引进的所谓主流的财务报表分析方法体系之后，我们仍有两个大的问题没有解决：第一，除了满足投资者的关切以外，其他方面如贷款提供者、企业管理者、职工、税务部门等对企业管理质量以及财务状况质量方面的分析需求如何满足？第二，年报中除了合并财务报表和母公司财务报表中所包含的数字信息之外，还有没有其他非数字以及非财务信息可以加以分析利用甚至更具有分析价值？

很显然，对于这些问题国外的教材并没有回答。因此，探索中国情境下的企业财务报表分析的理论与方法就留给了中国的学者们。

一、从财务比率分析到财务状况质量分析

本书作者之一张新民从 1994 年便开始研究企业财务报表的分析问题。与当时教育界的普遍做法相同，作者在早期的教学实践中也是以美国教材中的基本财务比率分析为主，并试图将其应用于中国企业的财务报表分析中。但慢慢地发现：通过比率分析能够得到很好评价的企业，其实际的财务状况在企业管理者看来并非如此。例如，一个制造企业的流动资产与流动负债的比率约为 2∶1，完全符合美国教材对这个比率的理想预期。但是，由于企业流动资产中的存货规模过大周转缓慢、过于宽松的赊销政策导致债权回收状况较差、预收款项较低而使得企业采购货物的赊账能力下降、应付票据与应付账款规模较低，企业尽管出现了较为理想的财务比率，但经营活动的现金流量并不顺畅。

这种理论与现实之间的巨大反差说明，只是简单地照搬美国的财务比率分析及其判断标准，而不对企业进行更为深入、具体的结构与质量分析，是难以解决或者回答企业管理者所关心的实际问题的。

经过几年的探索，张新民在比率分析的基础上，提出了资产质量、资本结构质量、利润质量、现金流量质量等系列质量分析概念，并将上述四个质量分析概念统称为财务状况质量，在此基础上构建了“企业财务状况质量分析理论”。

实际上，企业的财务状况质量是企业管理质量的最终外在、综合的反映，各项资产质量更是直接反映了相应的企业管理质量，如存货周转质量是存货管理质量的反映，企业债权质量是债权管理质量的反映，流动资产整体质量是流动资产整体管理质量的反映，固定资产质量是固定资产管理质量的反映等。将比率分析与企业财务状况质量分析相结合，可以更好地考察企业财务状况目前的真实质量，更好地把握企业未来的发展趋势。

二、从财务状况质量分析到战略视角下的财务报表分析框架的建立

随着对企业财务状况质量分析方法的不断探索和运用，我们发现，财务状况质量的判断标准并不唯一。相同的资产在不同的企业或者在同一企业的不同时间或地点，均会表现出不同的价值，发挥不同的作用。而这种作用的发挥，可能会出现极大的反差。

实际上，衡量特定资产对特定企业在特定时间所发挥的作用和价值，还要取决于企业所选择和实施的发展战略——符合发展战略方向并能够在这个方向上发挥积极作用的就是优质资产，否则就很可能是不良资产。

经过不断探索，战略视角下的企业财务报表分析框架便逐步建立起来了。这个框架以企业（主要是中国上市公司）的财务报表为基础，但要结合上市公司年报中披露的报表附注内容以及其他相关的非财务信息，回答和分析解决以下七个方面的问题：

1. 关于企业战略的选择以及战略实施的效果

对于资产而言，企业的资产结构与规模，既是企业战略制定的约束条件，也是企业战略选择和实施的结果呈现。企业的战略实施可以直接体现在母公司资产和合并资产的基本结构上。

母公司资产是企业战略的发起端。

对于母公司而言，按照企业所选择的发展模式或盈利方式，可以将企业具有战略意义的资产（母公司货币资金以及短期投资一般不具有战略含义，因而在对母公司资产结构进行战略考察时要予以剔除）分为经营性资产和投资性资产。其中，经营性资产的基本结构大致反映了企业自身开展经营活动的行业选择、市场定位和具体布局；具有外延式战略发展意义的投资性资产（尤其是控制性的投资性资产）则体现了企业的对外扩张的意图、方向与力度。因此，上述资产结构中所反映的企业对资源的整体安排和布局揭示出了企业对战略承诺的遵守与实施情况。而对企业资产运用的效率和效益，则呈现了企业自身基于经营活动的核心竞争力以及基于控制性投资活动的扩张和发展能力。

合并资产是企业战略执行的阶段性结果。本书前面已经提及，合并资产可以分为经营资产和非经营资产。企业经过母公司对外投资的布局到底形成了怎样的资产规模和资产结构、企业以什么手段获得营业收入，这些问题都可能在合并资产中找到答案。

对负债和股东权益而言，可以进一步划分为金融性负债、经营性负债、内生性负债（指母公司整合子公司资金所形成的其他应付款。产生这种其他应付款的活动既不属于经营活动，也不属于筹资活动，而是属于管理活动）、投入资本（即股东入资）和留存收益（即利润积累）五个方面。这五个方面是企业发展的五大动力，也展示了企业各利益相关者的博弈关系和博弈过程，其中包括利益共同体下的产权博弈、利益共同体下的控制权博弈以及利益共同体下的博弈均衡等，并最终通过博弈决定企业的发展战略和发展方向。

2. 关于企业经营性资产的管理与核心竞争力

大多数企业都是在一定的战略引领下，从事具体的产品生产、销售或者劳务提供的生产经营单位。因此，其资产的主体通常是符合企业战略要求的经营性资产。这样，企业对经营性资产所形成的竞争力既表现为企业内部对经营性资产的管理质量，也表现在企业与上下游关系以及企业产品或劳务的市场竞争力等方面。

3. 关于企业的效益与质量

企业是以盈利为目的的经济组织，因此，企业的利益相关者要关注企业产生的效益问题，这是财务报表分析中最基本、最核心的内容。然而，对企业效益的评价不应仅仅只利用一些财务指标衡量其产生效益的规模，还应着重考察企业产生效益的质量问题。在战略视角下对企业效益展开质量方面的分析，不但要关注企业利润的实现过程，还要关注利润的实现结果，既要考察其含金量，也要考察其持续性，同时还要将企业所产生的效益与企业当初的战略选择联系起来。

4. 关于企业财务报表项目的质量分析

在关注企业财务报表中所包含的企业整体战略信息、经营性资产整体管理与竞争力以及企业效益与质量的基础上，企业管理者往往还要关注企业财务报表中各个项目自身的质量问题，也就是说，他们要从各具体项目的质量中寻找企业经营中存在的问题以及管理的重点。因此，在战略视角下的企业财务报表各个项目的质量分析也是财务报表分析的重要内容。

5. 关于企业的价值评估

企业发展到一定阶段，必然会涉及自身估值问题。在对外并购的过程中，也会涉及被并购企业的股权价值确定问题。

利用财务报表信息对企业进行估值，也是财务报表分析的主要内容。在英文原版教材中更多讨论的是估值模型的建立与应用问题，国内学者也普遍借鉴了这些通用的估值模型。本书拟对这些估值模型进行简单介绍，并重点强调这些估值模型在实际运用中应重点考虑的因素以及并购估值的特殊性和所带来的商誉问题。

6. 关于企业的风险分析

实际上，在现有的企业财务报表分析的方法体系中，对企业风险的分析主要是通过计算几个相关的财务指标来进行的，而且以分析企业的财务风险为主，涉及的主要财务指标包括流动比率、速动比率、资产负债率和利息保障倍数等。

然而，我们希望通过对财务报表某些数据的计算和分析，能够揭示出更多的企业风险方面的信息。实际上，企业所面临的风险会隐藏在财务报表分析的方方面面，应该从更广泛的意义上去认识和识别企业的风险。况且，还有相当多的企业风险会体现在财务报表以外。

因此，我们将企业所面临的表内风险与表外风险加以梳理，并整合成利用企业财务报表信息对企业风险进行分析与识别的一套体系，这也构成了企业财务报表分析的主要内容。

7. 关于企业的前景分析

我们应该认识到，利用财务报表所揭示的企业财务状况仅仅是历史信息，而对于信息使用者来说，分析和判断企业未来的财务状况和发展前景才是财务报表分析的最终目的。

在这方面，即便已有的财务报表分析教材通过估值模型计算出了某企业所谓的内在价值，也并没有给出真正具有实践意义的指导。

对于企业发展前景的预测，更多的应该是在评价企业目前的财务状况的基础上，考察企业赖以发展的战略和管理特征，挖掘企业发展中存在的制约条件和风险隐患，发现管理中存在的问题和症结所在，并结合企业所面临的外部市场环境和内部治理环境各方面因素，进行一系列的个性化的定性分析。

上述这七个方面的分析内容通常难以用一套统一的指标和模型来描述，只能通过一个分析框架和路径来加以阐述，这便构成了本书中战略视角下财务报表分析的主要内容。

三、美国财务报表分析方法的新发展

多年来，美国主流财务报表分析界也在进行财务报表分析方法与内容方面的探索。随着探索的逐步深入，美国财务报表分析界形成了较为成熟的“六步框架”。

中国人民大学出版社 2014 年 7 月出版的克莱德 · P. 斯蒂克尼等人合著、朱国泓翻译的《财务呈报、报表分析与公司估值：战略的观点》（*Financial Reporting, Financial Statement Analysis, and Valuation: A Strategic Perspective*）指出，对一套财务报表的有效分析通常包括如下几个步骤：（1）理解公司经营业务的经济特质和经营环境；（2）理解公司所选择的针对不同业务的经营战略；（3）评估公司财务报表所反映的企业决策和具体行为；（4）运用财务报表比率和其他分析工具，评估公司最近年份的盈利能力和风险；（5）将公司所在行业的预期经济环境变化和公司战略的相关信息整合在一起，预测公司的未来盈利能力和风险；（6）运用各种估值方法给公司估值。

该书还指出，所有的财务报表分析教材都包括第四步，即评价一家公司的盈利能力和风险，并认为教材之间的差异体现在它们对其他五个步骤的强调。

这就是说，美国补充财务报表分析教材的基本框架就是以上述分析框架为核心的，而教材之间的差别主要在于对不同内容重要性的理解上。

从上述六步框架的内容来看，除了传统的盈利能力分析和估值之外，在财务报表分析中明显增强了企业的外部环境分析、企业战略分析、企业管理与财务报表之间的关系分析等内容。

因此，财务报表分析的这种仅就财务比率来评价企业财务状况的时代已经宣告结束，而从财务报表的内部和外部两个方面系统地研究企业所处的外部环境、战略选择、内部治理、管理因素、财务风险以及发展前景，是今后企业财务报表分析发展的主流方向和趋势。

本章小结

本章讨论了美国主流教材财务报表分析方法的特征及存在的问题；介绍了企业财务报表分析中常用的基本财务比率，讨论了财务比率分析的局限性及应对方法；分析了杜邦分析体系的基本逻辑、分析方法及其局限；分析了财务比率在运用于合并财务报表和母公司财务报表上的差异性；介绍了资本市场上非常重要的与上市公司有关的特殊比率及其价值；最后介绍了战略视角下的财务报表分析中主要关注的几个方面的问题。

思考题

1. 基本的财务比率可以分成几类？这几类财务比率反映了企业财务状况的哪些方面？

2. 怎样看待流动比率与资产负债率的局限性？

3. 怎样看待企业存货周转率与毛利率之间的内在联系？

4. 存货周转率为什么要用营业成本而不是营业收入进行计算？

5. 为什么说营业利润率和销售净利率在评价企业营业收入的获利能力方面是有局限的？

6. 有时企业的核心利润率比较高，但企业的同期总资产报酬率又比较低，这是为什么？

7. 总资产报酬率与所有者权益报酬率有什么差异？

8. 为什么企业固定资产周转率要用固定资产原值？

9. 杜邦分析体系的基本逻辑是什么？

10. 杜邦分析体系给企业管理的启示是什么？
11. 怎样看待市盈率在衡量企业估值中的价值？
12. 为什么说每股收益和每股经营活动现金净流量之间具有不可比性？
13. 从企业财务报表分析方法的发展能得到什么启示？

案例分析

案例 1：格力电器财务报表财务比率分析（2024）

第一部分：

请以格力电器 2024 年年度报告中的母公司财务报表（请读者自行从网上的格力电器股份有限公司 2024 年年度报告中获取其财务报表）为基础，完成下列练习：

1. 流动比率
2. 速动比率
3. 资产负债率
4. 资产金融负债率
5. 存货周转率
6. 总资产周转率
7. 毛利率
8. 销售费用率
9. 管理费用率
10. 研发费用率
11. 核心利润率
12. 营业利润率
13. 销售净利率
14. 核心利润获现率
15. 投资收益获现率

第二部分：

请以上述比率分析的结果为基础对企业进行评价。

案例 2：美的集团财务报表的思考（2024）

请以美的集团 2024 年年度报告中的母公司财务报表与合并财务报表（请读者自行从网上的美的集团股份有限公司 2024 年年度报告中获取其财务报表）为基础，思考如下问题：

1. 如果直接计算母公司的流动比率、速动比率、资产负债率、核心利润率，你会得出什么结论？

2. 仔细考察美的集团母公司流动资产和流动负债的结构，并与合并财务报表比较：关于其他应收款与其他应付款的规模，合并财务报表的数据小于母公司财务报表的数据，这意味着什么？

第三章

企业战略分析

学习目标

1. 深化对传统资产负债表——会计要素资产负债表的理解；

2. 熟悉资产结构信息的战略内涵，掌握识别企业资源配置战略的方法，理解企业不同的资源配置战略之间的差异；

3. 熟悉负债与股东权益信息的战略内涵，掌握识别企业资本引入战略的方法，理解企业不同的资本引入战略对企业的影响；

4. 熟悉企业经营活动中采取的竞争战略，掌握洞察企业竞争战略的主要分析方法。

第一节　会计要素资产负债表

一、资产负债表与会计要素

在本书的前面部分，我们已经接触了资产负债表。在本章讲述财务报表与企业战略的关系之前，我们再一次审视一下资产负债表。

从会计的理论基础与准则规范来看，资产负债表是以“资产＝负债＋股东权益（或所有者权益）”这一基本会计等式为基础，以列示各项目构成及其数量关系为内容，其实质可以体现在资产负债表的会计要素结构与会计要素关系图中，如图3-1所示。

资产	负债和所有者权益
	负债:
流动资产	流动负债
非流动资产	非流动负债
	所有者权益:
	股东入资
	留存收益

图3-1　会计要素资产负债表简略示意图

在我国现行的《企业会计准则》中，资产、负债和所有者权益是“法定”要素。为了更清楚地说明问题，图3-1将所有者权益进一步区分为“股东入资”[1]

① 在这里，为说明问题起见，忽略非入资性资本公积。

与“留存收益”。实际上，从企业业务、会计要素以及财务报表的内在关系来看，反映企业留存收益的盈余公积与未分配利润两个项目与利润表中的“收入”、“费用”和“利润”三个要素之间存在着极其密切的内在联系。因此，以“资产＝负债＋股东权益（或所有者权益）”为平衡关系的资产负债表（以下简称会计要素资产负债表），既直观地反映了资产、负债与所有者权益等资产负债表要素之间的对应关系，也间接地反映了利润表的“收入”、“费用”和“利润”三个会计要素与资产负债表要素之间的基本关系。

二、会计要素资产负债表的意义

资产负债表所反映的会计要素关系对会计学与财务报表分析的意义十分重大——不仅为财务报表的编制奠定了基础，也为财务报表分析中运用比率分析提供了条件。

（一）资产负债表奠定了财务报表的编制基础

资产负债表作为企业财务状况的集大成者，其所蕴含的丰富的要素内容为企业财务报表的系列编制奠定了基础。

1. 资产负债表与利润表

所有者权益中盈余公积和未分配利润的形成过程，就是企业利润表的基本内容。而利润表的编制，既填补了资产负债表作为时点数据的缺憾，还使我们从更为深入的角度考察企业留存收益变动的原因和过程成为可能。

2. 资产负债表与财务状况变动表和现金流量表

当人们需要关注财务报表中更具有活力的内容时，基于对财务状况的不同理解又编制出了不同的财务报表。

随着应计制使得企业对利润表诸项目的操纵日益普遍化，信息使用者需要企业编制新的财务报表以提供额外的信息。在会计界，基于对财务状况的不同理解，先后出现了财务状况变动表和现金流量表。

在反映企业资产流动性方面，流动资产与流动负债的对应关系一直是理论界与实务界的关注焦点。人们发现，流动资产与流动负债的对应关系，恰恰是资产负债表（也叫财务状况表）最具活力的内容，流动资产与流动负债对应关系的变化在一定程度上反映了企业的活力（或称流动性）。据此，在20世纪80年代，以聚焦企业资产活力为目的、集中关注流动资产和流动负债对应关系的营运资本变动被称为财务状况变动，而反映营运资本变动状况的财务报表被称为财务状况变动表。

在同一时期，另一种对财务状况范围更窄的认识导致了现金流量表的问世，它是以现金及现金等价物为基础来反映企业财务状况变动的情况。

鉴于此，在会计发展史上先后出现了以营运资本为基础编制的财务状况变动表和以现金及现金等价物为基础编制的财务状况变动表。

随着以现金及现金等价物为基础编制的财务状况变动表（即现金流量表）越来越被普遍接受，以营运资本为基础编制的财务状况变动表逐渐退出历史舞台。发展至今，现金流量表已成为企业对外报送的第三张主要财务报表，其在财务报表分析中的价值越来越得到认可和关注。

3. 资产负债表与股东权益变动表

在反映企业的财务状况、经营成果及财务活力的三张报表之外，人们逐渐发现，企业发展的运行方向仍有另外的关键力量在推动，即股权结构及其变动因素，这些因素对企业发展往往更具有根本性影响。于是，在企业对外披露的报表体系中又加入了第四张报表——股东权益变动表。

（二）资产负债表为比率分析的应用提供了条件

迄今为止，财务比率主要是与资产负债表、利润表和现金流量表相关项目有关的比率，而与资产负债表有关的财务比率往往更能揭示企业的基本面和未来发展趋势。例如，以高商誉为代价的企业并购，在并购的初始阶段，被并购企业往往会对合并利润表的营业收入、营业利润等项目具有显著的贡献，从而导致与合并利润表有关的财务比率如毛利率、营业利润率等均有很好的表现，但如果进一步结合资产负债表分析，就会看到企业高商誉并购的并不乐观的另一面——总资产报酬率可能会显著下降（由于合并资产负债表的资产项目中包含的巨额商誉，会大幅度增加总资产报酬率的分母——平均资产总额的规模）。

三、会计要素资产负债表的局限性与突破

从已有的文献来看，对于财务报表体系重要组成部分的资产负债表，学者们更热衷于从会计学角度对影响其信息披露质量的相关内容展开研究，如对资产负债表各会计要素项目的计量属性——公允价值与历史成本的关注，对资产负债表各会计要素确认和分类标准的关注，对资产负债表各会计要素披露位置和内容的关注，甚至对会计信息与资本市场有效性的关注等。即使是对资产负债表展开分析也基本上采用传统的比率分析，过于强调各会计要素的内在构成以及各会计要素之间关系的经济含义。如果像这样对资产负债表的关注过于集中在会计要素的

确认、计量、记录和报告等方面，就会在很大程度上制约资产负债表信息有用性的进一步提升。我们认为，资产负债表内所蕴含的战略和管理方面的信息，远比其直观反映的会计要素关系信息更丰富。因此，对资产负债表的分析和利用，应该站在更高的战略和管理层面，把资产负债表项目及其关系与企业的战略和管理结合起来，在企业战略的制定与实施中寻找影响企业财务状况的根本因素，从而向信息使用者传递相对更加真实、全面的财务状况信息。

按照战略管理理论，战略主要涉及组织的长期发展方向和范围，力求使资源与环境（尤其是市场）、消费者相匹配，以便达到组织的预期目标（徐飞，2009）。安索夫则认为，企业战略由经营范围、资源配置、竞争优势和协同作用等组成。因此，企业管理的全过程就是企业战略制定与实施的过程，而在资产负债表中揭示的企业财务状况正是战略制定和实施的最终后果体现。

从企业战略的一般分类来看，企业战略可以分为总体战略（常用的总体战略主要包括一体化战略、多元化战略、加强型战略、防御型战略等）、竞争战略（可以采用的竞争战略包括成本领先战略、差异化战略和聚焦战略）和职能战略（即研发、采购、营销、财务、人力资源等各职能部门采用的战略）等。虽然资产负债表不可能按照战略管理的理论框架把财务报表的项目与企业的战略一一对应起来，但是，资产负债表上的数字，无论是从个别项目和结构来看，还是从整体来看，均能反映出丰富的战略信息。这是因为，从企业管理的全过程来看，企业对资产的根本性结构安排，一定会服务于企业所制定的总体战略。同样，企业战略的成功与否，取决于一定时点的资源规模和结构，更取决于企业对已有资源进行有效配置和利用，实施恰当的竞争战略和职能战略的能力。此外，在关注企业的资源规模结构与战略之间关系的同时，也应该看到，企业的竞争优势与发展潜力还与其融资环境、资本结构、公司治理等因素呈现出动态的对应关系。甚至可以说，在决定企业发展前景和方向的关键问题上，相比于资产的配置结构，资本的来源结构（即负债与股东权益之间的比例关系）更具有全局性，起着更加至关重要的作用。因此，在财务报表分析中，深入挖掘财务报表（以资产负债表为主）与企业战略之间的联系是十分必要的。

第二节　资源配置战略分析

一、母公司资产结构与资源配置战略类型

资产结构是指企业各项资产数量之间的关系及各自占企业总资产的比重。资

产结构能够清晰地反映出企业运作的意图和战略，不同的发展战略需要不同的资产结构与之相匹配（张新民等，2009）。张新民等（2009）指出，资产负债表揭示的企业资产结构和规模的质量特征，有利于企业利益相关者透视企业盈利模式和企业对战略承诺的遵守，确保企业管理层按照全体股东确定的企业战略有效配置企业资源。

在财务报表分析中，母公司通常是企业战略制定和实施的发起点。因此，对企业资源配置战略的分析，主要是基于母公司资产结构来进行的。

（一）母公司资产：按照战略属性分类

对母公司资产结构的战略考察，首先应该考察哪些资产具有战略属性，哪些资产不具有战略属性。

从企业的实践过程来看，企业战略的实施，一定是以对资源进行结构性重组来开展的：企业可以通过购建固定资产、无形资产等形成生产经营能力，购置原材料存货并对其进行加工生产从而形成产成品存货，通过市场销售来实现利润表的营业收入与核心利润；企业也可以自己不从事任何经营活动，通过对外控制性投资设立企业或者通过并购来直接让利润表出现营业收入与核心利润。

可见，企业的战略实施一定是以资产结构的不断变化为标志的。因此，企业资产结构的变化就是战略执行的重要表现。

但是，并不是所有的资产结构变化都具有战略属性。具有战略属性的资产结构将指向鲜明的目标与方向：要么为企业的产品经营奠定物质基础，让企业能够向市场提供符合战略目标的产品或服务；要么为企业进行行业布局、地区业务布局奠定基础（如通过对外控制性投资进入新行业、新地区等）。因此，资产中具有战略意义的资产主要为符合企业发展战略的经营性资产配置以及符合企业发展战略的投资性资产配置。

而流动资产中的货币资金和短期投资资产，要么是还没有进行战略安排（货币资金）、要么是仅仅为企业短期资产增值服务，一般不具有战略属性。

因此，母公司资产按照战略属性，可以分为具有战略属性的资产和不具有战略属性的资产。其中，不具有战略属性的资产主要包括货币资金和流动资产中的各项短期投资（主要是各项金融资产），具有战略属性的资产则包括经营性资产和投资性资产。

（二）经营性资产、投资性资产与企业发展战略

前已述及，母公司具有战略属性的资产分为经营性资产和投资性资产。其

中，典型的经营性资产包括商业债权（包括应收票据、应收账款、应收款项融资等）、存货、合同资产、固定资产（包括在建工程等）、无形资产等。而具有战略属性的投资性资产所占用的资源除了反映在直接占用的债权投资、长期股权投资等投资性项目以外，还反映在以提供经营性资金方式对子公司投资的其他应收款和预付款项等项目上①。按照企业经营性资产与投资性资产各自在母公司具有战略属性的资产总规模中的比重大小，可以将企业区分为以经营性资产为主的经营主导型企业、以投资性资产为主的投资主导型企业和经营性资产与投资性资产比较均衡的投资与经营并重型企业。而经营主导、投资主导以及经营与投资并重恰恰是企业资源配置战略的具体表现。

1. 经营主导型企业的战略内涵

母公司具有战略属性的资产结构中以经营性资产为主的企业，其战略内涵十分清晰：以特定的行业和产品或劳务的生产与销售为主营业务的总体战略为主导，以适当的竞争战略（如成本领先战略、差异化战略、聚焦战略等）和职能战略（如研发、采购、营销、财务、人力资源等战略）为基础，以固定资产、存货及其与市场的关系管理为核心，为企业的利益相关者持续创造价值，在行业内做大做强或者保持一定的竞争能力和竞争地位。经营主导型企业能够最大限度地保持其自身的核心竞争力。

2. 投资主导型企业的战略内涵

母公司具有战略属性的资产结构中以投资性资产为主的企业，往往是规模较大的企业集团。其战略内涵同样十分清晰：以多元化或一体化（或其他总体战略）的总体战略为主导，以子公司采用适当的竞争战略和职能战略，特别是财务战略中的融资战略（子公司通过吸纳少数股东入资、子公司自身债务融资和对商业信用的利用等融资战略可以实现在母公司对其投资不变情况下的快速扩张）为基础，以对子公司的经营性资产管理为核心，通过快速扩张为企业的利益相关者持续创造价值，做大做强企业集团或者在整体上保持一定的竞争能力和竞争地位。

在从事专业化生产和经营的企业进行地区结构的布局过程中，母公司也是通过对外控制性投资来实现的。通过对外控制性投资，可以降低整个集团的各类费用，提升整个集团的盈利能力。

---

① 实际上，其他应收款项目中还包括企业正常存在的其他应收款以及向公司的母公司和兄弟公司提供的资金等。只有其他应收款的母公司报表金额大于合并报表金额的部分，才是母公司向子公司提供的除了对子公司入资以外的经营性资金；预付款项中也包括自身正常部分，只有预付款项的母公司报表金额大于合并报表金额的部分，才是母公司向子公司提供的除了对子公司入资以外的经营性资金。

3. 经营与投资并重型企业的战略内涵

母公司具有战略属性的资产结构中的经营性资产与投资性资产规模大体相当的企业属于经营与投资并重型企业，其实施的往往是稳健的扩张战略：企业既通过保持完备的生产经营系统和研发系统来维持其核心竞争力，又通过对外控制性投资的扩张，来实现企业的跨越式发展。

可见，当把企业的资产结构与发展战略联系在一起的时候，资产结构就成为企业实施其发展战略的必然解释。

母公司对发展战略的选择具有根本性和全局性。选择经营主导发展的企业，往往在产品生产和销售以及产品的市场竞争力方面具有显著比较竞争优势，其对外控制性投资的着眼点也会首先关注提升其现有产品或者服务的竞争力；而选择投资主导发展战略的企业，其短时间内扩张的速度可能很快，其产品或服务的行业跨度以及地区跨度可能较大，但其产品或服务的整体盈利性在营业收入规模相当的情况下可能会逊色于经营主导的企业。

二、资源配置战略的识别

对企业资源配置战略的识别，要以母公司的资产结构为基础来进行。

母公司经营性资产和投资性资产是全部资产减去货币资金与短期投资后的资产。

（一）经营性资产

经营性资产主要是指企业在自身经营活动中占用的各项资源。典型的经营性资产包括应收票据、应收账款、应收款项融资、预付款项、存货、投资性房地产、固定资产、在建过程、无形资产等。

（二）投资性资产

投资性资产主要是指企业通过购买其他企业的股权、债权等方式在对外投资过程中占用的相关资源。在识别投资性资产时可以采用以下两个步骤：第一步，可以在母公司资产负债表上直接找出那些具有战略投资性质的资产项目的相关数据，这些数据意味着企业在对外投资上直接占用的资源，包括债权投资、其他债权投资、其他权益工具投资和长期股权投资等；第二步，再找出母公司以其他应收款、预付款项、其他流动资产和其他非流动资产的形式向子公司间接提供的资源。

这里需要特殊说明的是，从企业的实践来看，向子公司提供除实收资本以外的资金时，往往通过其他应收款、预付款项、其他流动资产和其他非流动资产的项目来反映。但是，其他应收款、预付款项、其他流动资产和其他非流动资产等这些项目上占用的资金并不都是向子公司提供的资金。根据合并报表编制原理，合并报表中其他应收款、预付款项、其他流动资产和其他非流动资产相应项目小于母公司的部分才可能是向子公司所提供的资金。

我们可以通过表 3－1 来确定母公司向子公司提供非入资资源的基本规模。

表 3－1　母公司向子公司提供非入资资源的基本规模

项目	合并报表 (1)	母公司报表 (2)	合并报表小于母公司报表 (投资方向子公司提供非入资资源) (3)＝(2)－(1)
预付款项			
其他应收款			
其他流动资产			
其他非流动资产			
合计			

（三）其他资产项目

按照我们到现在为止对母公司资产的划分，实质上是把母公司资产分为布局战略属性的资产（货币资金与各短期投资）、经营性资产和投资性资产。在实际分析中，我们会发现，有些资产很难归类，如递延所得税资产等项目。实际上，在进行战略分析过程中，我们没有必要对每一个项目尤其是内涵较为模糊项目的战略归属进行过于精细的划分。我们只需要在主要项目的战略属性上进行分析即可。

三、母公司对外控制性投资的资产扩张效果

控制性投资是指企业出于经营与竞争的需要，谋求对被投资企业的经营决策和财务决策能够实施控制性影响而进行的权益性投资。在控制性投资中，投资企业是被投资企业的母公司，相应地，被投资企业是投资企业的子公司。即便是非全资子公司或孙公司，其全部的资产也均在母公司的直接或间接控制之下，能够为母公司实施战略所用，因此，母公司可以通过这种层层的非全资控制性投资，最终打造出一个数倍于自身资产规模的“商业帝国”，我们把这种乘数效应称为控制性投资的资产扩张效应。通过考察控制性投资的资产扩张效应，有助于分析

和判断母公司对外扩张战略的实施状态和效果，因此具有非常大的战略意义。分析控制性投资所实现的资产扩张效应，需要识别企业控制性投资所占用的资源，并将其与控制性投资所实现的资产扩张规模相比较。

（一）企业控制性投资所占用的资源

企业的控制性投资主要包括在母公司资产负债表的几个相关项目中：长期股权投资、其他应收款和预付款项，在极个别的情况下，企业的控制性投资也有可能包括在其他流动资产和其他非流动资产项目中。

但需要注意的是，长期股权投资、其他应收款、预付款项、其他流动资产和其他非流动资产并不一定都是控制性投资所占用的资源，只有其中的一部分才有可能是控制性投资。

根据合并资产负债表的编制原理，只有长期股权投资、其他应收款、预付款项、其他流动资产和其他非流动资产等项目的合并报表数据与母公司报表数据之差（合并报表小于母公司报表相应项目部分）才大体反映了控制性投资所占用的资源的规模。如表3-2所示。

表3-2　控制性投资占用的资源的确定

项目	合并报表 (1)	母公司报表 (2)	合并报表小于母公司报表 (控制性投资占用资源) (3)=(2)-(1)
预付款项			
其他应收款			
其他流动资产			
长期股权投资			
其他非流动资产			
合计			

（二）控制性投资所实现的资产扩张规模

根据合并报表编制原理，在资产总计中，合并报表和母公司报表数据的差额就是控制性投资所实现的资产扩张规模，即

控制性投资所实现的资产扩张规模=合并资产总额-母公司资产总额

在此基础上，将企业控制性投资所占用的资源，与控制性投资所实现的资产扩张规模进行比较，计算出控制性投资的资产扩张效果系数。

$$控制性投资的资产扩张效果系数=\frac{控制性投资所实现的资产扩张规模}{控制性投资所占用的资源}$$

一般情况下，控制性投资的资产扩张效果系数越大，表明企业控制性投资的扩张效应越明显。

案例 3-1

药明康德资源配置战略分析

无锡药明康德新药开发股份有限公司（以下简称药明康德）2023 年年度报告中的资产负债表信息如表 3-3 所示。

表 3-3　药明康德资产负债表　　单位：元

	2023-12-31	2023-12-31	2022-12-31	2022-12-31
	合并报表	母公司报表	合并报表	母公司报表
流动资产：				
货币资金	13 764 058 665.13	2 939 735 584.21	7 985 741 393.85	4 018 640 392.78
交易性金融资产	11 003 188.04		2 000 000.00	
衍生金融资产	414 035 113.41		135 635 584.75	
应收票据及应收账款	7 921 577 166.99		6 047 398 517.50	
应收票据	20 196 868.46		74 620 707.44	
应收账款	7 901 380 298.53		5 972 777 810.06	
预付款项	243 663 367.83	258 927.10	290 612 821.22	1 153 843.66
其他应收款（合计）	168 176 303.89	9 405 944 980.24	169 309 944.71	7 638 444 008.29
应收股利	0.00	3 197 403 390.11		2 494 899 000.00
应收利息	10 174 736.26	5 206 405.76		0.00
其他应收款	158 001 567.63	6 203 335 184.37	169 309 944.71	5 143 545 008.29
存货	4 736 229 956.28		5 668 594 794.94	
合同资产	1 234 393 855.26		1 048 155 092.24	
一年内到期的非流动资产	785 779 534.14	785 779 534.14	1 427 794 911.22	
其他流动资产	1 143 553 809.85		1 221 983 479.78	7 932 129.76
流动资产合计	30 422 470 960.82	13 131 719 025.69	23 997 226 540.21	11 666 170 374.49
非流动资产：				
其他非流动金融资产	8 626 009 050.68		8 954 329 860.71	
长期应收款				
长期股权投资	2 215 629 616.25	27 646 949 518.23	1 202 930 849.89	24 858 379 880.56
固定资产（合计）	17 189 915 307.85		14 171 333 933.05	

续表

	2023-12-31 合并报表	2023-12-31 母公司报表	2022-12-31 合并报表	2022-12-31 母公司报表
固定资产	17 189 915 307.85		14 171 333 933.05	
在建工程（合计）	6 982 392 940.58		7 473 305 409.62	3 097 545.28
在建工程	6 982 392 940.58		7 473 305 409.62	
生产性生物资产	1 012 478 000.00		937 985 000.00	
使用权资产	1 391 213 425.45		998 984 468.93	
无形资产	1 863 800 704.15	81 563 125.00	1 784 832 359.55	83 893 500.00
开发支出				
商誉	1 820 872 684.75		1 822 101 781.03	
长期待摊费用	1 679 721 310.08		1 810 854 549.30	
递延所得税资产	366 691 216.70		492 110 798.65	
其他非流动资产	98 154 089.81		1 044 331 196.02	756 315 095.82
非流动资产合计	43 246 878 346.30	27 728 512 643.23	40 693 100 206.75	25 701 686 021.66
资产总计	73 669 349 307.12	40 860 231 668.92	64 690 326 746.96	37 367 856 396.15
流动负债：				
短期借款	3 667 059 680.42		3 874 119 856.00	
衍生金融负债	501 871 397.56		115 443 017.00	
应付票据及应付账款	1 645 321 546.91		1 659 314 377.10	
应付票据			18 620 505.45	
应付账款	1 645 321 546.91		1 640 693 871.65	
合同负债	1 955 363 182.24		2 496 636 589.50	
应付职工薪酬	2 125 635 919.87	54 103 197.40	1 913 153 687.34	10 486 821.80
应交税费	1 373 741 119.25	47 663 357.04	882 049 008.77	790 729.45
其他应付款（合计）	3 192 265 947.14	7 944 302 799.36	3 331 218 622.01	4 899 621 234.19
一年内到期的非流动负债	295 037 372.18		227 426 896.09	
流动负债合计	14 756 296 165.57	8 046 069 353.80	14 499 362 053.81	4 910 898 785.44
非流动负债：				
长期借款	687 016 640.84		279 085 982.26	
应付债券			501 990 079.66	501 990 079.66
租赁负债	1 098 552 195.37		983 818 758.44	
递延所得税负债	530 106 502.90		440 461 919.35	

续表

	2023-12-31	2023-12-31	2022-12-31	2022-12-31
	合并报表	母公司报表	合并报表	母公司报表
递延收益	1 079 932 389.70		910 921 739.47	
其他非流动负债			148 013 478.22	147 933 670.66
非流动负债合计	3 395 607 728.81		3 264 291 957.40	649 923 750.32
负债合计	18 151 903 894.38	8 046 069 353.80	17 763 654 011.21	5 560 822 535.76
所有者权益（或股东权益）：				
实收资本（或股本）	2 968 844 903.00	2 968 844 903.00	2 960 526 697.00	2 960 526 697.00
资本公积	28 401 011 161.70	29 086 144 094.27	26 511 514 346.78	28 233 583 158.48
减：库存股	3 156 528 928.12	3 156 528 928.12	2 745 245 607.24	2 745 245 607.24
其他综合收益	112 305 624.84		24 002 397.39	
盈余公积	1 023 342 127.82	1 023 342 127.82	702 680 509.92	702 680 509.92
未分配利润	25 773 479 021.49	2 892 360 118.15	19 136 475 049.46	2 655 489 102.23
归属于母公司所有者权益（或股东权益）合计	55 122 453 910.73	32 814 162 315.12	46 589 953 393.31	31 807 033 860.39
少数股东权益	394 991 502.01		336 719 342.44	
所有者权益（或股东权益）合计	55 517 445 412.74	32 814 162 315.12	46 926 672 735.75	31 807 033 860.39
负债和所有者权益（或股东权益）总计	73 669 349 307.12	40 860 231 668.92	64 690 326 746.96	37 367 856 396.15

资料来源：报表数据取自 Wind 数据库。余同。

1. 母公司资产结构的战略分析

从母公司的资产规模来看，2023 年 12 月 31 日的资产总额为 408.60 亿元。其中，不具有战略属性的资产是货币资金，为 29.40 亿元，占资产规模比重较小，意味着企业的资产主体已经进行了战略安排。

传统意义上典型的经营性资产如应收票据、应收账款、预付款项、存货、合同资产、固定资产和无形资产等规模或者为 0，或者较小（固定资产净额为 0，无形资产余额为 0.82 亿元），显然不是常规组织经营活动应该有的资产规模和结构。

具有显著战略属性的投资性资产长期股权投资的规模高达 276.47 亿元，占据非流动资产绝大部分。同时需要注意的是其他应收款，母公司年末其他应收款的规模为 62.03 亿元，而合并其他应收款的规模仅为 1.58 亿元，差额 60.45 亿元也是母公司向子公司提供资金的基本规模，具有投资属性。

这样的母公司资产结构，显示出企业采取的是投资主导的资源配置战略。

2. 企业控制性投资所占用的资源与资产扩张效应分析

企业控制性投资所占用的资源与资产扩张规模可以按照表3-4确定。

表3-4 控制性投资占用的资源与资产扩张规模 单位：元

项目	合并报表 (1)	母公司报表 (2)	合并报表小于母公司报表 (控制性投资占用资源) (3)=(2)-(1)
预付款项	243 663 367.83	258 927.10	合并报表大于母公司报表数据，不适用，合并报表数据不加总
其他应收款	158 001 567.63	6 203 335 184.37	6 045 333 616.74
其他流动资产	1 143 553 809.85		合并报表大于母公司报表数据，不适用，合并报表数据不加总
长期股权投资	2 215 629 616.25	27 646 949 518.23	25 431 319 901.98
其他非流动资产	98 154 089.81		合并报表大于母公司报表数据，不适用，合并报表数据不加总
控制性投资占用的资源合计			31 476 653 518.72
资产总计	73 669 349 307.12	40 860 231 668.92	
控制性投资实现的资产扩张规模（4）=(1)-(2)			32 863 117 638.28

通过表3-4的计算表明，母公司控制性投资占用资源的基本规模为314.77亿元，实现的资产扩张规模约328.63亿元，控制性投资的资产扩张效果系数为1.04倍，说明企业通过控制性投资，实现了较好的资产扩张效应。

四、合并资产：战略执行的阶段性成果

本书前面讲过，母公司是企业战略的发起者。母公司的资产结构配置，显示出企业选择了经营主导、投资主导或者经营与投资并重的发展战略。

母公司选择发展战略的实施的阶段性成果将在合并财务报表中展示出来，合并资产负债表的资产结构，向我们展示了企业战略实施后企业整体的资源配置与盈利特征。

在对母公司资产结构的战略剖析中，我们曾经按照战略属性将母公司的资产划分为不具有战略属性的资产、经营性资产和投资性资产，并以此为基础对母公司所蕴含的发展战略信息进行了挖掘。

同样，针对合并资产负债表的资产结构所展示出来的内在盈利特征，我们可以对合并资产进行新的分类，将其分为经营资产和非经营资产。

这里的经营资产与母公司经营性资产的内涵没有区别，包括了典型的经营资产如应收票据、应收账款、应收款项融资、预付款项、存货、合同资产、投资性房地产、固定资产、在建工程、无形资产、开发支出、生产性生物资产和商誉等。需要注意的是，母公司资产中一般没有商誉这个项目。合并资产中的商誉之所以归属于经营资产，主要原因是：在逻辑上，合并商誉的高低在很大程度上取决于被并购企业经营业务的盈利能力。当然高商誉的形成也有其他较为复杂的因素，但无论如何一个盈利前景较为暗淡的企业很难在并购中有很高的商誉出现。

非经营资产则包括了货币资金和各种投资性资产，既包括流动资产中的各项短期投资，也包括非流动资产中的各种投资。

案例 3-2

药明康德合并资产结构分析

我们仍然以药明康德 2023 年年度报告中的数据进行分析。

在 2023 年 12 月 31 日的合并资产负债表中，企业的合并资产为 736.69 亿元。其中，货币资金与各项投资（包括交易性金融资产、衍生金融资产、一年内到期的非流动资产、其他非流动金融资产和长期股权投资等项目）之和为 258.17 亿元，仅占据全部资产的较小比例。这意味着企业整体的资产高度聚焦经营活动。

在经营资产方面，有可能积累了并购无形资产评估增值的无形资产以及并购额外代价的商誉（商誉的性质后面还会讨论）之和为 36.83 亿元。这意味着企业经营活动发展的主要方式不是产生高商誉和无形资产高评估增值的并购，而是以投资设立子公司或者低并购代价的并购为主。

案例 3-3

爱美客合并资产结构分析

我们以爱美客技术发展股份有限公司（以下简称爱美客）2023 年年度报告中

的数据进行分析。表3－5展示的是爱美客2023年年度报告中的资产负债表信息。

表3－5　爱美客资产负债表　　单位：元

	2023－12－31	2023－12－31	2022－12－31	2022－12－31
	合并报表	母公司报表	合并报表	母公司报表
流动资产：				
货币资金	2 433 849 444.16	2 212 276 228.94	3 139 586 447.39	2 577 724 467.35
交易性金融资产	1 204 099 249.02	902 018 684.92	703 686 279.12	702 233 561.63
应收票据及应收账款	206 068 105.21	207 648 512.85	127 758 045.77	127 758 045.77
应收票据				
应收账款	206 068 105.21	207 648 512.85	127 758 045.77	127 758 045.77
预付款项	33 396 365.70	12 783 982.70	20 858 937.42	16 441 912.20
其他应收款（合计）	12 030 702.90	141 468 489.96	4 599 558.81	29 998 103.74
应收股利				
应收利息				
其他应收款	12 030 702.90	141 468 489.96	4 599 558.81	29 998 103.74
存货	49 771 209.00	42 850 575.09	46 715 408.58	40 172 474.12
一年内到期的非流动资产	288 621 805.56	288 621 805.56		
其他流动资产	23 461 301.83	12 386 992.09	90 522 067.70	82 917 849.37
流动资产合计	4 251 298 183.38	3 820 055 272.11	4 133 726 744.79	3 577 246 414.18
非流动资产：				
债权投资	713 404 169.29	713 404 169.29	283 380 000.00	283 380 000.00
其他非流动金融资产	195 556 015.50	0.00	189 663 734.29	47 320 498.51
长期股权投资	950 699 713.19	1 964 807 569.42	935 139 153.20	1 949 008 546.78
固定资产（合计）	219 482 048.95	172 931 545.21	195 024 321.61	148 873 068.37
固定资产	219 482 048.95		195 024 321.61	
在建工程（合计）	14 715 561.25	12 948 827.80	5 009 148.57	
在建工程	14 715 561.25		5 009 148.57	
使用权资产	47 859 044.54	30 494 479.89	58 069 633.82	36 537 573.69
无形资产	114 920 673.44	95 164 382.27	116 642 563.22	94 061 217.56
开发支出				
商誉	244 891 105.88		244 891 105.88	
长期待摊费用	35 279 568.70	7 394 728.57	39 001 939.55	8 516 099.17

续表

	2023-12-31	2023-12-31	2022-12-31	2022-12-31
	合并报表	母公司报表	合并报表	母公司报表
递延所得税资产	17 716 662.74	12 156 121.00	8 479 016.86	8 127 899.88
其他非流动资产	46 537 889.15	46 363 789.15	49 520 338.38	47 276 588.38
非流动资产合计	2 601 062 452.63	3 055 665 612.60	2 124 820 955.38	2 623 101 492.34
资产总计	6 852 360 636.01	6 875 720 884.71	6 258 547 700.17	6 200 347 906.52
流动负债：				
应付票据及应付账款	44 695 481.99	39 418 188.44	19 336 721.68	11 788 856.46
应付票据				
应付账款	44 695 481.99	39 418 188.44	19 336 721.68	11 788 856.46
合同负债	50 625 777.30	44 773 247.49	14 711 812.40	13 623 043.12
应付职工薪酬	96 633 897.66	90 964 342.89	75 947 085.99	74 362 490.98
应交税费	59 483 690.20	50 069 864.71	17 529 116.16	14 829 090.20
其他应付款（合计）	29 882 208.07	74 392 803.18	85 118 971.80	65 903 564.99
一年内到期的非流动负债	15 003 317.00	10 820 348.69	11 299 498.96	8 037 325.65
其他流动负债	1 343 281.06	831 480.05	227 295.81	188 396.59
流动负债合计	297 667 653.28	311 270 275.45	224 170 502.80	188 732 767.99
非流动负债：				
租赁负债	37 459 921.33	21 863 881.81	48 389 347.53	30 234 722.30
递延所得税负债	28 821 872.54	15 137 986.30	36 059 122.78	15 189 153.18
递延收益	3 372 365.43	2 491 063.64	4 148 054.83	3 266 753.04
非流动负债合计	69 654 159.30	39 492 931.75	88 596 525.14	48 690 628.52
负债合计	367 321 812.58	350 763 207.20	312 767 027.94	237 423 396.51
所有者权益（或股东权益）：				
实收资本（或股本）	216 360 000.00	216 360 000.00	216 360 000.00	216 360 000.00
资本公积	3 459 407 315.72	3 497 116 987.42	3 411 588 497.51	3 449 298 169.21
减：库存股	399 783 478.24	399 783 478.24		
其他综合收益	2 866 880.90	2 866 880.90	2 806 998.09	2 806 998.09
盈余公积	108 180 000.00	108 180 000.00	108 180 000.00	108 180 000.00
未分配利润	2 960 911 557.61	3 100 217 287.43	2 107 190 736.59	2 186 279 342.71
归属于母公司所有者权益（或股东权益）合计	6 347 942 275.99	6 524 957 677.51	5 846 126 232.19	5 962 924 510.01

续表

	2023-12-31	2023-12-31	2022-12-31	2022-12-31
	合并报表	母公司报表	合并报表	母公司报表
少数股东权益	137 096 547.44		99 654 440.04	
所有者权益（或股东权益）合计	6 485 038 823.43	6 524 957 677.51	5 945 780 672.23	5 962 924 510.01
负债和所有者权益（或股东权益）总计	6 852 360 636.01	6 875 720 884.71	6 258 547 700.17	6 200 347 906.52

在2023年12月31日的合并资产负债表中，爱美客的合并资产为68.52亿元。其中，货币资金与各项投资（包括交易性金融资产、一年内到期的非流动资产、债权投资、其他非流动金融资产和长期股权投资等项目）之和为57.86亿元，占据全部资产的很大比例。这意味着企业整体中的绝大部分资产与经营活动无关。

合并资产中仅有很少一部分经营资产在从事经营活动。同时还要看到，有可能积累了并购无形资产评估增值的无形资产以及并购额外代价的商誉之和为3.60亿元，占经营资产的比重虽然较大，这一般显示企业的并购业务对营业收入的增长贡献较大。但如果对爱美客产生商誉的业务进行追溯，就会发现从企业发展的脉络来看，企业营业收入的增长主要不是通过并购而来的。这也在一定程度上意味着产生商誉的并购还应该释放更多的营业收入与核心利润。

如果企业的合并资产中长期存在大量的非经营资产尤其是货币资金，我们对这种企业的感觉首先应该不是企业货币资金充裕，偿债能力很强。因为货币资金首先不是为了偿债而储备的，而是为了企业的某种发展战略而储备的。如果企业长期货币资金较高而不能得到具有战略意义的应用，这可能意味着企业处于战略困惑期——不知道下一步的发展战略在哪里。

第三节　资本引入战略分析

一、负债和股东权益与企业的资本引入战略

企业负债和股东权益构成了企业资产的来源渠道，其主要部分通常可以分成四类，即经营性负债、金融性负债、股东入资和留存收益。在集团管理条件下，母公司还可以集中集团内子公司的闲置资金，形成内部整合资源。我们把母公司的这种资源整合所形成的负债称为内生性负债。对这些资源的利用，体现的是企

业的资源整合战略。

（一）经营性负债

经营性负债主要包括应付票据、应付账款、预收款项与合同负债等，是企业与上下游企业或者用户进行结算时所产生的债务。企业具有经营性负债的状况反映了其竞争地位或竞争优势。一方面，在企业具有高于同类企业获得商业信用资源平均水平的能力的条件下，企业通常具有较高的“两头吃”的能力——企业利用上下游企业资金来支持自身发展的能力较强；在企业具有低于同类企业获得商业信用资源平均水平的能力的条件下，通常意味着企业“两头吃”的能力较弱，竞争地位较低。另一方面，经营性负债具有综合成本低（综合成本低于贷款成本）、综合偿还压力低于账面金额（与预收款项对应的偿还资源为商品或劳务的账面成本）和固化上下游关系等特点，因此，企业对于经营性负债的利用，通常不是被动的，而是积极主动的——企业往往将最大限度利用商业信用资本作为其优先选择的经营战略与财务战略。因此，企业对于经营性负债的利用，不仅仅是企业上下游关系管理的局部问题，还是企业的战略选择问题，有效利用商业信用能够提升企业价值（陆正飞和杨德明，2011）。

（二）金融性负债

金融性负债也叫有息负债、融资性负债，主要涉及短期借款、一年内到期的非流动负债、长期借款和应付债券等项目中包含的企业有息负债。影响企业选择利用金融性负债的因素很多，包括融资环境、融资成本、企业自身盈利能力、企业集团的资金管理体制、企业负债的整体规模以及现有资产负债率等。根据优序融资理论（Myers，1984），为了实现现有股东利益最大化，在企业具有较强的盈利能力且无法进一步利用商业信用资本的条件下，企业应该尽可能选择借款或者发行债券。在实施集中统一管理企业集团内部资金的体制下，为了整个集团的融资战略（不是母公司自身的经营活动）而进行借款或发行债券，尽管会增加母公司自身利润表上的财务费用，但由于可能会降低整个集团的整体融资成本而成为很多企业集团财务战略的首选。这就是说，对于金融性负债的利用状况及其变化的分析，可以透视出企业集团的财务战略意图和整体战略规划。

（三）内生性负债

在信息化管理条件下，集团的母公司可以在任何时点集中整个集团子公司的闲置货币资金，形成母公司可以利用的资金，以用于整个集团的经营活动和投资活动。

对于母公司而言，在货币资金增加的同时，产生了相应的负债。这种母公司整合集团子公司资金所形成的负债往往计入母公司的其他应付款。显然，这种负债所代表的是母公司整合集团内部资源的规模，我们把这种负债称为内生性负债。内生性负债对于母公司而言，是没有成本的。

当然，母公司整合子公司的限制资金的能力，不仅仅取决于母公司所拥有的技术手段，还与整个集团的资金管理体制、子公司的经营与金融环境等密切相关。在母公司对子公司的货币资金进行整合的情况下，往往会出现合并其他应付款的规模小于母公司其他应付款的规模，差额即为母公司整合子公司资金的基本规模。

（四）股东入资

股东入资是股东直接入资所形成的权益，包括股本（实收资本）和资本公积①，它是企业发展的原动力。股东对企业的入资具有极强的战略色彩。

1. 股权结构、股东范围、资本规模与企业战略

不同的股权结构设计、股东范围的选择以及资本规模的安排均具有极强的战略内涵。一方面，股权结构的分散程度、股东范围的广泛程度直接决定了企业控制权的实现方式，而恰恰是企业的控制权主导了企业的战略（王化成和胡国柳，2005）。另一方面，资本规模也直接制约着企业的战略：资本规模与企业的融资能力密切相关，股东入资与融资规模在很大程度上决定了企业可利用资源的规模，制约着企业的战略制定与实施。

2. 股权结构、公司治理、核心人力资源与企业战略

公司治理要处理的主要是股东大会（或股东会）、董事会与企业经理层之间的关系，并确保公司在满足各利益相关者的正常利益基础上实现持续健康发展（Shleifer and Vishny，1997）。在公司治理的过程中，股东依其持有的股份份额（股权结构）行使投票权，产生董事会。董事会制定企业的战略目标并决定核心人力资源；以核心人力资源为主导的管理团队负责实施企业的战略。而这一切的关键点在于，股权结构决定了公司治理的基本架构。

3. 股东入资形式、规模、结构与企业战略

股东对企业入资的资源形态和种类，除了货币资金以外，还有存货、长期股权投资、固定资产和无形资产等。在股东对企业入资为货币资金的情况下，股东入资对企业战略执行的意义主要在于：第一，股东注入企业货币资金的规模在很大程度

① 这里仅讨论资本公积中所包含的股东入资引起的部分，其他因素引起的资本公积的变化暂不考虑。

上决定了能够撬动的债务融资规模；第二，企业初期所获得的股东入资和债务融资总量从根本上决定了能够实现的经营业务规模与企业对外扩张的能力。

在股东对企业入资为非货币资金的情况下，股东入资对企业战略执行的影响就更加广泛：

(1) 股东注入的非货币性资产与企业战略的吻合度。不是任何具有一定评估价值的非货币性资产均可用于对任何企业的入资。作为入资的非货币性资产，必须与企业的战略相关，并对企业的战略执行有贡献。在很多情况下，某些资产虽然具有一定的评估价值，但由于与特定企业的战略没有关联，不能为特定企业的战略实施做出贡献，因而就不能作为对特定企业的入资。如果这类资产被注入企业，将很可能形成企业的不良资产。

(2) 股东注入的非货币性资产评估价值的公允性。股东注入企业非货币性资产的一个焦点问题是，作为入资的非货币性资产的评估价值是否公允。在被评估资产估价公允的情况下，公允的入资价值既为与企业其他资产组合产生恰当效益奠定了基础，也为协调企业股东间的股权结构和利益关系提供了前提。反之，如果出现低价高估、以次充好的情况，不但会损害企业未来的经营业绩，也会伤害企业的股权结构以及股东之间的利益关系，影响企业的治理水平和企业战略的顺利实施。此外，当股东以其拥有的对某子公司的股权投资作为对另一家公司入资时，由于对股权投资性资产的评估方法有多种，且不同评估方法之间的评估结果可能出现显著差异，因此，当被用于入资的长期股权投资选择了估价过高的评估方法时，即使这些长期股权投资本身具有一定的盈利能力，也会由于其股权价值被高估，而可能表现出较低的投资性资产报酬率，沦为不良资产。

(3) 股东注入的非货币性资产的整体协调性。这里的整体协调性主要是指固定资产的规模结构与存货的规模结构或者企业业务的规模结构的协调性。整体协调性好的资产应该表现出资产的物理质量能够满足企业的经营需要，利用率较高，无长期闲置或积压等特征。整体协调性不好的股东入资同样很可能形成不良资产，难以对企业战略实施起到必要的支撑作用。

(五) 留存收益

留存收益（或称利润积累）是指企业实现的利润中，股东没有分配而留存在企业的权益部分。这部分股东留存资本在报表上主要表现为盈余公积和未分配利润。利润积累对企业的战略含义在于：在一定的盈利规模下，企业可以通过制定不同的股利分配政策，在一定程度上改变企业的财务结构，并对企业的战略形成支撑。在企业处于高负债率或投资支出压力较大的条件下，企业可以通过选择股票股利或者股票股利与现金股利相结合的分配方式，尽力降低现金股利支出的规模，使企业的股东权益在进行利润分配后仍维持较高的规模，从而对降低企业的现金流出量、提高企业的债务融资能力乃至投资能力起到战略支撑的作用；当企业负债率较低、现金流量充裕、投资现金支出压力不大时，企业可以选择较激进的股利分配政策，提高现金股利的分配规模。上述分析清晰地表明，企业负债和股东权益的组合状况具有深远的战略含义，即企业试图利用什么资本来实现企业的发展，也就是说，企业要制定与其发展相适应的资本引入战略。显然，处于不同发展阶段、不同竞争地位的企业，资本引入战略应该是不同的。

二、案例分析

案例 3－4

药明康德的资本引入战略分析

我们仍以前面药明康德的资产负债表信息为基础进行分析。

在 2023 年 12 月 31 日，母公司负债和股东权益的规模为 408.60 亿元，按照经营性负债、金融性负债、内生性负债、股东入资和留存收益划分的基本结构数据如表 3－6 所示。

表 3－6　药明康德资产结构分析

项目	金额	备注
经营性负债	0	只有应付职工薪酬和应交税费有很小的数字。在企业不从事经营活动的情况下，企业不会有经营性负债
金融性负债	0	企业年末没有金融性负债。即使有应付利息也应是年内金融性负债引起
内生性负债	最大为 79.44 亿元，最小为 47.52 亿元（79.44－31.92）	在企业不经营的情况下，其他应付款的规模不会太大。因此，母公司实际集中管理的子公司资金很可能接近 79 亿元
股东入资	320.55 亿元	取自股本和资本公积
留存收益	39.15 亿元	取自盈余公积和未分配利润

从表 3－6 的数据结构可以看出，支撑企业资产的负债和股东权益的资本，从贡献度的角度来看依次是股东投入资本、集团内部资金管理和利润积累。

这意味着，企业已经积累了一定的利润留存在企业，集团资金管理在很大程度上使得企业在不进行债务融资的情况下同样可以实现扩张和发展。

三、资源配置战略、资本引入战略与战略结构资产负债表

（一）母公司资产负债表的战略阐释

根据前面的分析，母公司资产可以理解为企业战略实施的发起者，负债和股东权益可以理解为企业资本引入战略实施的结果，这就形成了如图 3－2 所示的母公司战略结构资产负债表。

资产（资源配置战略）	负债和股东权益(资本引入战略)
无战略意义的资产 经营性资产 投资性资产	经营性负债 金融性负债 内生性负债 股东入资 留存收益

图 3－2　母公司战略结构资产负债表简略示意图

（二）合并资产负债表的战略阐释

合并资产是母公司发展战略执行的阶段性成果，合并资产可以进一步划分为经营资产和非经营资产。在负债和股东权益方面，在合并报表的编制范围内，内生性负债将不再存在，因而支撑合并报表的资本引入战略就由原来的五个来源变为四个来源：股东入资、金融性负债、经营性负债和留存收益。

这就形成了如图 3－3 所示的合并战略结构资产负债表。

资产（资源配置战略）	负债和股东权益(资本引入战略)
经营资产 非经营资产	经营性负债 金融性负债 股东入资 留存收益

图 3－3　合并战略结构资产负债表简略示意图

（三）战略结构资产负债表的意义

战略结构资产负债表主要具有以下两方面意义：

（1）在分析的视角上，实现了从报表结构到企业战略的突破。战略结构资产负债表的确立，进一步拓展了企业资产负债表分析的视角，从主要关注资产、负债与股东权益的数量对应关系、流动资产和流动负债对应关系、负债与资产总额对应关系的会计要素结构分析视角，提升到从整体上考察企业资源与战略协同关系分析视角，有助于实现报表分析中利用会计信息对企业管理尤其是战略管理的透视与解读。

（2）在分析的侧重点上，实现了从关注资产负债表左边——资产，到关注资产负债表右边——负债和股东权益的突破。已有的关于资产负债表的分析方法，基本上都十分强调对资产整体或者局部的利用效果分析，而不太强调对负债和股东权益的资本贡献分析（以往仅仅强调其成本和风险问题）。战略结构资产负债表明确了资产负债表所具有的资本引入战略与资源配置战略的动态平衡和互为因果的特性，更加强调资本引入战略所具有的支配地位，使得对资产负债表右边——资本引入战略的分析更具有了先导性的特点。

第四节　经营竞争战略分析

前已述及，企业在开展经营活动的过程中还会涉及竞争战略的制定与实施问题。企业经营活动的核心任务就是要努力打造在行业中的核心竞争力，以保证企业在持续发展的过程中不断获取盈利。在激烈的市场竞争中，企业往往采取价格战、功能战、广告战、促销战、服务战、品类战等来建立自己的竞争优势，试图以此来打败竞争对手。然而，良好的愿望并未转换成美好的现实，过度打击对手未必能使自己变得更好，反而使所在领域的企业普遍面临低利润甚至亏损的局面。因此，如何在竞争中立于不败之地的同时，打造出能够带来持续发展的核心竞争力，是每个企业都需要认真思考的竞争战略选择问题。

竞争战略是企业战略的一部分，20世纪90年代末，美国著名战略学家迈克尔·波特（Michael Porter）将竞争战略定义为：一项旨在建立一种能够为企业带来稳定持续的收益，并可以提升企业竞争地位的计划。企业一般会采取以下三种竞争战略中的一种作为企业的主导战略：成本领先战略、差异化战略和聚焦战略。在这三种基本战略中，成本领先战略和差异化战略是竞争战略的基础，它们是一对“对偶”战略，而聚焦战略只是将成本领先战略和差异化战略运用在一个特定的细分市场而已。企业竞争战略要解决的核心问题是，如何通过确定顾客需求、竞争者产品及本企业产品这三者之间的关系，来奠定本企业产品在市场上的特定地位并维持这一地位。

成本领先战略就是尽最大努力降低成本，通过降低成本来降低销售价格，维持竞争优势。要做到成本领先，就必须在管理方面对成本实施严格控制，提高资金的运营效率，最大限度地减少各项成本费用开支。在与竞争对手进行竞争时，由于成本相对较低，在对手企业已无利可图时，该企业还可以通过薄利多销来获得利润，因此，处于低成本地位的企业通常可以以较低的价格来销售商品、占领市场，从而获得高于同行业平均水平的利润。采用这种竞争战略的企业，相对的“低盈利、高周转”通常是其财务后果在财务报表中的具体体现。

差异化战略是指企业所提供的产品或服务与众不同，或者功能多，或者款式新，或者外观美。这种与众不同的战略，可以为企业在行业中赢得超常的收益，因为它有助于建立起企业的防御地位，筑造出“护城河”，通过利用客户对企业品牌的忠诚度而使企业处于竞争优势。实施这种差异化战略，往往需要企业不断在研发、营销等有关方面进行大规模投入，以使企业持续保持技术引领和品牌优势。由于这种客户的忠诚度通常会使企业的产品因具有排他性和不可替代性而获得较高的毛利率，最终也能够保证企业获得高于同行业平均水平的利润。采用这种竞争战略的企业，相对的“高盈利、低周转”通常是其财务后果在财务报表中的具体体现。

聚焦战略是指主攻某个特定的客户群、某产品系列的一个细分区段或某一个地区市场。其前提是：企业能够以更高的效率、更好的效果为某一狭窄的战略对象服务，从而可以超越在该领域的全部竞争对手，为企业赢得超过行业平均水平的利润。

每个企业或多或少都会有一些特有的竞争优势或劣势，而任何的优势或劣势都会对相对成本优势和相对差异化产生作用。这些成本优势和差异化优势正是该企业比竞争对手更擅长采用成本领先战略或差异化战略的关键所在。将这两种基本的竞争优势与企业相应的经营活动相结合，就可制定出能让企业获得较好竞争位置继而打造出核心竞争力的竞争战略：成本领先战略或者是差异化战略。

成本领先战略要求企业必须建立起高效、规模化的生产设施，全力以赴地降低成本，严格控制生产成本、管理费用及研发、服务、推销、广告等方面的成本费用开支。为了达到这些目标，企业需要在管理水平和管理效率上给予高度的重视并不断取得成效，以确保其总成本低于竞争对手。

差异化战略将企业所提供的产品或服务予以差异化定位，以其独特的、不可替代的品质在该行业或该领域赢得市场。实现差异化战略可以有多种方式，如设计品牌形象、保持技术和性能领先、更好地服务顾客、打造商业网络及其他方面的独特性等。但这一战略往往与提高周转率、扩大市场份额的目标不可兼顾，因为在实施企业差异化战略的过程中通常要伴随着很高的成本代价（如研发和营销等各项投入），即便该领域的顾客都认识到企业的独特优势，也不可能所有顾客都有意愿或有能力支付该企业所制定的高价格。

在传统的财务报表分析中，通常是通过杜邦分析法来考察企业竞争战略的选择与实施情况。但随着企业资源配置战略的不断调整和重新布局，投资主导型企业在上市公司中变得越来越普遍，很多企业的资产结构中投资性资产占比越来越大，利润结构中核心利润占比越来越小，在这种情况下，企业的营业收入与净利润以及总资产之间并没有直接的联系，杜邦分析体系中的销售净利率、资产周转率等指标变得越来越失去意义，因此，我们需要对此做出变革。由于经营性资产报酬率指标可以更为有效地反映出企业在经营活动中的盈利能力，因此，我们可以仿照杜邦分析法，通过将该指标进行分解来具体考察企业经营活动的竞争战略选择与实施情况，具体分解过程如下：

$$\begin{aligned}\text{经营性资产报酬率}&=\frac{\text{核心利润}}{\text{平均经营性资产}}\times 100\%\\&=\frac{\text{核心利润}\times\text{营业收入}}{\text{营业收入}\times\text{平均经营性资产}}\times 100\%\\&=\text{核心利润率}\times\text{经营性资产周转率}\end{aligned}$$

上述分析是从经营性资产报酬率出发，通过对该指标进行分解来考察企业经营活动的竞争战略选择与实施情况。采用不同竞争战略的企业在财务上有着不同特征。成功实施差异化战略的企业通过技术性能引领、品牌形象打造等方式构筑了很高的竞争壁垒，一般的竞争者根本无法跨越，从而保证了自身的竞争优势。虽然企业制定的高价格因市场中的大部分顾客没有意愿或能力支付而影响到周转率，但因毛利率、核心利润率等指标比较高且稳定，因此该竞争战略完全能够保证企业具有较强的盈利能力。采用这种竞争战略的企业，往往在财务上呈现出“高盈利、低周转”的特征。

而实施成本领先战略的企业一般处于充分竞争的行业，无法建立起自身的竞争壁垒，或者行业进入门槛不高，无法拥有特别核心的技术或品牌形象，因此对企业的要求主要集中在管理水平和运营效率上，企业主要通过降低成本来降低销售价格，进一步通过薄利多销来占领市场，通过提高经营性资产周转率来增强企业的盈利能力。例如，在传统零售、消费等一些充分竞争行业，新进入者追赶甚至替代老企业的难度相对较低，市场竞争日益激烈，最终往往陷入价格战，企业的毛利率、核心利润率等指标相对较低且波动很大，企业只能通过降低成本、压低销售价格、提高经营性资产的周转率来维持盈利能力，否则将可能陷入亏损的境地。采用这种竞争战略的企业，通常在财务上呈现出“低盈利、高周转”的特征。

案例 3-5

格力电器与美的集团经营竞争战略比较分析

在中国的家电市场上，美的与格力是两个著名品牌。在具体产品细分上，格力电器以“格力”品牌的空调业务为其龙头业务，实施空调主导的适度多元化的发展战略。在定价策略上，格力电器认为自己空调在技术和质量上居于空调品牌的领先地位，因而其产品定价也是同类产品中价格最高者。同时，公司通过整合营销渠道和恰当的研发策略（公司的研发费用并不与营业收入的一定比例挂钩，而是按照研发的需求安排研发费用的预算规模），实现了在较长时间内的较高毛利率和较高的核心利润率，其空调业务的盈利能力一直保持在较好的水平。

与此同时，在多元化战略的实施过程中，格力电器可能考虑更多的不是营业收入的快速增长，而是将多元化的发展战略与其核心业务——空调业务的发展结合在一起。这种战略考量固然可以强化其空调业务的竞争力，但也在很大程度上制约了企业对外投资的行业跨度和地区跨度，因而企业的对外投资在较长时间内并没有形成有格局的业务结构，致使企业的营业收入一直高度依赖其空调业务。

这种经营竞争战略的实施，导致企业的营业收入在较长时间内难以实现较大幅度增长，企业的盈利能力难以取得大的突破，企业的市值也在较长时间内没有股东预期的表现。

反观美的集团，从一开始实施的就是多元化的发展战略。在多元化发展战略的初期，企业并不追求单体业务的市场第一，而是通过多元化发展实现营业收入整体规模的快速发展。在这种竞争战略的引领下，企业必然是营业收入增长的速度快于核心利润的增长速度（在营业收入一定规模的条件下，业务结构分散的企业综合毛利率与核心利润率一般会低于营业收入接近但产品高度聚焦企业的毛利率与核心利润率）。在美的集团与格力电器发展早期的竞争中，格力电器以单体的空调业务打天下，美的集团以业务的高成长性打天下。

随着互联网时代和数字时代的到来，美的集团意识到自己已有业务整体上不属于高端制造业，企业需要“华丽转身”为高端制造业企业。为此，在2017年，美的集团斥巨资收购了从事机器人及自动化系统业务的库卡集团，从而在其业务结构中强力注入“高科技”业务。

至此，美的集团至少在形式上实现了从传统制造业到高端制造业的华丽转身。美的集团的营业收入成长性以及在资本市场中的股价表现迎来了新的发展。

当然，企业的竞争是长期的。请读者关注美的集团与格力电器两个企业在竞争战略方面的变化。有兴趣的读者可以考察上述两家上市公司历年披露的年度报告。

本章小结

本章介绍了利用企业财务报表进行战略分析的基本框架和方法；阐述了资产负债表分析如何从仅仅考察会计要素的基本状态到建立在对各会计要素重分类基础上的资源配置战略和资本引入战略信息的挖掘和利用；探讨了如何对企业经营活动中的竞争战略进行分析和识别。

思考题

1. 为什么说传统的资产负债表分析是以会计要素资产负债表为基础的？
2. 怎样看待资产结构与企业资源配置战略之间的关系？
3. 怎样看待负债和股东权益的结构与企业资本引入战略之间的关系？
4. 企业控制性投资及其资产的扩张效果如何分析和评价？
5. 怎样认识战略结构资产负债表的含义？
6. 如何识别企业经营活动中所选择的竞争战略？

案例分析

案例1　北新建材2023年度财务报表战略信息分析

第一部分：案例资料

下面列示的是北新集团建材股份有限公司（以下简称北新建材）2023年年度报告中的主要财务报表（单位：元）及相关信息。

1. 资产负债表

	2023-12-31	2023-12-31	2022-12-31	2022-12-31
	合并报表	母公司报表	合并报表	母公司报表
流动资产：				
货币资金	546 527 057.12	485 985 524.59	555 669 732.67	244 504 657.25
交易性金融资产	5 531 999 171.49	2 099 085 872.61	3 939 100 440.99	2 318 910 808.90
应收票据及应收账款	2 183 765 291.32	93 267 287.50	2 180 372 007.93	80 885 258.96
应收票据	103 994 980.78		189 129 366.66	
应收账款	2 079 770 310.54	93 267 287.50	1 991 242 641.27	80 885 258.96
应收款项融资	305 996 205.13	18 752 006.21	262 333 991.90	55 422 915.95
预付款项	329 064 854.47	5 440 837.72	302 850 721.21	5 774 325.64
其他应收款（合计）	266 644 063.04	3 748 061 479.45	529 588 580.57	3 171 013 977.63
应收股利		720 712 500.00		40 750 000.00
应收利息		0.00		0.00
其他应收款	266 644 063.04	3 027 348 979.45	529 588 580.57	3 130 263 977.63
存货	2 593 411 460.12	52 085 739.83	2 726 834 275.94	90 751 114.01
合同资产	211 839 866.38		236 681 531.21	
一年内到期的非流动资产	50 045 296.80		30 127 875.00	
其他流动资产	265 463 705.38	19 810 057.23	209 804 081.81	9 534 802.53
流动资产合计	12 284 756 971.25	6 522 488 805.14	10 973 363 239.23	5 976 797 860.87
非流动资产：				
其他非流动金融资产	138 728 013.71	109 240 586.79	148 122 206.89	118 921 026.80
长期股权投资	208 381 891.57	8 159 497 463.43	264 648 760.14	7 872 924 062.05
投资性房地产	74 853 354.15	26 836 938.56	76 335 435.90	27 687 684.44
固定资产（合计）	13 459 109 069.02	461 097 001.17	12 458 666 429.14	481 157 509.11
固定资产	13 459 109 069.02		12 458 666 429.14	
在建工程（合计）	756 581 448.07	159 116 461.47	1 294 007 117.35	121 022 108.71
在建工程	756 581 448.07		1 256 774 432.86	
工程物资			37 232 684.49	
使用权资产	184 332 612.83	56 296 100.22	180 790 787.06	57 875 874.33
无形资产	2 510 479 733.20	44 628 386.76	2 502 192 109.87	46 454 764.37
商誉	382 545 468.71	6 798 609.98	344 140 505.44	6 798 609.98

续表

	2023-12-31	2023-12-31	2022-12-31	2022-12-31
	合并报表	母公司报表	合并报表	母公司报表
长期待摊费用	91 283 762.57	675 780.61	79 714 468.53	2 096 482.72
递延所得税资产	119 269 629.15	76 329 067.05	96 461 097.84	92 825 597.47
其他非流动资产	450 305 237.59	137 815 489.02	186 094 068.22	13 435 488.33
非流动资产合计	18 375 870 220.57	9 238 331 885.06	17 631 172 986.38	8 841 199 208.31
资产总计	30 660 627 191.82	15 760 820 690.20	28 604 536 225.61	14 817 997 069.18
流动负债：				
短期借款	378 389 516.81	100 062 638.89	168 042 378.00	
应付票据及应付账款	2 048 833 652.66	126 737 765.58	1 863 026 458.29	130 764 559.78
应付票据	224 585 378.32	55 549 737.08	178 932 585.30	57 929 397.97
应付账款	1 824 248 274.34	71 188 028.50	1 684 093 872.99	72 835 161.81
合同负债	638 234 970.35	12 033 010.60	466 160 556.38	8 302 256.93
应付职工薪酬	127 190 290.70	19 195 594.64	128 827 618.44	18 476 510.33
应交税费	112 309 861.15	4 381 340.81	323 243 437.79	42 684 911.09
其他应付款（合计）	693 131 438.80	2 550 066 393.73	637 472 869.92	2 813 420 987.08
一年内到期的非流动负债	1 533 185 738.67	1 399 324 000.52	116 005 809.37	48 208 834.41
其他流动负债	81 176 872.72	1 165 108.51	1 566 861 496.55	1 508 708 976.72
流动负债合计	5 612 452 341.86	4 212 965 853.28	5 269 640 624.74	4 570 567 036.34
非流动负债：				
长期借款	870 000 000.00	820 000 000.00	490 000 000.00	390 000 000.00
应付债券			1 000 000 000.00	1 000 000 000.00
租赁负债	157 288 455.83	55 827 229.81	155 225 476.50	56 978 074.41
长期应付款（合计）	19 610 784.20	10 983 320.30	20 733 017.28	11 186 284.37
长期应付款	6 361 523.85		7 067 926.43	
专项应付款	13 249 260.35		13 665 090.85	
预计负债			50 000.00	
递延所得税负债	48 556 932.09	9 348 462.49	19 239 235.64	1 177 787.90
递延收益	207 977 900.36	164 123 325.91	206 029 914.93	159 779 091.20
其他非流动负债	12 967 680.00			
非流动负债合计	1 316 401 752.48	1 060 282 338.51	1 891 277 644.35	1 619 121 237.88

续表

	2023-12-31	2023-12-31	2022-12-31	2022-12-31
	合并报表	母公司报表	合并报表	母公司报表
负债合计	6 928 854 094.34	5 273 248 191.79	7 160 918 269.09	6 189 688 274.22
所有者权益（或股东权益）：				
实收资本（或股本）	1 689 507 842.00	1 689 507 842.00	1 689 507 842.00	1 689 507 842.00
资本公积	2 787 765 244.14	4 508 098 649.61	2 800 007 867.92	4 507 803 986.23
其他综合收益	−9 756 617.54	1 840 503.18	10 225 996.93	1 840 503.18
盈余公积	966 378 810.50	870 466 434.50	963 750 516.94	870 466 434.50
未分配利润	17 931 317 645.53	3 417 659 069.12	15 492 219 473.26	1 558 690 029.05
归属于母公司所有者权益合计	23 365 212 924.63	10 487 572 498.41	20 955 711 697.05	8 628 308 794.96
少数股东权益	366 560 172.85		487 906 259.47	
所有者权益（或股东权益）合计	23 731 773 097.48	10 487 572 498.41	21 443 617 956.52	8 628 308 794.96
负债和所有者权益（或股东权益）总计	30 660 627 191.82	15 760 820 690.20	28 604 536 225.61	14 817 997 069.18

2. 利润表

	2023 年度	2023 年度	2022 年度	2022 年度
	合并报表	母公司报表	合并报表	母公司报表
营业总收入	22 425 895 636.99	692 353 576.11	19 934 313 133.14	1 118 909 754.84
营业收入	22 425 895 636.99	692 353 576.11	19 934 313 133.14	1 118 909 754.84
营业总成本	18 765 763 778.16	817 288 024.07	17 078 016 141.71	1 029 867 175.88
营业成本	15 725 025 923.65	414 380 412.90	14 105 779 453.78	610 867 278.96
税金及附加	239 285 960.92	14 272 561.54	220 563 937.92	13 384 509.60
销售费用	950 055 341.29	122 178 964.20	759 576 291.73	103 967 779.05
管理费用	814 605 952.01	216 338 027.57	1 024 684 300.57	234 972 101.13
研发费用	951 508 472.79	50 334 040.38	861 114 127.98	52 259 879.07
财务费用	85 282 127.50	−215 982.52	106 298 029.73	14 415 628.07
其中：利息费用	90 080 097.03	69 883 426.97	109 792 022.39	64 211 411.09
减：利息收入	8 253 215.27	70 739 878.65	11 684 906.70	51 406 486.99
加：其他收益	190 053 412.61	30 823 049.65	111 566 355.37	18 006 715.23
投资收益	72 516 789.49	2 942 192 143.45	33 865 755.16	−9 928 089.48
公允价值变动收益	−4 331 709.51	−11 505 376.30	−5 060 032.80	−7 125 928.60
资产减值损失	−11 240 704.40		−55 450 943.83	

续表

	2023年度	2023年度	2022年度	2022年度
	合并报表	母公司报表	合并报表	母公司报表
信用减值损失	−27 253 870.81	178 268 524.66	−107 380 725.55	−231 030 898.38
资产处置收益	212 412.48		477 519 278.99	331 945 155.61
营业利润	3 880 088 188.69	3 014 843 893.50	3 311 356 678.77	190 909 533.34
加：营业外收入	5 728 813.37	2 160 848.52	30 244 379.31	20 357 555.90
减：营业外支出	117 324 915.27	33 444 318.32	58 178 250.55	11 168 599.19
利润总额	3 768 492 086.79	2 983 560 423.70	3 283 422 807.53	200 098 490.05
减：所得税费用	213 777 187.08	18 151 465.84	139 720 897.65	−11 418 572.70
净利润	3 554 714 899.71	2 965 408 957.86	3 143 701 909.88	211 517 062.75
持续经营净利润	3 554 714 899.71	2 965 408 957.86	3 143 701 909.88	211 517 062.75
终止经营净利润				
减：少数股东损益	30 713 706.12		7 304 011.41	
归属于母公司股东的净利润	3 524 001 193.59	2 965 408 957.86	3 136 397 898.47	211 517 062.75
加：其他综合收益	−19 562 167.59		20 213 806.34	
综合收益总额	3 535 152 732.12	2 965 408 957.86	3 163 915 716.22	211 517 062.75
减：归属于少数股东的综合收益总额	31 134 153.00		8 387 043.34	
归属于母公司所有者的综合收益总额	3 504 018 579.12	2 965 408 957.86	3 155 528 672.88	211 517 062.75
每股收益：				
基本每股收益	2.09		1.86	
稀释每股收益	2.09		1.86	

3. 现金流量表

	2023年度	2023年度	2022年度	2022年度
	合并报表	母公司报表	合并报表	母公司报表
经营活动产生的现金流量：				
销售商品、提供劳务收到的现金	22 974 929 159.16	674 103 069.64	20 665 922 742.01	1 074 171 648.18
收到的税费返还	554 608 879.18	21 543 934.43	407 051 599.41	15 380 714.88
收到其他与经营活动有关的现金	985 064 554.44	38 799 134 646.84	577 754 453.73	14 517 328 295.99

续表

	2023 年度	2023 年度	2022 年度	2022 年度
	合并报表	母公司报表	合并报表	母公司报表
经营活动现金流入小计	24 514 602 592.78	39 494 781 650.91	21 650 728 795.15	15 606 880 659.05
购买商品、接受劳务支付的现金	15 477 845 355.93	1 981 582 140.98	14 408 292 125.04	2 527 504 755.70
支付给职工以及为职工支付的现金	1 931 203 056.80	246 166 237.14	1 819 248 244.92	213 858 877.89
支付的各项税费	1 513 246 611.38	77 673 829.80	1 013 380 625.44	56 295 566.62
支付其他与经营活动有关的现金	857 920 078.87	36 781 799 423.88	745 452 468.02	12 169 528 482.82
经营活动现金流出小计	19 780 215 102.98	39 087 221 631.80	17 986 373 463.42	14 967 187 683.03
经营活动产生的现金流量净额	4 734 387 489.80	407 560 019.11	3 664 355 331.73	639 692 976.02
投资活动产生的现金流量：				
收回投资收到的现金	18 413 070 000.00	7 961 000 000.00	14 879 760 000.00	10 304 000 000.00
取得投资收益收到的现金	70 491 270.95	2 311 591 451.74	46 675 337.14	434 910 623.55
处置固定资产、无形资产和其他长期资产收回的现金净额	146 341 891.67	86 891 457.04	386 944 820.00	239 709 430.34
处置子公司及其他营业单位收到的现金净额	1 382 409.10	2 810 000.00		1.00
收到其他与投资活动有关的现金	54 914 334.10	2 186 200 000.00		138 000 000.00
投资活动现金流入小计	18 686 199 905.82	12 548 492 908.78	15 313 380 157.14	11 116 620 054.89
购建固定资产、无形资产和其他长期资产支付的现金	1 162 308 399.89	176 102 725.20	1 300 887 079.19	102 343 585.75
投资支付的现金	19 980 620 000.00	8 051 032 653.33	16 258 430 000.00	10 536 694 923.32
取得子公司及其他营业单位支付的现金净额			1 674 858.15	
支付其他与投资活动有关的现金	74 058 123.13	2 610 617 496.75	9 362 335.51	1 239 142 335.51
投资活动现金流出小计	21 216 986 523.02	10 837 752 875.28	17 570 354 272.85	11 878 180 844.58

续表

	2023年度 合并报表	2023年度 母公司报表	2022年度 合并报表	2022年度 母公司报表
投资活动产生的现金流量净额	−2 530 786 617.20	1 710 740 033.50	−2 256 974 115.71	−761 560 789.69
筹资活动产生的现金流量：				
吸收投资收到的现金	9 000 000.00		52 313 380.00	
其中：子公司吸收少数股东投资收到的现金	9 000 000.00		52 313 380.00	
取得借款收到的现金	1 550 009 661.10	920 000 000.00	4 927 336 783.87	3 350 000 000.00
收到其他与筹资活动有关的现金	10 564 412.49		1 660 000.00	
筹资活动现金流入小计	1 569 574 073.59	920 000 000.00	4 981 310 163.87	3 350 000 000.00
偿还债务支付的现金	2 129 869 855.69	1 540 000 000.00	5 046 328 607.60	1 810 000 000.00
分配股利、利润或偿付利息支付的现金	1 202 290 063.12	1 181 598 002.48	1 202 416 839.71	1 161 272 925.97
其中：子公司支付给少数股东的股利、利润	11 616 961.79		1 159 046.45	
支付其他与筹资活动有关的现金	461 380 078.60	85 022 652.19	154 607 598.92	226 523 533.88
筹资活动现金流出小计	3 793 539 997.41	2 806 620 654.67	6 403 353 046.23	3 197 796 459.85
筹资活动产生的现金流量净额	−2 223 965 923.82	−1 886 620 654.67	−1 422 042 882.36	152 203 540.15
汇率变动对现金及现金等价物的影响	−1 775 897.72	−89 549.28	2 465 401.19	−23 245.29
现金及现金等价物净增加额	−22 140 948.94	231 589 848.66	−12 196 265.15	30 312 481.19
期初现金及现金等价物余额	532 966 177.45	244 369 657.25	537 135 578.40	214 057 176.06
期末现金及现金等价物余额	510 825 228.51	475 959 505.91	524 939 313.25	244 369 657.25

4. 企业所属行业与重要产品

该公司属于轻质新型建筑材料制造业，生产的主要产品和提供的劳务包括：纸面石膏板、轻钢龙骨、烤漆龙骨、矿棉吸音板、防水材料、装饰板、岩棉、粒状棉、涂料、砂浆、钢制板式散热器、五金件、金邦板、水泥瓦、型材、门窗和国内外建筑材料、装饰材料贸易和技术转让、开发及服务等。

第二部分：分析思考

请以上述财务报表为基础，回答下列问题：

1. 母公司资产结构反映了什么发展战略？
2. 母公司控制性投资性资产的扩张效应如何？
3. 母公司负债与股东权益的结构反映了什么资本引入信息？

案例 2：格力电器 2024 年度财务报表的战略分析

请以格力电器 2024 年年度报告中的母公司报表与合并报表（请读者自行从网上的格力电器 2024 年年度报告中获取其财务报表）为基础，回答下列问题：

1. 母公司资产结构反映了什么资源配置战略？
2. 对母公司控制性投资性资产的扩张效应如何评价？
3. 母公司负债与股东权益的结构反映了什么资本引入信息？
4. 合并报表的资产结构反映了怎样的战略实施效果？

第四章

企业集团管控模式分析

学习目标

1. 掌握企业集团货币资金管控模式的分析方法；
2. 掌握企业集团债务融资管控模式的分析方法；
3. 掌握企业集团母子公司业务关系的分析方法。

企业集团是一种以母子公司的控股关系为基础形成的经济共同体。企业借助资本市场，通过收购、兼并、重组等方式组建企业集团，有利于企业打造产业生态或实现跨界经营，无论是优势互补还是强强联合，都旨在实现快速成长和扩张的同时，不断增强企业在市场中的地位和竞争力。

尽管企业集团通常来讲并不是一个法律主体，母子公司之间以产权和资本为关系纽带形成了较为松散的组织结构，但由于子公司的资源仍能够被母公司以某种方式进行直接或间接的控制和调配，因此，这种母公司对其子公司所实施的管理控制及资源协调分配的方式，就形成了企业集团的管控模式，其本质是界定母公司与子公司之间的权限和关系。一般来说，集团中母公司对子公司的管控模式，可以是集权式的，也可以是分权式的，往往带有较鲜明的企业特征和管理偏好。在财务报表分析中，至少在母公司对子公司的货币资金管控模式、母公司对子公司的债务融资管控模式以及影响管控模式的母子公司之间的业务关系等方面，可以通过母公司报表与合并报表之间的比较来加以分析与考察。

第一节　企业集团货币资金管控模式分析

一、企业集团货币资金管控的主要模式

在企业集团中，母公司对于包括子公司在内的整个集团的货币资金项目，通常可以采用如下三种管控模式。

（一）集权式管控模式

企业集团的货币资金集权式管控模式主要是指母公司通过制定和实施一系列的措施和制度把各子公司的存量资金进行归集、统一配置和管控的一种监督管理机制。集权式管控模式有利于提升企业集团整体的资金使用效率以及降低各子公

司的资金筹集和使用成本；有利于母公司强化对各子公司的动态化监控，改善财务管控力度，增加资金安全性；有利于有效降低各子公司之间的利益博弈程度，确保企业集团整体利益的最大化。

一般情况下，采用集权式管控模式的企业，会在财务报表中体现出如下特征：由于母公司将集中集团内的货币资金，子公司账面上只保有较小规模的货币资金，因此货币资金项目的母公司报表数据与合并报表数据会比较接近；母公司在整合子公司资金过程中所形成的负债，会在母公司报表中体现为其他应付款等项目。当其他应付款项目的合并报表数据小于母公司报表数据时，其差额往往就代表了母公司整合、调配子公司货币资金的基本规模。如果母公司将整合后的货币资金再提供给有需要的子公司，则母公司报表中的其他应收款和预付款项等项目就会因此而出现相应规模的增长。当合并报表中的其他应收款和预付款项等项目出现越合并越小的情况时（即这些项目的合并数据小于母公司数据），其差额往往可以代表母公司向子公司提供资金的基本规模。

（二）分权式管控模式

为适应复杂多变的外部市场环境，增加集团中各子公司的柔性竞争力，很多企业集团对货币资金选择采用分权式管控模式。采用分权式管控模式的企业集团，母公司自身基本不整合子公司的闲置资金，母公司、子公司各自拥有和支配一定规模的货币资金。这种管控模式可以最大限度地增加子公司资金管理的灵活性，以便抓住瞬息万变的市场机遇。但是由于集团未能有效整合各子公司的闲置资金，也就存在着整个集团的融资成本较高以及部分货币资金闲置的可能，整个集团难以形成资金合力。

一般情况下，采用分权式管控模式的企业，会在财务报表中体现出如下特征：因母公司、子公司各自保有其自身的货币资金，母公司资产负债表与合并资产负债表中货币资金规模差异往往较大；在其他应付款项目上，合并报表数据也往往会显著大于母公司报表数据。

此外，因母公司和一些子公司的账面上可能存有较大规模的货币资金而导致合并报表中的货币资金规模相对较大，同时集团内另一些子公司因自身资金短缺而举借债务，又导致合并报表中的银行借款规模和利息费用支出规模也较大，这样，在合并资产负债表上，采用分权式管控模式的企业集团就很容易出现所谓的“三高”现象，即货币资金存量高、银行借款规模高、利息费用支出高。

（三）折中式管控模式

由于受到内外部各种因素的制约，在很多情况下，母公司在整合各子公司货币资金时会遇到很大阻力。此时母公司往往采用折中式管控模式，即集权与分权相结合的管控模式。在折中式管控模式下，母公司往往采取资金集中的内部结算制度，母公司拥有较大的资金管理监控权，子公司享有一定额度的资金使用与控制权，但这要求子公司具备一定的资金管理能力。这种集权与分权型相结合的资金管控模式在一定程度上克服了过分集权或分权的缺陷，融合了集权和分权的优势，但集权与分权的具体程度很难掌握。在实际运用时，需要根据不同企业集团的具体情况，从模式运行的角度，对具体的运行流程加以优化与设计，这样才能收到预期的效果。

在这种模式下，合并报表与母公司报表所体现出来的特征不够典型，往往介于前两者之间。母公司虽然集中管理了一部分子公司的货币资金，但由于各种原因，子公司仍可能拥有较高规模的货币资金，因此，母公司资产负债表与合并资产负债表上的货币资金规模差异要视具体整合力度来定；在其他应付款项目上，当合并报表数据小于母公司报表数据时，其越合并越小的差额基本可以反映母公司整合子公司货币资金的规模，但这种母公司对子公司的资金整合力度往往相对较小。

二、案例分析

案例 4-1

药明康德货币资金管控模式分析

下面以药明康德财务数据为基础进行相关分析。为分析方便，摘录部分相关信息如表 4-1 所示。

表 4-1 药明康德部分财务数据 单位：元

	2023-12-31	2023-12-31
	合并报表	母公司报表
货币资金	13 764 058 665.13	2 939 735 584.21
其他应收款	158 001 567.63	6 203 335 184.37
其他应付款合计	3 192 265 947.14	7 944 302 799.36

从上述数据来看，由于母公司报表其他应付款规模显著大于合并报表其他应付款的规模，其差额应该说明了母公司对子公司货币资金集中管控的基本规模（约为 47.52 亿元）。考虑到母公司基本上没有什么经营活动，因而其因经营活动所引起的其他应付款应该规模很小。这意味着企业 79.44 亿元其他应付款的绝大

部分是因母公司整合子公司资金引起的。当然，母公司整合子公司资金的最大规模不会超过79.44亿元。

比较其他应收款项目的母公司报表与合并报表的差额，我们就会发现，母公司确实向子公司通过其他应收款项目提供了资金，其基本规模约为60.45亿元(62.03−1.58)。考虑到母公司基本上没有什么经营活动，因而其因经营活动所引起的其他应收款应该规模很小。这意味着企业62.03亿元其他应收款的绝大部分是因母公司向子公司提供资金引起的。当然，母公司向子公司提供资金的最大规模不会超过62.03亿元。

从逻辑关系来看，母公司所动用的资金来自其整合的子公司资金，母公司整合的资金规模应该明显小于其通过其他应收款项目向子公司提供资金的规模。

同时我们也应该看到，子公司仍然拥有大量货币资金。这说明，由于各种原因，母公司整合子公司货币资金的力度并不够大。

据此，我们可以做出判断：药明康德母公司对子公司的资金管控采用的是集权与分权相结合即折中式的模式。

第二节　企业集团债务融资管控模式分析

一、企业集团债务融资管控的主要模式

在企业集团中，母公司对于包括子公司在内的整个集团的债务融资管控，通常可以采用如下三种模式。

（一）集权式管控模式

企业集团对债务融资采用集权式管控模式，更便于母公司汇总集团内各子公司的融资需求，发挥规模优势，增加与金融机构的议价和谈判能力，争取到较低的资金成本；同时也更易于整个集团采取发行公司债、企业债及其他债务融资工具的方式，进一步拓宽融资渠道。另外，集权式管控模式，也更便于母公司从整体上监控各子公司的履约能力，避免出现影响集团整体信用评价水平的事件。然而，由于集团汇总后的融资规模可能相对较大，且资本市场在很多方面还不够完善，债务融资采用集权式管控模式，有可能使整个集团面临较大的债务融资风险，一旦某一环节出现重大问题，会使整个集团都遭到威胁。

在这种融资管控模式下，通常母公司先集中获得债务融资，再通过某种方式

或途径将大量资金提供给子公司，因此，债务融资采用集权式管控模式的企业，往往会在财务报表中呈现出如下特征：

首先，债务融资对资产负债表中负债项目的影响主要体现在母公司的金融性负债（如短期借款、长期借款、应付债券等）中，而子公司由于不单独进行此类融资，其相应项目的金额为零或者极低。

其次，如果母公司在获得债务融资后，再将所需资金提供给各子公司，则母公司报表的其他应收款和预付款项等项目将随之出现相应规模的增长，合并报表相应项目的数据可能会出现越合并越小的情况。这种越合并越小的规模之差（相应项目的母公司数据减去合并数据）往往就是母公司向子公司提供资金的基本规模。

另外，在这种母公司将所获融资提供给各子公司的情况下，因融资而发生的利息费用将直接体现在母公司的利润表中。如果子公司不再单独进行债务融资，则合并利润表中的利息费用项目数据基本上与母公司利润表中的该项目数据持平。

（二）分权式管控模式

当企业集团发展到一定阶段，尤其是产业进入多元化时期，规模越来越大，地域分布广泛，可能跨区域或国际化，在集团内的不同子公司也许处于不同的发展阶段，市场定位不同、经营战略不同、对资金的需求量不同，管理水平与管控力无法达到统一水准。在这种情况下，债务融资中采用分权式管控模式，可以较为灵活地解决其中的融资决策与风险管理问题。

通常，在采用分权式管控模式的企业集团中，母公司基本不为子公司融资，母公司、子公司根据各自的资金需求，利用各自的融资平台和融资渠道单独进行融资。这种融资管控模式可以最大限度地调动子公司的积极性，增强子公司融资的灵活性，强化子公司的资金成本意识，但同时很可能存在整个集团的融资过度和融资成本失控的风险。

采用这种管控模式的企业，往往会在财务报表中呈现出如下特征：

首先，举借的债务会视不同情况体现在母公司报表和合并报表中的金融性负债（如短期借款、长期借款、应付债券等）各项目中。其中，母公司资产负债表中的金融性负债金额基本上是母公司根据自身资金需求的融资额；而当子公司融资规模相对较大时，合并资产负债表中的金融性负债各项目金额就会出现大大地高于母公司报表数据的情况。由于在分权式管控模式下，母公司、子公司在债务融资问题上基本是“各自为政”，因此当出现“贫富不均”时，极有可能导致前面所指出的“三高”现象，即一方面合并资产负债表中的借款尤其是“短期借款”项目金额居高不下，合并利润表中的利息费用高企；另一方面合并资产负债表中的货币资金项目也居高不下。

（三）折中式管控模式

在折中式管控模式下，母公司通常对常规的、预算内的融资需求采取集权式管控模式来处理，通过统一对外融资，可以相应降低融资成本、控制财务风险；但同时，子公司仍享有一定额度的融资决策与控制权，以应对预算外的、较为灵活的融资需求。这种集权与分权相结合的债务融资管控模式，可以在一定程度上克服过分集权或分权的缺陷，兼顾集权和分权的各自的优势。但在具体企业实践中，往往集权与分权的具体程度很难掌握，需要根据不同企业集团各自的情况，通过对具体的运行流程加以优化与设计，才能最终收到预期的效果。

此种模式下的债务融资对财务报表的影响通常介于前两种管控模式之间。

二、案例分析

案例 4－2

药明康德债务融资管控模式分析

药明康德的财务数据相关信息如表4－2所示。

表4－2　药明康德部分财务数据　　单位：元

	2023－12－31	2023－12－31
	合并报表	母公司报表
短期借款	3 667 059 680.42	
一年内到期的非流动负债	295 037 372.18	
长期借款	687 016 640.84	

从上述数据来看，母公司各项融资性负债均是零，而合并报表在每个项目上都有一定规模。这意味着母公司没有进行任何形式的债务融资，所有的债务融资均发生在子公司。据此，我们可以认为，该集团在债务融资管控方面所采用的是分权式管控模式。

第三节　母子公司业务关系分析

在母公司拥有一定的经营性资产、从事实质性的产品生产或服务提供等经营活动的情况下，母公司与子公司之间的业务关系往往在很大程度上影响着企业集团在各方面所采取的管控模式。母子公司业务关系通常可以通过母公司报表与合并报表相关项目的比较来加以考察和分析。

一、企业集团母子公司业务关系的主要类型

一般情况下，母子公司业务关系有三种类型：

（一）以母公司向市场提供产品或服务为主，子公司为母公司提供原材料、服务等配套支持

在这种类型下，母子公司通常都是经营主导型企业，母公司往往具有较强的市场竞争力和影响力，子公司所生产的产品或提供的劳务，并不是主要直接面向市场，而是销售或提供给母公司。在母公司消化、吸收子公司的产能后，若子公司仍有余力，再考虑面向市场另行销售。

由于母公司主要承担了开拓市场的任务，因此，通常在这种情况下，母公司报表中的各类经营性项目（其中包括经营性资产项目如应收账款、应收票据、应收款项融资、预付款项、存货、合同资产、固定资产和无形资产等；经营性负债项目如应付票据、应付账款、预收款项、合同负债等；利润表项目如营业收入、税金及附加、销售费用等）的总规模与合并报表相应项目的总规模差异不大。

需要特殊说明的是，由于子公司的主要经营活动是向母公司提供原材料、服务等配套支持，母公司利润表中的营业成本可能反而会高于合并利润表中的营业成本，其差异程度通常取决于子公司的毛利率。这是因为合并报表的营业成本反映的是集团最初对外采购所形成的营业成本，而母公司报表中的营业成本反映的是母公司从子公司采购所形成的营业成本。举例来说，如果子公司最初从市场采购原材料 2 亿元，经生产加工后将半成品以 3 亿元出售给母公司，母公司进一步加工后出售给市场的价格是 5 亿元，经抵销后，最终合并利润表中的营业收入为 5 亿元，营业成本为 2 亿元；而母公司利润表中的营业收入也为 5 亿元，营业成本却为 3 亿元。

这就是说，在这种类型下，子公司的价值和贡献主要不在于向市场上提供产品或者服务，增加整个集团的营业收入，而是在一定程度上减少对上游供应商的依赖程度，增加市场话语权，从而降低整个集团的营业成本，提高毛利率水平，最终为提高企业集团的盈利能力和市场地位贡献力量。

由于这种类型下的母子公司之间形成较为紧密的业务联系，面对相同或相似的市场竞争环境，一体化色彩比较鲜明，因此，这样的企业集团较多地会采用集权式管控模式，以便于母公司从总体上在资金筹集和调配、生产管理、费用控制、市场拓展等各个环节进行统筹安排，集中决策。

（二）母公司、子公司分别向市场提供产品或者服务，双方业务关联度较低

属于这种类型的企业集团，往往选择多元化（主要是指产品多元化）的发展战略，母公司和子公司分属不同的领域或行业，但均具有一定的市场业务能力。企业集团通过多元化经营有助于规避产业或市场的发展风险，在本领域之外寻找新的利润增长点，但同时也会因面临不同程度的产业进入风险和产业退出风险，反而有可能增加了企业的经营风险。

从财务报表的表现上看，由于母公司和子公司各自开拓市场，母公司报表中的各类经营性项目（经营性资产项目如包括应收账款、应收票据、应收款项融资、预付款项、存货、合同资产、固定资产和无形资产等；经营性负债项目如应付票据、应付账款、预收款项、合同负债等；利润表项目如营业收入、营业成本、税金及附加、销售费用、管理费用、研发费用和利息费用等）的总规模就很可能与合并报表相应项目的总规模有显著差异，当合并报表的数据大于母公司报表的相应数据时，其差额就基本反映了母子公司在业务规模上的差异。

也就是说，在这种类型下，子公司的价值和贡献在于增加整个集团的营业收入和盈利能力，当然这要取决于其自身在市场上销售产品或者提供服务的能力。

（三）母公司主要向子公司提供产品或服务，子公司负责向市场销售母公司的产品或推销母公司的服务

属于这种类型的企业集团，也大多是经营主导型企业，母公司往往具有较强的产品生产或服务提供能力，但出于提高整个集团的盈利水平或其他方面（如避税等）的考虑，母公司并不选择直接向市场提供产品或服务，而是由各子公司负责开拓市场，专门对外提供母公司的产品或服务。子公司往往并不单独从事产品生产或服务提供的业务（如成立的销售公司），而是担当起母公司走向市场的桥梁。这种情况下，子公司开展的业务可以视为母公司业务的延伸，母公司与子公司之间的业

务联系也是非常密切的，这样的企业集团也会较多地采用集权式管控模式。

在进行财务报表分析时，我们发现，由于母公司并不主要承担开拓市场的业务，因此母公司报表的销售费用会显著低于合并报表的销售费用。此外，母公司的毛利率通常也会大大低于合并报表所反映的毛利率水平，这是因为出于某种考虑（如酒厂为了规避消费税），母公司往往会选择以较低的价格将产品转让给子公司。这种情况下，只有合并利润表上体现出来的毛利率才能反映出母公司的产品毛利率的真实水平。相应地，母公司利润表上的核心利润也不能反映出母公司经营活动的真实盈利水平，此时，最好借助合并报表分析，从整体上考察整个集团的盈利能力。

然而实际上，在考察母子公司业务关系的过程中，我们发现，很多企业集团可能存在多种类型交织在一起的情况，只不过在某一特定时期某些类型特征表现得更加鲜明而已。

二、案例分析

案例 4－3

迈瑞医疗母子公司业务关系类型分析

深圳迈瑞生物医疗电子股份有限公司（以下简称迈瑞医疗）2023 年年度报告中的部分财务数据如表 4－3 所示。

表 4－3　迈瑞医疗部分财务数据　　单位：元

	2023 年度	2023 年度
	合并报表	母公司报表
营业总收入	34 931 900 884.00	28 693 591 450.00
营业收入	34 931 900 884.00	28 693 591 450.00
营业总成本	21 991 204 875.00	20 654 904 822.00
营业成本	11 820 708 329.00	14 796 862 012.00
税金及附加	366 077 263.00	232 783 720.00
销售费用	5 702 924 130.00	3 165 220 134.00
管理费用	1 523 748 134.00	885 920 355.00
研发费用	3 432 658 732.00	2 380 023 607.00

数据显示，合并报表的营业收入比母公司报表的营业收入增加不多。这一般意味着子公司的对外销售并没有对整个集团的营业收入做出主要贡献，子公司的

很多营业收入极有可能是销售给母公司来实现的。

我们继续考察企业的营业成本项目。营业成本数据显示，合并报表的数据低于母公司报表数据。这意味着，子公司对于整个集团的价值主要并不在于其自身的市场占有率和盈利能力，而主要在于提高企业集团整体的毛利率和盈利水平。

从销售费用的情况来看，母公司、子公司分别发生了一定规模的销售费用。这应该意味着，子公司在向母公司提供配套产品或者服务后，也试图向市场单独进行销售，当然也许各子公司在集团中承担的角色并不相同，其中部分子公司直接对外销售，发生了一定规模的销售费用。

从研发费用的情况来看，母公司、子公司各自不同程度地开展了研发业务。从数字上我们很难看清楚母公司、子公司在研发活动中的相互关系和彼此分工，但仍能体会到，在研发环节上，母公司、子公司均在努力发挥作用。

案例 4-4

贵州茅台母子公司业务关系类型分析

贵州茅台股份有限公司（以下简称贵州茅台）2023年年度报告中的部分财务数据如表4-4所示。

表4-4　贵州茅台部分财务数据　　单位：万元

	2023年度	2023年度
	合并报表	母公司报表
营业收入	147 693 604 994.14	81 415 570 788.59
营业成本	11 867 273 851.78	12 072 158 914.05
税金及附加	22 234 175 898.60	21 084 932 938.46
销售费用	4 648 613 585.82	1 103 737 062.73
管理费用	9 729 389 252.31	8 986 759 635.56
研发费用	157 371 873.01	157 371 873.01

数据显示，合并报表的营业收入显著大于母公司报表的营业收入，这似乎意味着企业的子公司成了整个集团面向市场对外销售活动的主体，即部分子公司就是销售公司。

从销售费用的情况来看，子公司发生了大量的销售费用，而母公司销售费用的规模相对较低，这同样也体现了部分子公司承担了对外销售的主体角色。

我们继续考察企业的营业成本项目。营业成本数据显示，合并报表数据与母公司报表数据相比有所下降。这再次显示出，绝大部分子公司只负责对外销售产品，只有极少数子公司负责为母公司提供配套产品或者服务（营业成本合并报表数据低于母公司报表数据一般意味着母公司从子公司购入了产品或者服务）。

我们继续考察税金及附加项目。数据显示，虽然合并营业收入相对于母公司营业收入来说有巨幅增加，但税金及附加的增加幅度非常小。也就是说，母公司在实现相对较少营业收入的情况下，却承担了较高的税金及附加。这意味着作为生产白酒企业的母公司和作为销售白酒企业的子公司所适用的税率有着天壤之别。母公司、子公司有这样的分工合作，实际上是出于降低税务支出的考虑：母公司是生产销售应税消费品（白酒）的企业，但由于销售给子公司（即销售公司）的售价不高，总体税负并不是很高；而子公司虽然取得了集团的大部分营业收入，但由于它们是商品流通企业而不需要缴纳消费税，这样便顺利达到了合法避税的目的。

从研发费用项目的情况来看，所有研发费用均发生在母公司，且规模很小。这意味着，贵州茅台取得今天这样世界瞩目的骄人业绩和市场表现，并不在于其研发方面的努力，而在于历史的传承、品牌形象的维护以及一贯坚持的“质量为先”的经营理念。

本章小结

本章讨论了企业合并报表分析的另外一个主要问题——企业集团管控模式分析。本章分三个主要方面对集团管控模式进行分析：货币资金管控模式、债务融资管控模式以及母子公司业务关系管理模式。认真学完前面的内容和本章内容，你便可以对大多数企业的合并报表进行分析了。

思考题

1. 母公司通常采用的对子公司货币资金管控的三种模式是什么？如何识别？
2. 母公司通常采用的对子公司债务融资管控的三种模式是什么？如何识别？
3. 企业集团母子公司业务关系有哪几种模式？如何分析？

案例分析

第一部分：案例资料

江苏恒瑞医药股份有限公司（以下简称恒瑞医药）2023 年年度报告的有关信息为（单位：元）：

1. 资产负债表

	2023-12-31	2023-12-31	2022-12-31	2022-12-31
	合并报表	母公司报表	合并报表	母公司报表
流动资产：				
货币资金	20 746 104 943.19	19 728 155 304.62	15 110 680 633.68	13 329 563 208.33
交易性金融资产	99 049 588.89	14 124 000.00	2 760 493 970.50	2 681 198 795.78
应收票据及应收账款	5 520 325 210.17	4 308 518 527.66	6 394 187 930.35	5 447 738 825.59
应收票据	325 831 647.59	303 231 947.79	502 790 602.73	464 200 452.96
应收账款	5 194 493 562.58	4 005 286 579.87	5 891 397 327.62	4 983 538 372.63
应收款项融资	614 581 544.25	443 576 934.79	1 947 283 306.23	1 542 773 822.84
预付款项	1 221 081 000.79	757 884 061.78	1 054 793 777.86	761 698 769.28
其他应收款（合计）	438 253 339.88	3 576 990 571.22	562 175 450.79	3 838 885 049.50
应收股利				
应收利息				
其他应收款	438 253 339.88	3 576 990 571.22	562 175 450.79	3 838 885 049.50
存货	2 314 026 002.52	1 499 146 452.54	2 450 574 758.45	1 585 150 685.58
其他流动资产	334 049 541.52	207 763 315.59	653 864 367.08	511 111 915.21
流动资产合计	31 287 471 171.21	30 536 159 168.20	30 934 054 194.94	29 698 121 072.11
非流动资产：				
其他非流动金融资产	756 391 279.06	607 652 312.60	739 710 771.93	590 676 313.36
长期股权投资	694 990 655.18	5 329 085 724.69	767 861 518.38	4 984 820 237.64
固定资产（合计）	5 451 452 844.80	2 124 722 426.40	5 383 158 419.88	2 240 270 833.51
固定资产	5 451 452 844.80		5 383 158 419.88	
在建工程（合计）	1 100 994 714.83	3 806 085.02	1 193 198 497.55	105 344 911.99
在建工程	1 100 994 714.83		1 193 198 497.55	
使用权资产	77 019 290.13		99 381 390.58	
无形资产	883 766 937.39	365 002 760.11	519 895 053.15	100 595 766.93
开发支出	2 492 549 260.85	2 022 159 528.86	1 681 033 856.38	1 335 545 743.35
商誉				
长期待摊费用	336 016 444.61		371 134 634.29	
递延所得税资产	320 556 160.87	43 353 488.33	223 030 661.62	41 590 164.39

续表

	2023-12-31	2023-12-31	2022-12-31	2022-12-31
	合并报表	母公司报表	合并报表	母公司报表
其他非流动资产	383 297 876.83	61 313 175.85	442 550 129.00	132 982 873.84
非流动资产合计	12 497 035 464.55	10 557 095 501.86	11 420 954 932.76	9 531 826 845.01
资产总计	43 784 506 635.76	41 093 254 670.06	42 355 009 127.70	39 229 947 917.12
流动负债：				
短期借款			1 260 943 473.97	1 260 943 473.97
应付票据及应付账款	1 510 329 134.07	3 811 158 698.52	1 767 548 600.23	3 902 078 579.62
应付票据	239 910 471.35	239 910 471.35	280 578 048.12	280 578 048.12
应付账款	1 270 418 662.72	3 571 248 227.17	1 486 970 552.11	3 621 500 531.50
合同负债	198 090 503.64	347 363 022.89	187 075 473.61	28 950 669.07
应付职工薪酬	5 363 888.81		10 920 363.98	
应交税费	218 969 327.68	99 460 363.89	119 181 285.18	9 134 155.38
其他应付款（合计）	608 667 928.16	800 658 202.25	282 172 641.76	491 714 819.66
其他流动负债	12 237 845.70	27 789 041.83	11 377 763.91	2 316 053.52
流动负债合计	2 553 658 628.06	5 086 429 329.38	3 639 219 602.64	5 695 137 751.22
非流动负债：				
租赁负债	75 176 390.32		98 860 622.08	
递延所得税负债	83 635 176.05	39 493 194.51	84 332 759.81	45 347 032.14
递延收益	38 950 000.00	5 000 000.00	119 440 000.00	49 970 000.00
非流动负债合计	197 761 566.37	44 493 194.51	302 633 381.89	95 317 032.14
负债合计	2 751 420 194.43	5 130 922 523.89	3 941 852 984.53	5 790 454 783.36
所有者权益（或股东权益）：				
实收资本（或股本）	6 379 002 274.00	6 379 002 274.00	6 379 002 274.00	6 379 002 274.00
资本公积	3 057 638 970.07	2 419 068 197.63	3 020 238 194.01	2 365 856 303.49
减：库存股	1 091 850 767.15	1 091 850 767.15	398 027 855.55	398 027 855.55
其他综合收益	19 322 555.32		3 228 412.82	
盈余公积	3 298 912 011.55	3 279 357 428.44	3 298 912 011.55	3 279 357 428.44
未分配利润	28 802 770 314.90	24 976 755 013.25	25 520 455 210.66	21 813 304 983.38
归属于母公司所有者权益（或股东权益）合计	40 465 795 358.69	35 962 332 146.17	37 823 808 247.49	33 439 493 133.76

续表

	2023-12-31	2023-12-31	2022-12-31	2022-12-31
	合并报表	母公司报表	合并报表	母公司报表
少数股东权益	567 291 082.64		589 347 895.68	
所有者权益（或股东权益）合计	41 033 086 441.33	35 962 332 146.17	38 413 156 143.17	33 439 493 133.76
负债和所有者权益（或股东权益）总计	43 784 506 635.76	41 093 254 670.06	42 355 009 127.70	39 229 947 917.12

2. 利润表

	2023年度	2023年度	2022年度	2022年度
	合并报表	母公司报表	合并报表	母公司报表
营业总收入	22 819 784 741.31	17 458 463 559.03	21 275 270 681.52	16 500 065 507.04
营业收入	22 819 784 741.31	17 458 463 559.03	21 275 270 681.52	16 500 065 507.04
营业总成本	18 214 152 501.77	12 770 358 513.90	17 747 084 300.60	12 889 660 323.65
营业成本	3 525 247 786.91	3 681 003 633.22	3 486 638 890.09	3 626 165 499.51
税金及附加	219 257 133.43	134 200 463.02	190 388 735.65	114 265 547.75
销售费用	7 577 175 913.92	5 095 280 873.92	7 347 893 145.32	5 036 126 318.43
管理费用	2 416 974 460.17	1 054 032 007.44	2 306 477 951.60	1 781 917 839.36
研发费用	4 953 887 105.16	3 263 120 133.80	4 886 552 651.32	2 753 941 161.98
财务费用	—478 389 897.82	—457 278 597.50	—470 867 073.38	—422 756 043.38
其中：利息费用	5 903 776.07	1 631 551.03	6 491 852.72	943 473.97
减：利息收入	477 143 415.78	446 706 732.53	385 275 275.77	336 834 993.20
加：其他收益	498 485 970.59	164 756 190.95	287 401 388.30	74 920 194.87
投资收益	—49 156 803.96	—30 833 369.08	387 364 612.91	202 025 348.12
公允价值变动收益	—58 256 927.73	—57 596 875.32	76 502 527.08	112 134 512.15
资产减值损失	—107 216 559.21	—91 292 473.15	—146 684 220.61	—140 845 774.51
信用减值损失	17 254 496.20	12 873 117.90	—26 284 422.21	—10 120 708.43
资产处置收益	3 162 510.78	3 867 780.62	5 473 705.52	1 820 226.20
营业利润	4 909 904 926.21	4 689 879 417.05	4 111 959 971.91	3 850 338 981.79
加：营业外收入	3 798 351.90	2 186 147.91	2 081 701.57	415 338.17
减：营业外支出	246 593 587.87	222 941 854.07	145 549 554.63	140 436 456.62
利润总额	4 667 109 690.24	4 469 123 710.89	3 968 492 118.85	3 710 317 863.34
减：所得税费用	389 288 987.74	285 800 403.26	153 421 215.81	125 643 678.86

续表

	2023 年度 合并报表	2023 年度 母公司报表	2022 年度 合并报表	2022 年度 母公司报表
净利润	4 277 820 702.50	4 183 323 307.63	3 815 070 903.04	3 584 674 184.48
持续经营净利润	4 277 820 702.50	4 183 323 307.63	3 815 070 903.04	3 584 674 184.48
终止经营净利润				
减：少数股东损益	−24 615 227.55		−91 233 487.74	
归属于母公司股东的净利润	4 302 435 930.05	4 183 323 307.63	3 906 304 390.78	3 584 674 184.48
加：其他综合收益	17 841 438.93		15 868 800.02	
综合收益总额	4 295 662 141.43	4 183 323 307.63	3 830 939 703.06	3 584 674 184.48
减：归属于少数股东的综合收益总额	−22 867 931.12		−90 135 767.35	
归属于母公司所有者的综合收益总额	4 318 530 072.55	4 183 323 307.63	3 921 075 470.41	3 584 674 184.48
每股收益：				
基本每股收益	0.68		0.61	
稀释每股收益	0.68		0.61	

3．现金流量表

	2023 年度 合并报表	2023 年度 母公司报表	2022 年度 合并报表	2022 年度 母公司报表
经营活动产生的现金流量：				
销售商品、提供劳务收到的现金	24 093 922 387.94	19 810 900 637.61	18 567 439 285.94	15 806 318 856.46
收到的税费返还	65 619 728.74		260 229 594.35	
收到其他与经营活动有关的现金	1 295 530 285.40	1 147 812 227.01	727 342 112.40	606 657 298.27
经营活动现金流入小计	25 455 072 402.08	20 958 712 864.62	19 555 010 992.69	16 412 976 154.73
购买商品、接受劳务支付的现金	1 176 619 729.53	2 288 751 329.13	1 073 321 878.61	2 812 800 891.90
支付给职工以及为职工支付的现金	5 752 122 784.16	1 387 141 779.11	6 234 169 734.58	853 030 146.98
支付的各项税费	1 633 425 725.10	913 850 602.75	1 891 336 552.16	1 197 790 158.62
支付其他与经营活动有关的现金	9 249 239 088.77	8 329 270 477.57	9 090 918 195.41	9 159 251 814.68

续表

	2023年度 合并报表	2023年度 母公司报表	2022年度 合并报表	2022年度 母公司报表
经营活动现金流出小计	17 811 407 327.56	12 919 014 188.56	18 289 746 360.76	14 022 873 012.18
经营活动产生的现金流量净额	7 643 665 074.52	8 039 698 676.06	1 265 264 631.93	2 390 103 142.55
投资活动产生的现金流量：				
收回投资收到的现金	2 607 501 921.22	2 607 501 921.22	9 602 363 872.85	8 296 022 000.00
取得投资收益收到的现金	95 506 604.04	87 330 655.26	166 492 049.03	153 705 560.31
处置固定资产、无形资产和其他长期资产收回的现金净额	20 183 897.06	9 256 759.52	20 212 976.52	3 466 677.25
处置子公司及其他营业单位收到的现金净额			36 045 413.27	
投资活动现金流入小计	2 723 192 422.32	2 704 089 336.00	9 825 114 311.67	8 453 194 237.56
购建固定资产、无形资产和其他长期资产支付的现金	1 483 791 745.29	973 953 208.01	1 992 177 711.16	1 298 694 822.71
投资支付的现金	17 085 570.00	249 416 758.98	7 442 647 233.57	7 174 738 110.49
投资活动现金流出小计	1 500 877 315.29	1 223 369 966.99	9 434 824 944.73	8 473 432 933.20
投资活动产生的现金流量净额	1 222 315 107.03	1 480 719 369.01	390 289 366.94	−20 238 695.64
筹资活动产生的现金流量：				
吸收投资收到的现金			378 863 693.27	
其中：子公司吸收少数股东投资收到的现金			378 863 693.27	
取得借款收到的现金	21 100 000.00		1 260 000 000.00	1 260 000 000.00
收到其他与筹资活动有关的现金			159 991 787.52	
筹资活动现金流入小计	21 100 000.00		1 798 855 480.79	1 260 000 000.00

续表

	2023 年度 合并报表	2023 年度 母公司报表	2022 年度 合并报表	2022 年度 母公司报表
偿还债务支付的现金	1 281 100 000.00	1 260 000 000.00		
分配股利、利润或偿付利息支付的现金	1 022 827 146.08	1 022 448 302.76	1 015 542 764.53	1 014 981 682.34
其中：子公司支付给少数股东的股利、利润				
支付其他与筹资活动有关的现金	861 599 151.46	827 264 523.33	1 102 082 925.71	1 065 797 972.55
筹资活动现金流出小计	3 165 526 297.54	3 109 712 826.09	2 117 625 690.24	2 080 779 654.89
筹资活动产生的现金流量净额	−3 144 426 297.54	−3 109 712 826.09	−318 770 209.45	−820 779 654.89
汇率变动对现金及现金等价物的影响	12 533 137.63	10 068 008.93	80 497 370.18	75 263 921.51
现金及现金等价物净增加额	5 734 087 021.64	6 420 773 227.91	1 417 281 159.60	1 624 348 713.53
期初现金及现金等价物余额	14 537 437 248.08	12 839 216 677.23	13 120 156 088.48	11 214 867 963.70
期末现金及现金等价物余额	20 271 524 269.72	19 259 989 905.14	14 537 437 248.08	12 839 216 677.23

4. 公司主要业务

公司的经营范围为：片剂（含抗肿瘤药）、口服溶液剂、混悬剂、无菌原料药（抗肿瘤药）、原料药（含抗肿瘤药）、精神药品、软胶囊剂（含抗肿瘤药）、冻干粉针剂（含抗肿瘤药）、粉针剂（抗肿瘤药、头孢菌素类）、吸入粉雾剂、口服混悬剂、口服乳剂、大容量注射剂（含多层共挤输液袋、含抗肿瘤药）、小容量注射剂（含抗肿瘤药、含非最终灭菌）、生物工程制品（聚乙二醇重组人粒细胞刺激因子注射液）、硬胶囊剂（含抗肿瘤药）、颗粒剂（抗肿瘤药）、粉雾剂、膜剂、凝胶剂、乳膏剂的制造；中药前处理及提取；医疗器械的研发、制造与销售；一般化工产品的销售；自营和代理各类商品及技术的进出口业务。

第二部分：分析思考

请以上述恒瑞医药的财务数据为基础，对母子公司之间的货币资金管控模式、债务融资管控模式以及母子公司之间可能的业务关系进行分析。

第五章
企业财务状况质量与竞争力分析

学习目标

1. 掌握资产质量的内涵与基本分析方法；
2. 理解营运资本管理与企业竞争力之间的关系；
3. 理解非流动资产质量与企业竞争力之间的关系；
4. 掌握通过盈利质量分析企业竞争力的基本方法。

第一节　资产质量及其分析

本书作者张新民在 21 世纪初提出了资产质量、资本结构质量、利润质量、现金流量质量以及财务状况质量的系统化财务状况质量概念，并展开了对企业财务状况质量分析理论与方法的系统研究。在初步研究成果《企业财务状况质量分析理论研究》于 2001 年 12 月出版后，本书两位作者又与其他多位学者合作对企业财务状况质量分析问题开展了长期、系统的研究。

其中，关于企业资产质量及其分析的最新研究成果集中收录在由本书两位作者编著、中国人民大学出版社出版的《财务报表分析（第 6 版·立体化数字教材版）》。本节参考该书的成果，简要讨论资产质量的内涵与分析思路。

一、资产质量

任何可以被利用的有形资产或无形资产都有其物理质量，而物理质量关注的是特定资产的使用价值。但从企业管理的角度来看资产质量，关注点更多在于资产在满足企业管理需要、推动企业朝着符合其战略方向前进的贡献力方面。

这就是说，企业资产的质量，就是指资产在特定的经济组织中，实际所发挥的效用与其预期效用之间的吻合程度。这个预期效用，从大的方面来说，就是满足企业管理需要、推动企业朝着符合其战略方向前进；从小的方面来说，就是对具体资产所发挥的具体预期。

不同项目资产的属性各不相同，企业预先对其设定的效用也就各不相同。此外，不同的企业或同一企业在不同时期、不同环境之下，对同一项资产的预期效用也会有所差异，资产的质量是通过结合企业特定的经济环境和发展状况来综合确定的。因此，资产质量具有极强的相对性。

二、资产质量特征

所谓资产质量特征，是指企业根据不同项目的资产本身所具有的属性、功用而对其设定的预期效用。由于流动资产、对外投资、固定资产各自的功用不同，企业对各类资产的预期效用设定也就各不相同，因而资产本身应具有各自的质量特征。但总的来说，研究资产质量特征可以从资产的盈利性、周转性、保值性以及与其他资产组合的协同性等方面进行分析。

1. 资产的盈利性

资产的盈利性，是指资产在使用的过程中能够为企业带来经济效益的能力，它强调的是资产能够为企业创造价值这一效用。按照资产的定义，资产是由企业过去的交易或事项引起的，为企业拥有或控制的，能够给企业带来未来经济效益的经济资源。因此，对资产的盈利性的要求是毋庸置疑的，它是资产的内在属性，是其存在的必然所在。资产质量好的公司盈利性一般较高，而通过保持稳定的盈利能力就能够确保上市公司资产的升值，因此，资产的盈利性是资产运作结果最综合的表现，也是提升后续资产质量的条件。因此，评价企业的资产质量，盈利性是必须考虑的首要因素。

2. 资产的周转性

资产的周转性，是指资产在企业经营运作过程中被利用的效率和周转速度，它强调的是资产作为企业生产经营的物质基础而被利用的效用。资产只有在企业的日常经营运作过程中被利用，其为企业创造价值的效用才得以体现。资产的周转速度越快，说明该项资产与企业经营战略的吻合度越高，对该资产利用越充分，为企业赚取收益的能力越强。资产被利用得越频繁，也就越有效，说明其质量越高。因此，资产的周转性是资产质量的另一个重要方面。

3. 资产的保值性①

资产的保值性，是指企业的非现金资产在未来不发生减值的可能性。在实务中，当企业的资产账面净值低于其可回收金额（即公允价值）时，通常要对其进行减值处理。资产发生减值，一方面会给企业带来减值损失，影响企业的当期业绩；另一方面会使债权人在受偿时蒙受损失（如抵押贷款），影响企业的未来信

① 本书作者在早期的其他相关教材中使用了资产的“变现性”这一概念，但在使用中我们发现，“变现性”极易与资产的“流动性”相混淆。一般情况下，固定资产等非流动资产的流动性（即普遍认为的变现性）均相对较差，但不能就此认为这些资产因变现性较差而资产质量较差。因此，为避免误解，本书采用“保值性”这一概念。

用。对于应收账款、存货等流动资产项目来说，发生减值后，随着债权人财务状况好转、市场经济状况回暖等，价值回升的可能性依然存在。但对于固定资产、无形资产以及长期股权投资等非流动资产来说，发生减值往往都是由于技术落后、被投资企业失去盈利能力等一些永久性因素，日后几乎不再有价值回升的可能。因此，对于非流动资产来说，分析其保值性的意义在于根据目前该项资产的减值状况来预测未来进一步发生减值的可能性，为债权人等相关信息使用者提供非常有价值的资产信息。

4. 与其他资产组合的协同性

与其他资产组合的协同性包括两个含义：一是指个别经营性资产或者一组经营性资产在特定的经营环境下，与企业的其他相关资产在系统整合中产生协同效应、获取相应利润的能力——它强调的是特定资产或者一组资产通过与其他资产适当组合，能够发挥出大于单项资产个别效用总和或单个组合资产效应总和的联合效用；二是企业新设立的子公司或者并购进来的子公司能够与母公司（并购方）和兄弟公司（母公司的其他子公司）产生协同效应、使企业集团整体盈利能力最大化的能力。

这里强调资产与其他资产组合的协同性，就是要强调，任何资产的增值，均需要一定的条件，均需要与其他资产进行组合才可以实现。相同物理质量的资产，在不同企业之间、同一企业的不同时期之间或者同一企业的不同用途之间会表现出不同的贡献能力。因而这个意义上的资产质量，是把资产作为企业的有机组成部分，站在整体的角度来加以综合考虑与评价，而不仅仅孤立地去强调各项资产单独具有的质量。一项资产，如果在特定企业中不能发挥作用，即使物理质量再好，也不能算作该企业的优质资产，必须通过适当的安排与整合，与企业的其他资产进行组合，才能共同满足企业的战略要求，从而体现其真正的增值能力，这是企业重组增值的基础。

此外，在实行集团化管理的企业集团内，每一个子公司都是独立核算的法律实体，均有自己的经营性资产和相应的盈利能力。在企业集团内部，评价各个子公司价值的标准并不一定是各个公司自身的利润，而是看特定公司在整个集团内所发挥的系统协调效应。这是因为，母公司之所以设立各个子公司，并不总是要求每一个企业都有自身的盈利能力。在很多情况下，为了整个企业集团的利益，特定子公司需要以亏损的状态来存在。正是由于特定子公司效益不佳的存在，才可能使集团的整体盈利能力得到改善。

因此，与其他资产组合的协同性，也应该成为资产质量的一个必不可少的重要方面。

三、资产质量的分析方法

在前面的讨论中曾经提到，企业的资产质量可以从资产的盈利性、周转性、保值性以及与其他资产组合的协同性等几个方面进行分析。需要注意的是，对于不同的资产项目、资产结构或者资产整体的质量分析，应结合特定资产项目特征、资产构成以及资产整体的战略目标进行有针对性的分析。

（一）项目质量分析

资产项目质量，就是对企业各个资产项目的质量进行分析。由于企业保有不同性质资产项目的目的不同，因此对各个资产项目质量的关注点也是不同的。例如，对于商业债权项目，其质量表现主要是周转性（这里用“变现性”更为恰当），即转化为货币资金的质量或者说是可回收性；对于用于直接向外销售的存货项目，其质量主要在于周转性和盈利性；对于用于生产过程的原材料和燃料等存货项目，其质量主要在于周转性和与其他资产组合的协同性；对于用于生产手段的固定资产项目，其质量主要在于周转性、保值性和与其他资产组合的协同性；对于直接用于经营的固定资产（如酒店用于出租的固定资产），其质量主要在于周转性、盈利性和保值性；对于非控制性投资项目，其质量主要在于盈利性；对于控制性投资项目，其质量主要在于与其他资产组合的协同性；等等。

（二）结构质量分析

企业的资产中，有不同的结构，如经营性资产与投资性资产、流动资产与非流动资产等。在企业有对外控制性投资的情况下，控制性投资所形成的子公司实际上与整个集团内的其他相关企业以及母公司之间也构成了系统中的有机组成部分。

由于前面已经讨论过，控制性投资的质量主要体现在其与其他资产组合的协同性上，因此，这里仅讨论经营性资产中的流动（经营性）资产和非流动（经营性）资产的质量分析思路。

一般来说，核心经营性流动资产包括货币资金、商业债权（应收账款、应收票据和应收款项融资）、存货这三个基本项目；核心经营性非流动资产包括固定资产、在建工程和无形资产等。当然，企业的经营性资产结构，通常会因企业所处行业不同、发展阶段不同、竞争地位不同以及经营策略不同，而存在显著差异。请读者在进行实际案例分析时对这些因素的影响予以充分考虑。

显然，核心经营性流动资产与核心经营性非流动资产之间的结构差异意义重大，其中既包含了行业特征，也包含了企业的战略定位、营销策略对企业资产结构的实质性影响。

通常来讲，核心流动资产的整体质量主要在于其周转性和盈利性；而核心非流动资产的整体质量主要在于其周转性和保值性。

（三）整体质量分析

在企业既从事经营活动，又有对外投资活动的情况下，企业资产的整体质量同时取决于经营性资产质量和投资性资产质量。由于无论是控制性投资性资产还是非控制性投资性资产，其质量要么体现为盈利性，要么体现为与集团中其他相关企业以及母公司之间整体的协同性，情况较为复杂，因此，本书对资产整体质量分析更多针对企业经营性资产来进行。

企业布局和配置经营性资产的目的通常是打造在业内的核心竞争力，实现以核心利润为主要目标的一定规模的利润，因此，经营性资产的整体质量评价应与企业核心竞争力评价紧密相连，应该体现在经营性资产整体的周转性和盈利性（包括获现性）上。涉及的主要财务指标有：经营性资产周转率、毛利率、核心利润率、核心利润获现率、经营性资产报酬率等。

第二节　营运资本管理与企业竞争力

大量教材在讨论流动资产与流动负债的关系时，特别喜欢计算流动比率（即流动资产除以流动负债）和营运资本金额（即流动资产减去流动负债），以得到企业流动资产对流动负债的保证程度是高还是低的结论。甚至当企业的流动比率不高或营运资本不足时，分析者会直接对企业的短期偿债能力或持续经营能力产生怀疑。

我们认为，不能简单粗暴地以流动比率为基础对企业营运资本管理与持续经营状况做出评价。

为了解决营运资本管理的分析问题，我们有必要从重新考察企业的营运资本结构入手。

一、对营运资本的结构性考察

为了寻找能够解决问题尤其是解决中国情境下的企业营运资本分析问题的方

法，我们有必要对企业的营运资本进行结构性考察。我们将两家营运资本结构差异巨大的企业加以比较。

（一）经营主导型企业的营运资本结构

案例 5－1

长城汽车营运资本结构分析

长城汽车股份有限公司（以下简称长城汽车）2023年年度报告中的相关资产负债表数据如表5－1至表5－3所示（为方便本书后续分析，这里展示长城汽车2023年年度报告中的三张基本报表）。

表5－1　长城汽车资产负债表　单位：万元

	2023－12－31 合并报表	2023－12－31 母公司报表	2022－12－31 合并报表	2022－12－31 母公司报表
流动资产：				
货币资金	3 833 723.51	2 179 025.04	3 577 346.78	1 682 969.56
交易性金融资产	411 238.60	351 212.08	205 355.38	150 859.65
衍生金融资产	1 183.47		1 317.08	
应收票据及应收账款	1 014 495.55	2 101 086.37	934 707.74	2 819 725.20
应收票据	295 176.16	299 553.31	273 588.63	249 101.82
应收账款	719 319.38	1 801 533.06	661 119.11	2 570 623.38
应收款项融资	2 892 359.94	2 379 076.78	2 215 249.28	1 743 782.62
预付款项	387 272.74	153 457.27	222 889.38	209 690.32
其他应收款（合计）	211 397.58	1 048 934.91	241 557.56	1 017 809.01
应收股利		57 798.36		30 004.98
应收利息	133.07	133.07	1 181.77	888.34
其他应收款	211 264.51	991 003.48	240 375.79	986 915.69
存货	2 662 775.43	944 122.80	2 237 452.24	1 023 484.22
合同资产	5 221.07	2 880.62	407.28	407.28
一年内到期的非流动资产	182 766.15	18 408.25	192 867.47	30 009.92
其他流动资产	255 950.35	77 332.68	938 922.15	764 068.53
流动资产合计	11 858 384.38	9 255 536.81	10 768 072.36	9 442 806.32
非流动资产：				

续表

	2023-12-31	2023-12-31	2022-12-31	2022-12-31
	合并报表	母公司报表	合并报表	母公司报表
其他权益工具投资	192 051.99	770.00	148 197.68	770.00
其他非流动金融资产	20 792.87	20 792.87	13 332.87	13 332.87
长期应收款	179 115.87	17 948.01	175 541.12	45 893.40
长期股权投资	1 075 112.21	2 937 317.66	1 028 558.53	2 772 572.78
投资性房地产	44 996.19	270 062.12	42 244.21	260 284.56
固定资产（合计）	3 023 505.82	1 353 048.02	2 694 901.97	1 352 690.72
固定资产	3 023 505.82		2 694 901.97	
在建工程（合计）	647 735.51	291 093.85	830 579.94	367 246.06
在建工程	647 735.51		830 579.94	
使用权资产	73 570.84	22 768.83	109 294.08	39 823.45
无形资产	1 131 033.62	796 055.60	819 726.53	568 863.35
开发支出	1 206 476.09	914 213.70	1 198 110.79	898 138.92
商誉	2 776.34		2 776.34	
长期待摊费用	25 654.67	3 612.39	26 721.47	4 553.81
递延所得税资产	466 019.24	234 223.03	325 265.05	185 019.08
其他非流动资产	179 803.22	77 985.56	352 407.11	198 182.26
非流动资产合计	8 268 644.47	6 939 891.62	7 767 657.69	6 707 371.25
资产总计	20 127 028.86	16 195 428.43	18 535 730.05	16 150 177.57
流动负债：				
短期借款	570 085.09	115 836.51	594 333.58	138 610.97
衍生金融负债	8 440.02	3 146.06	2 880.08	852.83
应付票据及应付账款	6 848 644.14	6 408 498.81	5 936 733.89	5 238 466.83
应付票据	2 793 979.03	1 920 982.25	3 006 148.13	2 158 176.47
应付账款	4 054 665.11	4 487 516.56	2 930 585.75	3 080 290.36
合同负债	958 307.57	799 300.94	775 283.61	1 793 018.52
应付职工薪酬	439 388.97	215 286.69	420 857.30	208 612.87
应交税费	239 011.88	81 308.23	189 812.93	94 596.21
其他应付款（合计）	621 788.63	425 382.86	616 392.02	697 802.73

续表

	2023-12-31	2023-12-31	2022-12-31	2022-12-31
	合并报表	母公司报表	合并报表	母公司报表
一年内到期的非流动负债	689 033.48	573 622.40	488 352.95	298 208.09
其他流动负债	708 814.01	388 970.39	555 558.53	280 965.71
流动负债合计	11 083 513.79	9 011 352.89	9 580 204.89	8 751 134.76
非流动负债：				
长期借款	1 328 608.87	1 325 800.09	1 540 565.59	1 404 608.36
应付债券	346 306.00	341 846.56	351 120.60	331 666.00
租赁负债	66 156.53	39 053.59	97 870.84	54 128.83
长期应付款（合计）	2 601.39			
长期应付职工薪酬	4 787.67		4 171.11	
递延所得税负债	106 446.31		77 087.94	
递延收益	319 772.02	186 374.80	358 472.37	215 057.84
其他非流动负债	17 957.90	14 764.98	4 645.89	1 998.28
非流动负债合计	2 192 636.67	1 907 840.01	2 433 934.35	2 007 459.31
负债合计	13 276 150.46	10 919 192.91	12 014 139.24	10 758 594.07
所有者权益（或股东权益）：				
实收资本（或股本）	849 752.86	849 752.86	876 451.25	876 451.25
其他权益工具	33 556.01	33 556.01	33 557.96	33 557.96
其中：优先股				
永续债				
资本公积	205 464.22	204 945.63	212 632.26	213 558.41
减：库存股	80 405.05	80 405.05	245 996.60	245 996.60
其他综合收益	1 219.27	−6 795.78	23 444.38	−6 095.05
专项储备	16 276.84	6 955.52	567.38	99.39
盈余公积	551 319.20	269 921.19	701 787.79	489 044.62
未分配利润	5 272 878.08	3 998 305.14	4 917 681.31	4 030 963.51
归属于母公司所有者权益（或股东权益）合计	6 850 061.44	5 276 235.52	6 520 125.73	5 391 583.49
少数股东权益	816.95		1 465.08	
所有者权益（或股东权益）合计	6 850 878.39	5 276 235.52	6 521 590.81	5 391 583.49

续表

	2023-12-31	2023-12-31	2022-12-31	2022-12-31
	合并报表	母公司报表	合并报表	母公司报表
负债和所有者权益（或股东权益）总计	20 127 028.86	16 195 428.43	18 535 730.05	16 150 177.57

表 5-2 长城汽车利润表 单位：万元

	2023 年度	2023 年度	2022 年度	2022 年度
	合并报表	母公司报表	合并报表	母公司报表
营业总收入	17 321 207.68	15 428 551.34	13 733 998.52	12 721 482.18
营业收入	17 321 207.68	15 428 551.34	13 733 998.52	12 721 482.18
营业总成本	16 770 826.40	15 479 920.68	13 058 696.91	12 608 457.59
营业成本	14 077 312.77	13 736 899.17	11 073 933.34	11 240 700.26
税金及附加	598 625.39	522 895.90	512 066.52	448 641.21
销售费用	828 537.71	513 030.35	587 616.08	344 563.61
管理费用	473 514.74	257 528.67	489 345.28	270 028.27
研发费用	805 425.26	492 345.57	644 516.30	353 456.42
财务费用	−12 589.48	−42 778.97	−248 780.61	−48 932.18
其中：利息费用	94 665.22	65 030.08	71 628.37	53 084.85
减：利息收入	119 523.73	85 591.67	119 082.00	91 797.27
加：其他收益	151 223.86	31 316.17	85 035.91	24 853.59
投资收益	76 092.75	289 090.56	67 123.76	613 993.31
公允价值变动收益	−2 603.64	−418.73	5 033.75	−2 122.43
资产减值损失	−48 760.82	−87 915.81	−33 701.92	−49 366.87
信用减值损失	−6 246.74	287.42	−2 578.86	2 431.72
资产处置收益	9.96	574.41	485.86	3 466.62
营业利润	720 096.66	181 564.69	796 700.11	706 280.52
加：营业外收入	74 371.20	20 547.12	88 594.72	57 501.68
减：营业外支出	12 062.58	5 976.85	4 639.63	986.97
利润总额	782 405.28	196 134.96	880 655.20	762 795.23
减：所得税费用	80 124.00	−49 511.02	55 374.44	−156.81
净利润	702 281.27	245 645.98	825 280.76	762 952.04
持续经营净利润	702 281.27	245 645.98	825 280.76	762 952.04
终止经营净利润				

续表

	2023年度	2023年度	2022年度	2022年度
	合并报表	母公司报表	合并报表	母公司报表
减：少数股东损益	125.30		−1 323.42	
归属于母公司股东的净利润	702 155.97	245 645.98	826 604.18	762 952.04
加：其他综合收益	−22 225.11	−700.73	48 181.38	4 498.56
综合收益总额	680 056.16	244 945.25	873 462.14	767 450.60
减：归属于少数股东的综合收益总额	125.30		−1 323.42	
归属于母公司所有者的综合收益总额	679 930.86	244 945.25	874 785.56	767 450.60
每股收益：				
基本每股收益	0.82		0.91	
稀释每股收益	0.82		0.91	

表5-3　长城汽车现金流量表　　单位：万元

	2023年度	2023年度	2022年度	2022年度
	合并报表	母公司报表	合并报表	母公司报表
经营活动产生的现金流量：				
销售商品、提供劳务收到的现金	18 224 652.50	15 148 506.01	15 905 446.96	12 840 733.75
收到的税费返还	666 811.48	535 317.95	506 243.25	346 903.24
收到其他与经营活动有关的现金	660 350.48	184 510.18	459 084.94	160 000.71
经营活动现金流入小计	19 551 814.47	15 868 334.14	16 870 775.16	13 347 637.69
购买商品、接受劳务支付的现金	13 253 348.08	12 768 167.60	12 067 457.06	11 644 855.17
支付给职工以及为职工支付的现金	1 414 133.38	471 330.79	1 255 251.50	399 264.83
支付的各项税费	1 588 176.32	833 004.30	1 278 588.37	759 112.51
支付其他与经营活动有关的现金	1 520 777.78	885 614.00	1 038 352.78	708 787.13
经营活动现金流出小计	17 776 435.56	14 958 116.69	15 639 649.71	13 512 019.63
经营活动产生的现金流量净额	1 775 378.90	910 217.45	1 231 125.45	−164 381.94

续表

	2023 年度	2023 年度	2022 年度	2022 年度
	合并报表	母公司报表	合并报表	母公司报表
投资活动产生的现金流量：				
收回投资收到的现金	1 836 228.66	1 537 340.00	2 369 870.10	2 033 408.17
取得投资收益收到的现金	116 864.91	248 940.29	47 901.80	401 503.20
处置固定资产、无形资产和其他长期资产收回的现金净额	48 394.05	46 807.37	44 150.52	94 280.48
处置子公司及其他营业单位收到的现金净额		10 184.33	2 506.76	2 467.00
收到其他与投资活动有关的现金	42 525.00	243 327.39	10 000.00	147 120.10
投资活动现金流入小计	2 044 012.62	2 086 599.38	2 474 429.17	2 678 778.95
购建固定资产、无形资产和其他长期资产支付的现金	1 671 303.54	952 285.67	1 630 082.23	915 081.64
投资支付的现金	1 413 900.00	1 148 324.74	1 894 500.00	1 815 875.01
支付其他与投资活动有关的现金	3 884.01	80 447.85	335.69	352 144.62
投资活动现金流出小计	3 089 087.55	2 181 058.25	3 524 917.92	3 083 101.27
投资活动产生的现金流量净额	−1 045 074.93	−94 458.87	−1 050 488.75	−404 322.32
筹资活动产生的现金流量：				
吸收投资收到的现金	68 163.97	67 237.14	35 726.48	31 983.48
其中：子公司吸收少数股东投资收到的现金				
取得借款收到的现金	1 923 143.15	840 290.77	2 210 582.50	1 456 110.97
收到其他与筹资活动有关的现金	621 460.21	370 581.32		115 050.00
发行债券收到的现金	52 400.00		47 800.00	

续表

	2023年度 合并报表	2023年度 母公司报表	2022年度 合并报表	2022年度 母公司报表
筹资活动现金流入小计	2 665 167.33	1 278 109.23	2 294 108.98	1 603 144.45
偿还债券支付的现金	76 733.20		84 609.42	
分配股利、利润或偿付利息支付的现金	353 848.68	303 480.53	122 583.81	103 471.00
其中：子公司支付给少数股东的股利、利润				
支付其他与筹资活动有关的现金	283 192.16	425 964.83	1 118 962.77	1 024 638.95
偿还借款支付的现金	1 846 188.88	606 837.81	1 281 249.79	675 085.00
筹资活动现金流出小计	2 559 962.93	1 336 283.16	2 607 405.79	1 803 194.95
筹资活动产生的现金流量净额	105 204.40	−58 173.94	−313 296.80	−200 050.50
汇率变动对现金及现金等价物的影响	1 843.73	1 251.76	31 740.37	21 013.94
现金及现金等价物净增加额	837 352.11	758 836.40	−100 919.73	−747 740.82
期初现金及现金等价物余额	2 689 865.69	1 281 072.07	2 790 785.42	2 028 812.88
期末现金及现金等价物余额	3 527 217.80	2 039 908.47	2 689 865.69	1 281 072.07

通过考察长城汽车母公司流动资产和流动负债的结构，我们不难发现其营运资本结构存在如下特征：

1. 流动资产中经营性项目占据主导地位

在流动资产中，典型的经营性资产如应收票据、应收账款、应收款项融资、预付款项、存货、合同资产等项目占据主导地位，大于没有战略属性的货币资金与部分具有战略性投资色彩的其他应收款之和的规模。

2. 流动负债中经营性项目同样占据主导地位

在流动负债中，典型的经营性负债如应付票据、应付账款、合同负债、应付职工薪酬和应交税费等项目占据主导地位；典型的金融性负债如短期借款、衍生金融负债和一年内到期的非流动负债等项目整体规模较小。

3. 较高的货币资金与短期借款并存

值得注意的是，在2023年年末，母公司的货币资金高达217.90亿元，但同时企业居然还有11.58亿元的短期借款。也就是说，即使企业不进行短期借款，其货币资金仍有较高规模，完全可以满足企业的日常经营所需。这种“双高”现象也应该引起我们的关注。

（二）投资主导型企业的营运资本结构

案例 5-2

海尔智家营运资本结构分析

海尔智家股份有限公司（以下简称海尔智家）2023年年度报告中的相关资产负债表数据如表5-4所示。

表5-4　海尔智家资产负债表　　单位：万元

	2023-12-31 合并报表	2023-12-31 母公司报表	2022-12-31 合并报表	2022-12-31 母公司报表
流动资产：				
货币资金	5 448 645.28	757 964.05	5 413 881.57	574 735.66
交易性金融资产	95 396.35		51 981.29	
衍生金融资产	6 756.58		18 318.52	
应收票据及应收账款	2 888 953.43	162 577.71	2 549 388.34	91 364.31
应收票据	862 143.48		958 019.18	
应收账款	2 026 809.94	162 577.71	1 591 369.15	91 364.31
应收款项融资				
预付款项	123 829.49	321.29	112 075.62	311.68
其他应收款（合计）	264 955.90	2 364 997.78	238 092.96	1 438 703.17
应收股利	0.00	57 000.00	0.00	101 584.00
应收利息	74 849.60	11 743.97	51 332.04	2 978.35
其他应收款	190 106.30	2 296 253.82	186 760.92	1 334 140.81
存货	3 952 400.66	540.05	4 154 271.31	924.55
合同资产	26 093.94		30 993.04	
其他流动资产	455 016.77	153 027.46	469 251.56	164 242.31

续表

	2023-12-31	2023-12-31	2022-12-31	2022-12-31
	合并报表	母公司报表	合并报表	母公司报表
流动资产合计	13 262 048.41	3 439 428.34	13 038 254.20	2 270 281.68
非流动资产：				
债权投资	884 123.31	288 420.40	103 422.22	103 422.22
其他权益工具投资	640 369.50	161 926.09	585 188.29	161 851.31
长期应收款	35 040.95		30 507.00	
长期股权投资	2 554 679.35	5 582 869.60	2 452 780.03	5 274 413.95
投资性房地产	9 863.11		2 567.85	
固定资产（合计）	2 960 393.68	15 458.86	2 715 834.84	16 704.38
固定资产	2 960 393.68		2 715 834.84	
在建工程（合计）	540 346.96	0.61	409 468.45	266.77
在建工程	540 346.96		409 468.45	
使用权资产	436 708.17		379 522.54	35.80
无形资产	1 100 623.07	4 130.75	1 050 588.14	4 823.95
开发支出	26 649.02		15 448.05	
商誉	2 428 972.67		2 364 359.56	
长期待摊费用	74 174.55	377.77	75 988.32	391.01
递延所得税资产	180 594.56		172 222.30	
其他非流动资产	203 398.69	150 173.45	188 073.69	130 277.37
非流动资产合计	12 075 937.59	6 203 357.52	10 545 971.29	5 692 186.76
资产总计	25 337 986.00	9 642 785.87	23 584 225.48	7 962 468.43
流动负债：				
短期借款	1 031 835.18		964 337.47	
交易性金融负债				
衍生金融负债	16 862.50		10 459.40	
应付票据及应付账款	6 927 751.59	112 067.13	6 697 463.97	52 173.36
应付票据	2 221 572.67		2 509 094.54	
应付账款	4 706 178.92	112 067.13	4 188 369.43	52 173.36
合同负债	773 191.65	2 293.05	932 955.47	1 308.44
应付职工薪酬	507 751.78	2 860.28	405 046.48	969.67

续表

	2023-12-31	2023-12-31	2022-12-31	2022-12-31
	合并报表	母公司报表	合并报表	母公司报表
应交税费	284 121.55	559.07	287 284.68	747.99
其他应付款（合计）	1 918 156.92	4 501 268.39	1 751 177.17	3 265 984.58
一年内到期的非流动负债	373 255.05	13 400.00	629 475.07	
其他流动负债	165 123.92	1 248.69	185 042.61	587.69
流动负债合计	11 998 050.15	4 633 696.60	11 863 242.33	3 321 771.72
非流动负债：				
长期借款	1 793 630.29	377 950.00	1 359 086.69	219 500.00
租赁负债	328 680.14		282 447.77	
长期应付款（合计）	5 711.34		4 424.01	
长期应付职工薪酬	108 545.48		101 054.72	
预计负债	193 501.40		161 102.92	
递延所得税负债	202 839.06	42 005.33	235 886.06	42 080.56
递延收益	105 031.96	1 297.33	94 893.51	1 235.50
其他非流动负债	10 821.83		10 733.21	
非流动负债合计	2 748 761.52	421 252.66	2 249 628.88	262 816.06
负债合计	14 746 811.66	5 054 949.27	14 112 871.21	3 584 587.78
所有者权益（或股东权益）：				
实收资本（或股本）	943 811.49	943 811.49	944 659.85	944 659.85
资本公积	2 376 235.47	2 726 365.18	2 385 203.73	2 730 089.90
减：库存股	503 406.51	317 529.39	385 780.72	230 813.86
其他综合收益	196 972.40	63 067.47	199 068.35	60 209.13
盈余公积	484 233.85	423 719.23	401 419.06	340 904.44
未分配利润	6 853 568.65	748 402.63	5 797 694.49	532 831.18
归属于母公司所有者权益（或股东权益）合计	10 351 415.35	4 587 836.60	9 342 264.77	4 377 880.65
少数股东权益	239 758.98		129 089.50	
所有者权益（或股东权益）合计	10 591 174.33	4 587 836.60	9 471 354.27	4 377 880.65
负债和所有者权益（或股东权益）总计	25 337 986.00	9 642 785.87	23 584 225.48	7 962 468.43

通过考察海尔智家母公司流动资产和流动负债的结构，我们不难发现其营运资本结构存在如下特征：

1. 流动资产中几乎没有经营性资产项目

在企业的流动资产中，典型的经营性资产如应收票据、应收账款、预付款项、存货等项目有的为零，有的规模较小；但典型的具有战略意义的投资性资产则“隐藏”在其他应收款中：母公司其他应收款为229.63亿元，合并其他应收款为19.01亿元，两者之间的差额210.62亿元为母公司向子公司提供资金的基本规模（母公司向子公司通过其他应收款提高资金的最大规模不会超过229.63亿元）。这就是说，通过对流动资产的结构性分析，我们得出了这样的结论：母公司的流动资产不再像具有显著而活跃经营活动的企业有较为活跃的经营性资产项目变化。母公司的流动资产主体是通过其他应收款项目对子公司的投资。

2. 流动负债的主体既不是经营性负债也不是金融性负债，而是内生性负债

在企业的流动负债中，典型的经营性负债如应付票据、应付账款、预收款项、合同负债、应付职工薪酬和应交税费等项目或者为零，或者规模很小；金融性负债中也只有一年内到期的非流动负债项目有一定规模。而与此相对的是，其他应付款规模巨大，由于合并报表数据远远小于母公司报表数据，因而这种越合并越小的差额体现的是母公司汇集子公司“货币资金”的基本规模，我们在本书前面的章节中已讨论过，这种母公司汇集子公司“货币资金”而产生的负债叫内生性负债。

如果我们将流动资产划分为经营性流动资产与投资性流动资产，将流动负债划分为经营性流动负债、金融性流动负债与内生性负债，我们就能够对企业流动资产与流动负债的对应关系背后的管理逻辑及发展方向做出分析和判断。而这种判断所得出的结论绝不是通过简单的比率计算能够得出的。

二、营运资本的结构性运行规律

如果只简单地采用流动比率来评价企业营运资本的管理状况，则是假设所有流动资产的变现价值是一样的，且其功用也是一样的，即负有偿还流动负债的责任。但这实际上忽略了营运资本的结构性运行规律。营运资本的结构性运行规律的具体表现为：

第一，企业经营性流动资产确实可以对经营性流动负债提供偿付保障，但也要结合具体项目构成来进行分析。其中，企业流动资产中的应收票据、应收账款和应收款项融资等项目在相当程度上是可以对流动负债提供直接保障的，但存货的可变现价值往往与其账面价值不一致，在企业的存货周转速度较快、毛利率较

高的情况下，某一时点上存货的实际价值要高于其账面价值，而当存货的周转速度不够理想甚至形成积压时，就有可能导致在某一时点上存货的实际价值低于其账面价值。此外，经营性流动负债中的预收款项与合同负债由于包含了一定的毛利因素，企业实际偿还预收款项所需资源只相当于所对应资产或者劳务的成本。

第二，企业投资性流动资产的存在意义，或者是服务于企业的战略目标（如通过其他应收款等项目向子公司提供资金），或者是企业利用暂时闲置资金进行短期投资以获得较高的收益。显然，上述不同目的的投资性流动资产的运行轨迹与经营性流动资产完全不同：经营性流动资产是在与经营性流动负债的动态相互作用中实现企业的经营目标；投资性流动资产则主要在与货币资金的直接互动中实现企业的投资收益。

第三，企业流动负债中因汇集子公司的货币资金而引起的巨额其他应付款本身并不是需要向集团外部偿还的债务，不构成真正的偿付压力，而是母公司整合集团整体资金、提高资金利用效率的重要表现。

三、营运资本管理与企业竞争力分析

营运资本管理与企业竞争力分析，主要不是进行比率分析，而是以营运资本结构性运行规律为基础进行的相关分析。

基于营运资本管理的企业竞争力分析，可以从以下几个方面入手：

（一）货币资金存量与短期融资

企业流动资产的第一个项目是货币资金，流动负债的第一个项目是短期借款，两者之间是有一定的比较价值的。

案例 5-3

长城汽车货币资金存量与短期融资分析

下面以长城汽车母公司财务数据（见表5-1至表5-3）为基础，直接比较一下货币资金和短期借款的规模，体会一下这两个项目之间的关系。摘录的数字见表5-5。

表5-5　长城汽车母公司部分财务数据　单位：万元

项目	2023-12-31	2022-12-31
货币资金	2 179 025.04	1 682 969.56
短期借款	115 836.51	138 610.97

读者很容易提出的问题是：为什么企业要保有如此高的货币资金？在企业有如此巨额货币资金的条件下，为什么在各个年末还有一定规模的短期借款？

要想搞明白这一短期借款规模的恰当性问题，必须了解清楚影响企业货币资金存量的各方面因素。

从货币资金的来源来看，企业的经营活动、投资活动和筹资活动均会对现金流量产生影响。这就是说，企业货币资金的存量，既受企业投资活动的安排、经营活动的组织所影响，也受到外部融资环境的影响。

一般来说，企业的货币资金扣除其他货币资金后的余额除了一部分可能被限制用于募集资金的特定投向外，其他现金主要用于两方面的支付：一是用于资本性支出（比如购建固定资产和无形资产等）；二是用于企业日常的经营活动开支。因此，通常情况下，企业的筹资活动应该与企业的经营活动和投资活动产生一定的互动联系，即企业融资的规模以及时机，要在相当程度上考虑经营活动和投资活动的现金生成状况和需求状况。然而，在一些特殊情况下，企业还需要考虑外部融资环境的营造问题。良好的融资环境，不仅仅表现为企业能否在有资金需求时随时可以获得所需资金，还表现为企业在与银行之间复杂的互动关系中能否“游刃有余”、掌握主动。因此，出于这方面的考虑，企业也许在一些貌似并不需要现金的时候而“主动”举借一定规模的债务（主要是短期借款）。

为了进一步考察长城汽车母公司出现“双高”（货币资金存量高、短期贷款高）现象的可能原因，我们将通过以下三个方面依次加以分析：

1. 资本性支出的现金需求

资本性支出，主要用于购建固定资产、无形资产和其他长期资产，以及企业对外进行投资。需要注意的是，投资支付的现金有可能是进行短期的非战略性投资，因此仅凭投资支付现金的规模是不能判断其是否真正具有长期的战略意义。但是，购建固定资产、无形资产和其他长期资产支付的现金一般是具有战略性意义的资本性支出。

购建固定资产、无形资产和其他长期资产支付的现金这一资本性支出的战略性实质意味着，除了经营活动产生现金的能力超强的企业外，其他一般企业的资本性支出所需资金绝不能仅靠经营活动现金流量来支持，而必须通过相应的融资来支持。因此，企业资本性支出的现金需求与短期借款之间应该存在一定的联系。长城汽车母公司的这种“双高”现象，也许是企业出于近期资本性支出的需要而刚刚进行了短期融资所导致的（一些金融机构出于规避信贷风险的考虑，不轻易向企业提供长期贷款）。

进一步考察长城汽车母公司过去两年的经营活动产生的现金流量净额与当年

的投资活动产生的现金流出量之间的对应关系，我们观察到，其经营活动现金流量净额并不能完全解决当年投资活动现金流出量的需求，母公司 2022 年经营活动产生的现金流量净额还是负数。这样看来，长城汽车常规性的资本性支出似乎需要通过银行贷款来支持。

2. 日常经营活动的现金需求

一般来说，日常经营活动的资金周转状况取决于企业的经营管理能力和市场竞争力。与日常经营活动有关的企业经营管理能力和市场竞争力通常可以用两个重要指标来加以体现：一个是利润表中所获取的核心利润；另一个就是现金流量表中经营活动产生的现金流量净额。一个经营活动开展较为健康的企业，其核心利润应该能够带来相应规模的现金净流量。因此，从长期来看，如果企业的核心利润赚取能力较强，现金获取能力较强，企业的货币资金余额就会因此而不断增加。

就长城汽车母公司的情况来看，在母公司利润表中的核心利润连续两年在盈亏边缘徘徊的情况下，现金流量表连续两年经营活动产生的现金流量净额之和显著高于连续两年企业核心利润之和（尽管母公司 2022 年经营活动产生的现金流量净额为负数），这意味着从连续两年整体来看，长城汽车母公司核心利润（尽管连续两年加在一起可能是负数）带来经营活动现金流量净额的能力还是不错的。据此可以认为，长城汽车母公司的经营活动不需要持续不断借入资金（不排除年度内可能因临时性经营资金需求而进行短期债务融资）。

3. 融资环境因素的影响

可以这样说，如果一个企业的经营性资产有能力产生足够规模的核心利润，而核心利润又可以带来较为理想的经营活动现金流量净额，则该企业即便保持较小规模的现金存量也不会导致企业的经营周转陷入困境。即便上述环节出现了暂时性问题，如果企业的融资环境很好，企业的融资能力很强，则企业在现金存量规模较小的情况下也会渡过难关。

现实中，企业为了营造良好的融资环境，与有关银行等金融机构维持良好的关系，往往除了因正常的资金需求而与银行产生业务往来，还有可能应银行的要求进行不定期、规模不等的融资（尤其是短期借款），以支持银行实现其预期业绩或其他目的。这种情况下，企业的财务报表中就很可能表现出上述这种“双高”现象。

具体到长城汽车母公司的情况，引起企业短期借款的原因既然主要不是经营活动导致的现金需求，也不是投资活动导致的现金需求，那么就很可能是为了维持良好的融资环境而引起的。

综上所述，通过货币资金存量与短期借款之间的关系，可以折射出很多方面的问题：既有战略安排问题、盈利能力问题，也有融资环境问题，其中或多或少都与企业的竞争力有一定的联系。

（二）母公司巨额其他应收款、其他应付款与集团营运资本管理

一般来说，报表项目中带有“其他”字样的项目大多是杂项，金额应该不会太大，在报表中的地位也不会太重要，其他应收款和其他应付款也不例外。

但是，在集团管理的条件下，母公司报表中的其他应收款与其他应付款往往会出现非常大的金额，而在合并报表中金额又会出现越合并越小的情况。前面章节中探讨过有关集团资金管控模式的问题，这里从营运资本管理的角度再强调一下产生这种现象的原因。

1. 母公司其他应收款项目金额大、合并其他应收款项目金额小

我们在前面的分析中曾讨论过，在母公司其他应收款项目金额大、合并其他应收款项目金额小的情况下，其差额一般是母公司向子公司提供资金的基本规模。

因此，出现这种情况往往意味着集团集中一部分资金通过其他应收款提供给子公司来支持其发展。母公司其他应收款项目与合并其他应收款项目的差额越大，表明母公司对子公司的资金支持力度越大。

需要注意的是，判断企业是否通过其他应收款向子公司提供资金，母公司其他应收款规模是否“巨额”并不重要，重要的是看合并其他应收款的规模是否小于母公司的其他应收款，两者之间的差异是否巨大。

2. 母公司其他应付款项目金额大、合并其他应付款项目金额小

与其他应收款一样，我们在前面的分析中也曾讨论过，在母公司其他应付款项目金额大、合并其他应付款项目金额小的情况下，其差额往往是母公司集中子公司资金的基本规模。

因此，出现母公司其他应付款项目金额大、合并其他应付款项目金额小这种情况，意味着集团母公司通过这一渠道汇集了一部分子公司资金，用于母公司对整个集团的货币资金进行统筹调配。母公司其他应付款项目与合并其他应付款项目的差额越大，表明母公司对子公司的资金的汇集调配力度就越大。

同样需要注意的是，判断企业是否汇集了子公司的货币资金以及汇集了多少，母公司其他应付款的规模是否巨大并不重要，而是要看合并其他应付款的规模是否小于母公司其他应付款的规模，其差额有多少。

企业集团通过这种方式实现营运资本的集中管理，可以更好地谋求财务资源的聚合协同效应，在整个集团内部实现营运资本的均衡性和有效性，使集团营运资本

实现高效配置，减少资金沉淀，提高营运资本整体的使用效率。但同时，这种营运资本的集中管理体系在实际运行过程中，也很可能表现出各子公司在运用营运资本时不够灵活的局限性，对母公司的营运资本管理水平也提出了较高的要求，如果在某个环节出现问题，甚至会影响到子公司正常的经营活动的开展。因此，建立一套较为弹性的、切实可行的管理机制是营运资本集中管理是否真正有效的关键。

下面我们用两个企业的数据进行分析。

案例 5-4

云南白药营运资本管理分析

云南白药股份有限公司（以下简称云南白药）2023 年年度报告中的相关数据如表 5-6 所示。

表 5-6　云南白药部分财务数据　　单位：万元

	2023-12-31 合并报表	2023-12-31 母公司报表	2022-12-31 合并报表	2022-12-31 母公司报表
流动资产：				
货币资金	1 421 834.31	1 155 847.84	1 305 611.37	1 075 079.01
其他应收款	9 951.96	412 255.78	11 894.90	312 392.85
流动负债：				
其他应付款（合计）	102 508.59	951 388.74	104 369.32	687 448.75

云南白药 2023 年年初和年末的数据显示，母公司其他应收款项目金额较大、合并其他应收款项目金额远远小于母公司数额；母公司其他应付款项目金额较大、合并其他应付款项目金额远远小于母公司数额。但是，从母公司数额与合并报表数额“越合并越小”的差额来看，母公司连续两年其他应付款大于合并其他应付款的规模大于相应年末母公司其他应收款大于合并其他应收款的规模。

这说明，云南白药母公司与子公司资金管理的重点在于通过其他应付款从子公司整合资金，以便集中资金或支持有资金需求企业的各种活动（通过其他应收款）。母公司整合子公司资金的力度大于母公司向有资金需求子公司支付资金的力度。

进一步比较一下母公司报表与合并报表的货币资金规模，我们就会发现，在母公司主导的企业集团内，货币资金主要集中在母公司。与此同时，子公司也保有了一定规模的货币资金。这说明，集团在资金管理方面并没有把子公司资金全部整合到母公司，子公司仍然可能保持对部分资金的支配权。

案例 5-5

中国联通营运资本管理分析

中国联合网络通信股份有限公司（以下简称中国联通）2023年年度报告中的相关数据如表5-7所示。

表5-7 中国联通部分财务数据 单位：元

	2023-12-31	2023-12-31	2022-12-31	2022-12-31
	合并报表	母公司报表	合并报表	母公司报表
流动资产：				
货币资金	58 815 758 428.00	5 450 008 050.00	58 815 758 428.00	5 450 008 050.00
其他应收款（合计）	3 734 534 483.00		3 883 367 493.00	
流动负债：				
其他应付款（合计）	15 150 045 812.00	2 071 020 240.00	15 721 543 311.00	2 093 114 695.00

中国联通的数据显示，在其他应收款方面，无论是年初还是年末，都呈现出母公司其他应收款项目金额为零、合并其他应收款项目有一定规模的特点，说明母公司并没有任何对子公司持续、大规模提供资金支持的情形；在其他应付款方面，无论是在2022年年末还是在2023年年末，母公司其他应付款规模远远小于合并其他应付款规模，这一般表明母公司汇集子公司货币资金的力度不足。

需要注意的是，母公司并不进行一般经营活动（合并利润表显示，母公司营业收入为零）。在没有经营活动的情形下，企业一般不会有大量其他应付款。因此，母公司在年初和年末分别有近21亿元的其他应付款，其中的大部分应该是对子公司资金的整合。

从中国联通财务报表两个“其他”项目母子公司之间的数量对比来看，母公司是相当“潇洒”的：母公司既不向子公司提供资金支持，也基本上不在母公司的平台上整合子公司资金。

比较一下母公司资产负债表的货币资金与合并资产负债表货币资金的规模差异，就会验证我们前面的判断：大量的货币资金并没有在母公司，而是在子公司。

（三）会计处理与营运资本的数据表现

1. 流动资产的会计处理与营运资本的数据表现

按照会计准则的要求，企业应该在会计期间结束编制财务报表时，对各项资产进行减值测试，减值测试一般被认为是专业判断。如果某项资产被认定为出现了减值，就要将资产负债表上相关资产的披露价值降至扣除减值损失后的净额。

但是，在实践中，企业可能由于各种原因，在减值测试的处理上出现偏差：在应该进行减值处理的时候，企业由于希望保持原有的盈利能力以及良好的财务状况外在形象，可能并不进行减值处理，或者虽进行减值处理，但减值处理的力度不够。但是，“纸包不住火”，当减值问题积攒到相当程度的时候，其减值不当引起的问题一定会爆发，此时就会出现集中计提资产减值损失的情况。

而另一方面的情况也可能经常存在，也就是在企业盈利状况非常好的时候，为了未雨绸缪，企业过早地高估计提资产减值损失。在过早过高地估计流动资产减值损失的条件下，企业的流动资产就会被低估，其账面价值对流动负债的保障程度就会显得降低。

案例 5-6

四创电子流动资产减值处理分析

四创电子股份有限公司（以下简称四创电子）2024 年 1 月 31 日发布的《关于 2023 年度计提信用减值损失及资产减值损失的公告》中，四创电子计提的与 2023 年年末资产减值的相关信息如下：

经对公司截至 2023 年 12 月 31 日合并报表范围内的可能发生减值迹象的资产，如应收账款、应收票据、其他应收款、合同资产、存货等进行全面清查和减值测试后，公司拟计提的信用减值损失及资产减值损失合计为 51 487.36 万元，具体情况见表 5-8。

表 5-8　四创电子计提减值损失

项目		2023 年度计提减值损失金额（万元）
信用减值损失	应收账款坏账损失	3 699.05
	其他应收款坏账损失	320.68
	应收票据坏账损失	47.26
资产减值损失	合同资产减值损失	374.63
	存货减值损失	47 045.73
合计		51 487.36

本次计提信用减值损失及资产减值损失合计 51 487.36 万元，考虑所得税及少数股东损益影响后，将减少公司 2023 年度归属于上市公司股东的净利润 50 699.26 万元，减少公司 2023 年度归属于上市公司股东的所有者权益 50 699.26 万元。本

次计提减值准备的相关财务数据未经会计师事务所审计，最终数据以公司正式披露的经审计后的2023年年报为准。

上述四创电子的减值损失全部发生在流动资产项目上。这意味着，在其他情况不变的情况下，企业的流动资产对流动负债的账面保证程度就会降低。当然，我们并不认为四创电子的处理不恰当，而是要说明，既然对减值损失的计提具有主观判断性，那么不同的专业人士就可能会做出显著不同的减值损失判断，而这种判断又直接影响流动资产与流动负债的数量对应关系。

2. 流动负债的会计处理与营运资本的数据表现

有时，企业在盈利能力较强的会计期间，为了平滑企业当年的利润，可能采取过高估计费用或损失的办法。如果相关项目涉及流动负债，则会导致营运资本形象变差。

案例 5-7

格力电器的销售返利处理分析

在格力电器2019年度财务报表中，流动负债中包含了一项巨额的“其他流动负债”。从2019年往前追溯几年，格力电器在其他流动负债上的金额表现是越来越大。而合并财务报表其他流动负债的附注显示，引起巨额其他流动负债的主要推手是“销售返利”。有关信息如表5-9所示。

表5-9 格力电器部分财务数据 单位：元

	2019-12-31	2019-12-31	2018-12-31	2018-12-31
	合并报表	母公司报表	合并报表	母公司报表
其他流动负债	65 181 491 855	64 375 139 452	63 361 598 765	63 348 220 748
其中：销售返利	61 751 640 938	未披露	61 878 214 635	未披露

产生这种情况的原因是：企业与销售企业产品的相关机构和组织（主要是经销商）签署了相关协议。协议中规定了销售机构在达到一定的销售规模后，格力电器将按照一定的返利政策向销售机构返利（以现金、产品或其他方式）。在会计期末，按照权责发生制的要求，格力电器要按照当年实现的营业收入规模与合同约定比例计提销售返利，增加销售费用。由于在计提返利费用的同时，企业并没有对外支付相应形式的返利，因此，在企业计提销售返利增加销售费用的同时，就会引起相应规模的负债增加。这个负债在编制报表的时候被归入了“其他流动负债”。

如果企业在会计年度结束时计提的销售返利基本正确，且实际返利速度基本正常，则在后续年度实际返利时，因减少货币资金、存货等，同时减少其他流动负债，其他流动负债项目不会出现太大的余额；但如果企业在期末计提的销售返利过高或者因经销商对外销售的速度过慢而实际返利力度不及预期，则其他流动负债项目仍会留有相当规模的余额。如果这种状况持续发生，则其他流动负债中的销售返利就会越积越大。

格力电器其他流动负债中的销售返利就属于越积越大的情形。因此，企业非常有可能在过去的几年中计提了过高的销售返利或者实际的返利程度不及预期。这应该归属于会计的异常处理问题。

像这种过高计提费用引起的财务报表表现是：企业在相关年份的销售费用被高估、企业的其他流动负债被高估，企业的流动资产对流动负债的保障程度会显得偏低。但实际上，企业的流动负债并没有财务报表所显示的那么高，企业实际的偿债能力也不至于低到如此地步。

需要注意的是，虽然企业没有披露母公司的相关数据，但从合并报表与母公司报表的数据极为接近这一情况便可以判断，母公司计提的销售返利占据了整个集团计提的销售返利的主体。

（四）存货质量与企业竞争力

一般情况下，对于经营主导型的企业来说，存货在企业的供、产、销等各个环节均处在相对中心的地位，企业的盈利能力主要取决于存货的周转和盈利状况。因此，在企业营运资本管理与竞争力的分析中，对存货的质量——周转性、盈利性以及保值性的考察是非常重要的方面。

1. 存货的周转性与企业竞争力

衡量企业存货质量——周转性的方法通常是：

（1）计算企业的存货周转率，比较企业年度间周转率的变化，即用当年的营业成本除以当年的平均存货余额（建议用原值，即不扣除企业计提的存货跌价准备之前的余额）。

案例 5-8

中芯国际存货周转分析

中芯国际集成电路制造有限公司（以下简称中芯国际）的相关信息如表 5-10 所示。

表5-10　中芯国际部分财务数据　　金额单位：元

	合并报表	合并报表	合并报表
资产负债表数据	**2023-12-31**	**2022-12-31**	**2021-12-31**
存货原值（取自报表附注）	21 473 751 000.00	14 060 880 000.00	7 877 722 000.00
平均存货	17 767 315 500.00	10 969 301 000.00	
利润表数据	**2023年度**	**2022年度**	**2021年度**
营业收入	45 250 425 000.00	49 516 084 000.00	35 630 634 000.00
营业成本	35 346 301 000.00	30 552 673 000.00	25 189 070 000.00
毛利	9 904 124 000.00	18 963 411 000.00	10 441 564 000.00
毛利率	21.89%	38.30%	29.31%
存货周转次数	1.99次/年	2.79次/年	
存货减值损失（取自报表附注）	−1 343 532 000.00	−437 858 000.00	383 383 000.00

在中芯国际2021—2023年度合并报表的财务资料中，企业2023年度平均存货余额为177.67亿元，2023年度的存货周转率为1.99次/年；企业2022年度平均存货余额为109.69亿元，2022年度的存货周转率为2.79次/年。

这就是说，企业2023年的周转速度在显著下降，毛利率也迅速下跌。一般认为，存货周转率下降和毛利率下降是企业在市场上的竞争力有所下降的标志。

（2）与特定对象比较企业间周转率的差异。与特定对象的存货周转率进行比较，可以得到企业间存货周转速度差异的直观印象。当然，影响企业间存货周转速度差异的因素有很多（后面将讨论影响企业存货周转率的诸多因素），还需要进行多方面的考虑。

2. 存货的盈利性与企业竞争力

从存货质量考察企业竞争力的另一个重要方面是有关存货的盈利性及其变化。质量较高的存货，除了周转速度较快，还应在市场上具有较强的定价能力，保持较高的毛利率水平，这就可以在相当程度上显示出企业的竞争力。

案例 5-9

中芯国际毛利率分析

考察一下中芯国际合并利润表的相关信息（见表5-10），我们会发现，企业2021年毛利率为29.31%，2022年为38.30%，2023年则迅速下跌为21.89%，呈现出过山车式的变化态势。但是，考察企业的未来前景，需要关注的是近期即

2022 年至 2023 年之间的变化，因为这个时期的变化对 2024 年及以后的财务状况及盈利前景至关重要。

结合企业存货周转速度，我们可以做出如下评价：企业在存货周转速度显著下降的情况下，毛利率也在大幅度下降，企业盈利能力和市场竞争力的前景值得高度关注。

需要注意的是，影响企业存货周转率和毛利率变化的原因是多方面的，大体上说至少有如下几个因素：

第一，企业存货周转率和毛利率受企业的营销策略甚至企业的发展战略直接制约。如果企业采取高端定位的营销策略和发展战略，企业就可能在发展的初期呈现出高毛利率、低周转率的情况。随着企业品牌影响力和竞争力的不断增强，企业可能会出现高毛利率和高周转率并存的状况；如果企业采取中低端定位、薄利多销的营销策略和发展战略，企业就可能在发展的初期呈现出低毛利率、低周转率的情况。随着企业品牌影响力和竞争力的不断增强，企业可能会出现低毛利率和高周转率并存的状况等。

第二，企业存货周转率和毛利率受企业的竞争地位影响。经过长期积累形成市场竞争主导地位的企业，往往在同类产品上有较大的市场话语权和品牌美誉度。处于这种地位的企业，其存货周转率与毛利率与同类企业相比一般会有显著的竞争优势。

第三，企业存货周转率和毛利率受企业所处行业出现的变化影响。处于迅速发展、受国家或者地方产业政策支持行业中的企业，其存货周转率和毛利率可能均较高；而处于国家或者地方调整产业政策、发展被制约行业中的企业，其存货周转率和毛利率可能均较低。

第四，企业存货周转率和毛利率与企业内部管理水平的变化有关。当企业在产品质量管理、存货管理、营销管理甚至售后服务等方面出现变化的时候，其存货周转率和毛利率可能会有显著变化。

第五，企业存货周转率和毛利率还受企业股权结构、公司治理、核心领导人变更等重大变化的影响。在出现企业股权结构、公司治理、核心领导人等重大变化的情况下，企业的发展战略、产品结构和市场定位、研发策略、人力资源政策以及上下游关系管理等方面可能发生显著变化。这些变化可能引起企业存货周转率和毛利率的变化。

3. 存货的保值性与企业竞争力

按照会计准则的要求，企业应该在会计期末对除货币资金以外的其他资产进行减值测试。已经出现减值的资产应该按照减除减值因素后的净值列示在资产负债表上。当期计提的减值损失，要计入利润表的资产减值损失项目。因此，按照现在的信息披露要求，我们是无法直接从资产负债表上获知具体资产的减值状况的，只能去翻阅企业的财务报表附注。未发生大幅度减值（即保值性良好）的存货，意味着市场对企业产品的认可度较高，在未来一段时期内也预期不会出现滞销的情况，这本身就是企业市场竞争力的较好体现。

同时，我们通过考察利润表的资产减值损失规模，也可以对企业资产的整体减值状况（即保值性）做出基本判断。

案例 5-10

中芯国际存货减值损失分析

中芯国际合并利润表附注显示，“资产减值损失”（全部为存货减值损失）项目2021年为3.83亿元（由于是正数，所以此项减值实际将增加企业的营业利润）、2022年为－4.38亿元——将直接导致企业营业利润的减少。到了2023年，企业在存货规模大幅度增加的情况下，存货减值损失增加的更多，达到了空前的－13.44元，此金额对企业当年的营业利润（企业2023年合并报表营业利润为69.06亿元）造成了较大的冲击。这就是说，从保值性来看，中芯国际存货的整体质量有所下降。

（五）上下游关系管理与企业竞争力

以存货或业务为核心的上下游关系管理，表现在营运资本管理上，就是与存货或业务有关的收付款过程的管理，即商业债权债务与存货的动态关系管理。下面分别加以分析：

1. 购货付款安排

企业对于存货采购，可以采用多种付款方式。不同的付款方式在资产负债表上的对应关系是不同的：

（1）预付账款购买。如果在货物到达之前就预先支付货款，则在企业货币资金支付的同时，会引起资产负债表的另外一个项目预付款项的等额增加。企业以预付货款的方式购买的货物到达企业，企业的存货资产增加、预付款项减少。

（2）赊购。如果在货物到达之后企业仍没有支付货款，而是约定在未来某个时间支付相关款项，则在购买的相关货物到达企业时，企业的存货资产会增加，同时会引起资产负债表的负债项目应付票据或者应付账款的等额增加。企业按照约定在未来支付货款，则在企业货币资金项目减少时，会同时引起企业的负债项目——应付票据或者应付账款的等额减少。

（3）现购。如果在存货到达企业的同时，企业立即进行相关支付，则企业在存货增加的同时会引起同等规模的货币资金的减少。

这里需要说明的是：对于制造业企业而言，其资产负债表上的存货金额除了包含企业外部采购的原材料、燃料等内容，还包含处于加工过程中的在产品、半成品和产成品等。

处于加工过程中的在产品、半成品和产成品的存货价值，除了包含从原材料和燃料等外部购入的存货价值转移过来的内容，还包括（不需要现在就花钱的）折旧和人工费用（通过应付职工薪酬来反映）等。资产负债表上的存货资产金额内在多大程度上来源于外购存货、多大程度上来自折旧和人工费用等，要取决于存货的加工转换成本有多大。

这就是说，对于制造业企业来说，存货的价值变化并不总是引起货币资金、预付款项、应付票据和应付账款等项目的变化。请读者注意这一点。

为了说明问题，考虑到大量企业存货的项目构成主要是由外部购入的存货、内部加工过程中的在产品、半成品和产成品等构成，在下面的分析中，我们假设企业存货的变化与货币资金、预付款项、应付账款、应付票据的变化是相对应的。

我们从付款安排所展示出来的企业对供应商的欠款能力，或者是利用供应商的资金支持自身发展的能力来考察企业在利用商业信用方面的竞争力。需要说明的是，下面要讨论的分析方法既可用于母公司报表，也可用于合并报表。只不过在对合并报表进行分析时，所反映出来的是以上市公司为母公司的企业集团整体的对外付款和竞争力状况。

案例 5-11

美的集团付款安排分析

美的集团2023年度合并报表相关信息如表5-11所示。

表5-11　美的集团资产负债表部分财务数据　　单位：万元

项目	2023-12-31	2022-12-31
流动资产：		
预付款项	331 619.40	436 721.10
存货	4 733 925.50	4 604 489.70
流动负债：		

续表

项目	2023-12-31	2022-12-31
应付票据及应付账款	9 423 807.30	8 980 564.60
其中：应付票据	2 170 760.80	2 557 242.10
应付账款	7 253 046.50	6 423 322.50

美的集团合并资产负债表的数据显示，从整体上看，企业的年末存货为473.39亿元，但应付票据及应付账款之和达942.38亿元。基于前面对于制造业企业存货构成的分析，当企业的存货余额为473.39亿元时，需要支付给供应商的金额一定少于324亿元。企业不应有这么多欠款，但实际情况是企业出现了与存货相对应的负债远远大于存货规模的情况，这是什么原因呢？

举个例子来加以说明。比如企业采购了942.38亿元的存货（为便于说明，忽略增值税和运输费用等因素），在购买时没有付款，此前也没有支付预付款。此项采购业务的发生对资产负债表有两个方面的影响：在资产方面，存货增加了942.38亿元；在负债方面，企业的应付账款（或者应付票据，或者两者之和）增加了942.38亿元。

在存货采购入库的第二天，企业卖出468.39亿元，此时存货就变成473.39亿元。但是，不管企业是否收到货款，按照约定，企业还没有到向供应商付款的时间——企业存货周转的速度快于对外支付货款的速度！如果这种状况成为一种常态，就是与供应商谈判能力强的表现，或者说是一种在付款安排上有竞争优势的表现。

通过这种方式，企业可以节约大量的现金流出量，从而对企业经营活动产生的现金流量净额做出重要贡献。

现在我们继续分析，与存货采购付款相关的项目中还包括预付款项：企业年末余额大概是33.16亿元。那么，怎样看待一般意义上的预付款项的规模呢？

一般来说，预付款项会涉及下面几种情况：

第一，经营拉动。企业由于经营需要、存货未来需要增加而对外支付预付款。

第二，关联方占用。企业的控股股东和关联方在从企业提走现金或者占用企业其他资源时，一般是通过其他应收款项目来反映的。但是，由于越来越多的人对其他应收款的过大规模（尤其是合并报表中其他应收款的过大规模）保持较高警惕，一些单位为了掩盖关联单位占用公司资源的情况，把被占用的资源反映在预付款项上。如果企业的预付款项属于此类，则其质量在很大程度上属于不良。

在美的集团的案例中，由于预付款项的整体规模远远小于应付票据与应付账款的规模之和，因此，我们可以做出判断：美的集团整体的存货采购主要采用赊购的方式进行，而且存货周转的速度远远快于企业的付账速度。企业因此而节约大量经营现金流出量。

另外，请读者注意，企业年初的存货为460.45亿元，相应的应付票据与应付账款之和为898.06亿元。这就是说，企业年末的存货规模不大，但相关负债的增加则更多。

从整体来看，这种变化不应该理解为是企业偿债能力下降的结果，而应该是企业商业竞争力尤其是在采购付款方面的竞争力提高的表现。

结论：企业利用供应商资金来推动自身发展的能力保持在较强的竞争地位。

2. 销售回款安排

我们在前面曾经对应收款项周转率做过简短讨论。下面再讨论一下在财务报表分析过程中人们普遍计算的应收账款周转率问题。

对于企业赊销债权的回收情况，人们普遍习惯于计算应收账款周转率。计算公式为：

$$应收账款周转率=\frac{营业收入}{平均应收账款}$$

现在，我们以实际案例为基础说明这个财务比率的不足。很快大家会发现，无论怎样计算，应收账款周转率都难以计算正确。原因在于：

首先，企业的应收票据、应收账款、应收款项融资、预收款项和合同负债等共同推动了企业的营业收入。应收票据是以商业汇票为结算方式形成的赊销债权，应收账款是以合同约定为基础形成的赊销债权，对应收票据进行融资安排的处理将变成应收款项融资，因此，应收票据加应收账款和应收款项融资之和才是企业对外赊销而引起的债权总规模。另外，企业的销售活动不仅有赊销，还有预收款销售，预收款项与合同负债反映了企业预收款的情况。因此，是五个项目共同推动了营业收入，不能将应收账款与营业收入相比较。在现有信息不能确定哪些营业收入是由应收账款引起的条件下，仅仅用整个公司的营业收入（被简单地理解为仅仅是由应收账款推动的）与应收账款进行对比计算，会大大地歪曲企业应收账款的周转速度。我们不可能假设企业的应收票据和预收款项为零或者忽略不计。

案例 5-12

美的集团应收账款周转率分析

以美的集团整体的数据为例，相关信息如表5-12所示。

表5－12　美的集团部分财务数据　　单位：万元

部分合并资产负债表信息	2023－12－31	2022－12－31
流动资产：		
应收票据及应收账款	3 840 669.90	3 299 610.20
其中：应收票据	552 196.00	475 812.90
应收账款	3 288 473.90	2 823 797.30
应收款项融资	1 333 000.80	1 352 654.00
应收票据、应收账款与应收款项融资之和	5 173 670.70	4 652 264.20
流动负债：		
预收款项		
合同负债	4 176 547.50	2 796 003.80
部分合并利润表信息	2023年度	2022年度
营业收入	37 203 728.00	34 391 753.10
信用减值损失	－19 862.40	－51 368.60

上述信息显示，该公司与销售有关的应收票据、应收账款、应收款项融资和合同负债等各项目在2023年12月31日的余额分别为55.22亿元、328.85亿元、133.30亿元和417.65亿元。在上述四个项目中，应收账款规模虽然较大，但仍不能据此去计算企业的应收账款周转率：企业的应收账款、应收票据（应收款项融资是由质量较高的应收账款和银行承兑汇票转化而来）与合同负债（在合同负债项目出现以后，美的集团从2020年开始，把此前归入预收款项的金额全部归入合同负债。因此，在分析中可以把预收款项与合同负债视为预收款项。当然，在概念内涵与会计核算上，预收款项与合同负债是有区别的，但在分析中可以忽略这些差异）等均为企业营业收入的重要“推手”！因此，如果仅按照营业收入与应收账款的数据去计算应收账款周转率，则企业的应收账款周转率将被夸大。

其次，即使企业的应收票据、应收款项融资、预收款项及合同负债等项目均为零，该公式也是错误的。很显然，企业的营业收入是不包含销项增值税的。但是，企业在收取销售款项的时候，要向买方收取增值税。也就是说在应收账款周转率的计算公式中，分子——营业收入不含增值税，而分母——平均应收账款却包含有增值税，显然，这个比率是错误的。那么，是不是将营业收入乘以（1＋增值税税率）就解决问题了呢？请继续思考。

资产负债表披露的应收账款是减去坏账准备以后的净额，企业的坏账准备规模在资产负债表中是不披露的，并且通常情况下，企业母公司的坏账准备信息在相关的附注里也是不披露的。但并不能就此认为报表中的应收账款余额减少了，应收账款周转率就加快了（假设营业收入不变的情况下），也许这是计提信用减值准备引起净值减少带来的结果，因此，计算应收账款周转率时应该用其原值，而不是净值。

综上所述，应收账款周转率很难计算正确。如果一定要计算这个比率，怎么才能计算得更加合理呢？本书认为，可以用应收账款推动的营业收入（在可得的情况下）计算。计算公式为：

$$应收账款周转率=\frac{应收账款推动的营业收入\times(1+增值税税率)}{平均应收账款原值}$$

由此可见，企业的结算方式是为适应市场而做出的安排。所有的结算方式的安排不是为了展示周转速度，而是为了把存货卖出去。存货卖掉了，企业才可能有利润。因此，存货周转与结算方式是一种动态关系。不能脱离存货周转去讨论结算方式和债权周转问题，相应地，也不能脱离结算方式和债权周转而去讨论存货周转问题。

实际上，考虑到一定时期企业可能存在的较为复杂的销售结算方式，考察企业的销售回款状况比考察某个项目的周转率更有意义。那么，该怎样考察企业的销售回款状况呢？

为了考察企业的销售回款状况，我们就要关注企业与销售回款有关的各项目的期末、期初的变化情况，计算一定时期各项目期末余额与期初余额的差额：

（1）如果期末和期初的债权规模大体相同，说明企业当期的赊销货款基本全部收回了。

（2）在企业业务稳定发展条件下，如果期末债权规模高于期初债权规模，则新增加的这部分增量债权就是当期赊销款少收回的部分。例如，假设企业年初的债权是 100 亿元，年末变成 120 亿元，说明企业当年的赊销款少收回 20 亿元。

（3）在企业业务稳定发展条件下，如果期末债权规模低于期初债权规模，则减少的这部分债权就是当期赊销款多收回的部分。例如，假设企业年初的债权是 120 亿元，年末变成 100 亿元，说明企业当年的赊销款多收回 20 亿元。

案例 5-13

美的集团收款安排分析

我们以表 5-12 所展示的美的集团 2023 年年度报告中合并资产负债表的相关信息对企业销售回款的状况进行考察。

第一，考察债权的回款情况。商业债权项目——应收票据、应收账款与应收款项融资之和从年初的465.23亿元增加至年末的517.37亿元，增加了51.24亿元，也就是说当年的赊销债权有一定程度增加。这意味着企业在当年的赊销债权并没有全部回收。需要强调的是，合并利润表中营业收入当年（3 720.37亿元）比上年（3 439.18亿元）有显著增长（增加281.19亿元），也就是说，公司的业务有了较大幅度的增长。当前债权规模的增加与营业收入的增长是相适应的，说明企业的债权规模虽有所增加，但并没有质量恶化的迹象。企业合并信用减值损失下降印证了这一点。

第二，考察债权结构的变化情况。从商业债权的结构上看，我们就会发现公司商业债权结构较为稳定，仍然是以应收账款为主。即使应收款项融资全部来自应收票据，企业应收票据的规模也是低于应收账款规模的。以应收账款为主的债权结构往往给人的感觉是不如应收票据为主的赊销债权质量，但是，企业的发展是持续的，如果企业在较长时期内均保持这样的结构且回款质量能够保证，则企业的商业债权就是质量较高的。

至此我们可以得出结论：企业的商业债权结构保持稳定，以应收账款为主，整体质量较高。

第三，考察预收款项与合同负债之和余额的变化情况。

企业没有预收款项，只有合同负债项目。企业的合同负债从年初的279.60亿元增加至年末的417.65亿元，增加的规模较大，这表明企业在预先收取货款的能力整体上得到了提升。

总体来看，在企业业务规模出现较大幅度增长的情况下，企业的债权有所增加；与此同时合同负债增加的更多——合同负债增加的规模大于赊销债权增加的规模。这意味着企业整体销售款项的回收呈现出非常好的态势。

结合前面的分析，我们可以得出结论：从整体上看，企业利用供应商资金的能力较强；企业商业债权回收状况良好，预收货款收取能力在显著提升。企业经营活动产生现金流量的能力较强，市场竞争优势较为明显。

通过以上分析，我们不难发现采购、销售收付款分析的核心内容就是上下游关系管理的能力。而上下游关系管理的“两头”决定了企业经营活动现金流量的状况。“两头”是指上游的供应商和下游的经销商或者买方。任何企业都想在上下游关系管理上实现对“两头”的竞争优势，以最大限度地吸收别家企业的资金，而尽量节约自己企业的资金，这正是营运资本管理中所谓的OPM（other people money）模式，但实际上并不是每一个企业都能做到，因为每个企业在市场中的竞争力是不同的。

（六）营运资本管理与企业竞争力小结

本节对企业营运资本管理与企业竞争力的讨论，形成了这样一个分析框架：

第一，计算流动比率，关注流动资产与流动负债的基本数量关系；

第二，对营运资本的结构与特征进行分析，关注投资性流动资产与经营性流动资产在流动资产中的占比，以及金融性流动负债与经营性流动负债在流动负债中的占比；

第三，对企业短期贷款管理进行分析，重点关注企业短期借款的必要性，分析有关的内部和外部环境因素对其造成的影响；

第四，对母公司与子公司的货币资金管理进行分析，重点关注母公司与子公司采用的资金管控模式；

第五，对存货的质量进行分析，重点关注存货的周转性、盈利性以及保值性等方面的变化与企业竞争力之间的关系；

第六，对企业上下游关系管理进行分析，重点关注收付款的组织方式及在不同会计期间的变化，关注企业上下游关系与企业竞争力之间的关系。

第三节 非流动资产质量与企业竞争力

企业的非流动资产，既包括经营性非流动资产，也包括投资性非流动资产。

在投资性非流动资产中，具有战略意义的是股权投资中的控制性投资部分。对控制性投资中体现出的企业竞争力分析，在前面的分析中已经涉及，本节不再讨论。而对于属于非流动资产的非控制性投资（主要指其他权益工具投资和其他债权投资），其主要质量表现为盈利性，本节也不再讨论。

本节重点讨论企业经营活动涉及的经营性非流动资产质量与企业竞争力问题。

经营性非流动资产主要包括固定资产、在建工程和无形资产等。由于在建工程项目的设立一般与企业的战略相关，且从建设到转为固定资产所需要的时间往往较长，此间与在建工程有关的信息在年报中并没有过多披露，因此，在建工程在转为固定资产之前，相关问题难以通过财务数据来进行分析。

据此，本节重点讨论固定资产和无形资产的质量与企业竞争力问题。

一、固定资产质量与企业竞争力

对于固定资产质量与企业竞争力的分析，我们可以从这样两个方面来进行：

（一）固定资产的周转性与企业竞争力

固定资产在周转性方面所体现出来的质量可以简单地用固定资产周转率来加以反映。由于因计提折旧而导致固定资产净值的下降并不代表固定资产的周转在加快，因此，本书建议采用固定资产的原值来计算固定资产周转率。

我们在前面已经讨论过，固定资产原值周转率的计算公式为：

$$固定资产原值周转率=\frac{营业收入}{平均固定资产原值}$$

固定资产原值周转率代表企业的固定资产在一定时期推动企业营业收入的状况。在企业的产品或者劳务有毛利的情况下，固定资产原值周转率越快，企业的盈利能力一般来说就会越强。

案例 5-14

中芯国际固定资产原值周转率分析

中芯国际 2023 年年度报告中的相关数据如表 5-13 所示。

表 5-13　中芯国际部分财务数据　　单位：元

资产负债表项目	2023-12-31	2022-12-31
固定资产账面价值（取自合并资产负债表）	92 432 359 000.00	85 403 283 000.00
固定资产原值（取自合并资产负债表附注）	216 278 140 000.00	189 609 786 000.00
利润表项目	2023 年度	2023 年度
营业收入（取自合并利润表）	45 250 425 000.00	49 516 084 000.00

上述数据显示，企业在 2023 年度，固定资产原值增长较多，而营业收入不但没有增长，反而还有所下降。非常明显，不用计算具体数据我们就应该体会到，从整个集团的情况看，当年企业的固定资产（原值）周转率是显著下降的。

需要注意的是：在上述案例中，由于固定资产折旧政策以及使用年限等原因，企业固定资产原值与固定资产账面价值差异巨大。在这种情况下，使用固定资产账面价值将严重影响对企业固定资产周转速度的判断。

那么，固定资产周转率下降意味着什么呢?

有人认为固定资产周转率下降意味着企业固定资产的利用率在下降。但本书作者认为，固定资产周转率下降首先绝不意味着企业对固定资产的利用问题，而是意味着企业的固定资产与市场之间的关联问题。

简单地说，企业固定资产周转率衡量的是企业固定资产推动营业收入的能力：

固定资产原值周转率较高的企业，意味着企业的固定资产推动符合市场需要的产品或者劳务的能力较强；而固定资产原值周转率较低的企业，意味着企业的固定资产推动符合市场需要的产品或者劳务的能力较弱，这或者意味着企业的新增固定资产的结构、规模与市场的关联度较小（根本原因可能是固定资产投资的决策失误），或者意味着企业的管理者没有对新增固定资产进行有效的管理和使用。

当然，某一年度的数据还不足以据此对企业固定资产质量及企业竞争力做出科学评价。以中芯国际为例，该企业虽然固定资产周转率有所下降，但可能的原因是新增固定资产投入使用的时间是在第四季度或者年底，还没有真正发挥其对市场的贡献力。因此，对该企业新增固定资产质量与竞争力的分析，还需要持续观察。

但从长期来看，如果企业固定资产的持续增加并不能为企业对市场扩大做出贡献，则所增加的固定资产就很可能是不良资产。这种账面原值的增加，只能恶化企业固定资产周转率和总资产周转率。

（二）固定资产的保值性与企业竞争力

对于制造业企业来说，固定资产是企业从事生产经营活动的手段和物质基础，因此，在技术装备水平、工艺特点和产能利用等方面所体现出来的固定资产质量，会在很大程度上决定所生产的产品的质量以及在市场上的竞争实力。如果企业在当期对固定资产计提了巨额的减值准备，多半是因为固定资产在上述这些方面出了问题，也相应会反映出企业产品在市场中的销售甚至市场竞争力出了问题。

对企业固定资产的保值性进行分析，可以将固定资产分为具有增值潜力的固定资产和无增值潜力（即贬值）的固定资产两类。此时，应综合考虑特定固定资产的技术状况、市场状况和企业对特定固定资产的使用目的等因素。

（1）具有增值潜力的固定资产，是指那些市场价值趋于增加的固定资产。这种增值，或是由特定资产的稀缺性（如土地）引起，或是由特定资产较强的增值特性（如房屋、建筑物等）引起，或是由于会计处理导致账面上虽无净值但对企业而言仍可进一步利用（如已经提足折旧、企业仍可在一定时间内使用的固定资产）。

（2）无增值潜力（贬值）的固定资产，是指对特定企业而言，其价值在未来不可能增加的固定资产。这种不能增值状况的出现，既可能是由于与特定资产相联系的技术进步较快，原有资产因技术落后而相对贬值（如计算机等），也可能是由于特定资产本身价值状况较好，但在特定企业不能得到充分利用（如不需用的固定资产）。

在此基础上，可以分别结合不同类型固定资产的相对功能和作用，就其价值变化对企业竞争力所造成的影响做出分析。

（三）固定资产单位产能的融资成本问题

在对固定资产质量进行分析的过程中，一个经常被忽视的问题是：企业固定资产的单位产能成本由于融资渠道不同可能会存在显著差异。

对于上市公司而言，在建工程和固定资产购建所需资金的来源，主要有这样三个渠道：第一，由企业日常经营活动所获得的现金流量来支持；第二，由企业发行股票所筹集的股东入资来解决（大多数上市公司通过发行股票所募集的资金都是为了进行固定资产方面的投资）；第三，由企业的银行借款来解决。

在上述三个资金来源渠道中，如果是由企业日常经营活动所带来的现金支持，这样的固定资产建设不仅在财务核算上没有利息因素，而且企业对这部分（自己辛苦赚来的）资金的使用往往精打细算，因此，第一种资金来源所形成的固定资产的单位产能成本较低，未来产生的财务效益往往较高。

在企业利用股东入资来进行固定资产投资的情况下，表面上看没有利息因素，但由于上市周期长、融资成本较高且融资后专款专用的管理方式，所形成的固定资产单位产能成本往往显著高于前者。

在企业利用贷款来进行固定资产投资的条件下，利息因素必然推高相应固定资产的单位产能成本。这就要求企业在相应的固定资产投入使用以后，通过强化资产管理、提高资产利用率、改善企业业务的销售结构，来使企业未来的盈利能力保持在较高水平。否则，企业新增固定资产很可能会由于其成本过高、折旧额偏大而成为企业未来财务业绩滑坡的重要推手。

二、无形资产的质量与企业竞争力

从概念来说，无形资产是不具有实物形态但可以为企业的经济利益流入长期做出贡献的单独可辨认的非流动资产项目，包括商标权、专有技术、特许经营权、土地使用权等。由于无形资产通常在未来受益期、受益大小、价值等诸多方面都存在较大的不确定性，因此，在会计上对研究与开发支出等与自创的无形资产（如自行研发的专利、专有技术，自创的商标等）有关的支出通常采取谨慎性原则处理，即在发生当期直接通过研发费用项目计入了当期损益体现在利润表上，企业资产负债表中所列示的无形资产一般为直接从外部购入的无形资产，如外购的商标、专利、土地使用权等。

对于无形资产质量与竞争力的分析，我们可以从两个方面来进行。

（一）无形资产规模、结构与企业战略和业务结构的吻合度

随着知识经济时代的到来，无形资产如同一双看不见的手，可以给企业的生存与发展带来巨大的影响，企业核心技术的发展过程同时也是核心竞争力的积累过程，因此，作为一项重要的盈利性资产项目，企业拥有和控制的无形资产越多，往往意味着其可持续发展能力和竞争力就越强。但现行会计准则的有关规定以及无形资产的形成特点，决定了财务报表中所反映的无形资产的价值与其当初的取得成本直接相关，而一些无形资产的内在价值已远远超出了它的账面价值。也就是说，相对于无形资产的内在价值，其账面价值往往是象征性的。无形资产本身所具有的属性决定了其盈利性具有很大的不确定性，因而对于无形资产的质量评价较为复杂，要视其类别、性质等方面的具体情况而定。

由于无形资产这种特殊的无实体特征，很少可以单独为企业带来属于它本身的经济利益，必须依赖于有形资产的运作，基于固定资产的载体才能直接或间接地为企业创造利润。因此，也可以说无形资产就是一个催化剂、桥梁，加速有形资产潜在效益的转化，建立起企业资产创造企业价值的渠道。从企业发展的角度来看，无形资产只有与企业相关的固定资产或存货等有形资产进行适当组合才能发挥其正常的“催化激活”功能，只有与企业战略、业务结构相吻合才有可能为企业的发展和竞争力的打造做出长期贡献。企业可利用品牌效应、技术优势、管理优势等无形资产盘活有形资产，通过联合、参股、控股、兼并等形式实现企业扩张，达到资源的最佳配置。因此，可以说，无形资产和有形资产组合产生的企业超额收益能力是企业核心竞争力的具体表现，无形资产在与有形资产组合的过程中所释放的增值潜力的大小，直接决定了无形资产的质量，也在相当程度上决定了企业核心竞争力的强弱。

（二）无形资产的保值性与企业竞争力

无形资产是一种技术含量很高或垄断性很强的特殊资源，往往具有独一无二的排他性，其公允价值存在较大的不确定性和主观性。为此，银行在抵押贷款中选择抵押物时，一般情况下只接受无形资产中的土地使用权这一项目。

按照现行准则的规定，企业应定期对无形资产的价值进行检查，至少于每年年末检查一次。如发现以下情况，应对无形资产的可收回金额进行估计，并将该无形资产的账面价值超过可收回金额的部分确认为减值准备：（1）该无形资产已被其他新技术等替代，其为企业创造经济利益的能力受到重大不利影响；（2）该无形资产的市价在当期大幅下跌，在剩余摊销年限内预期不会恢复；（3）其他足

以证明该无形资产的账面价值已超过可收回金额的情形。

由于企业处于复杂的市场竞争和技术发展环境当中，企业在长期拥有和使用无形资产的过程中必然会面临无形资产减值的风险，更重要的是，无形资产价值的降低，对企业创造超额利润的能力很可能带来较大的影响，进而对企业竞争力和可持续发展能力产生一定的负面效应。

案例 5-15

紫金矿业无形资产分析

紫金矿业2021年、2022年年度报告中的合并报表数据如表5-14所示。

表5-14　紫金矿业部分财务数据　　单位：万元

项目	2022年	2021年
无形资产账面价值	6 827 991.01	4 753 134.98
无形资产原值	8 125 564.06	5 712 890.47
其中：本年增加中的“非同一控制下收购子公司”	1 917 937.89	0
商誉	71 772.39	31 414.96
资产总计	30 604 413.95	20 859 467.81
营业收入	27 032 899.85	22 510 248.86
资产减值损失	−7 871.18	−59 802.24
其中：无形资产减值损失	0	0
商誉减值损失	−7 109.95	0

从以上数据可以观察到这样一些现象：

第一，无形资产在2022年巨额增加。

比较一下无形资产2022年年初、年末的数据，我们就会发现，企业年度内无形资产规模有了巨额增加。而这种增加主要是由于企业在2022年度内并购所产生的（并购同时导致了似乎不高的4亿元左右的商誉）。这种无形资产规模的巨额增加既与新并入企业原有无形资产相关，也与并购评估过程中可能出现的无形资产大规模增值有关。

因此，我们不能对无形资产增加这件事过于乐观，而要看其在未来对并购方的贡献大小。

第二，无形资产在2021年和2022年均未计提减值。

企业在每个会计期末都要对其无形资产进行减值测试。无形资产若发生减值，不但对当期业绩造成一定的负面影响，也在一定程度上说明企业在无形资产管理甚至企业竞争力方面存在不太乐观的因素。

2022年年度报告显示，紫金矿业连续两年没有对无形资产进行减值处理，而商誉也只在2022年进行了小规模的减值处理。

企业无形资产和商誉减值处理的规模较小意味着，企业因并购企业而增加的无形资产可能正在按照预期发挥作用，且被并购企业的盈利前景较为乐观。

三、基于资产整体质量与管理水平的企业竞争力综合评价

在企业合并报表的资产可以明确区分为经营性资产和非经营性资产的条件下，在经营性资产方面，以企业自身日常的经营活动为主线，形成了合并平均经营性资产——合并营业收入——合并核心利润（考虑到补贴收入归于经营活动现金流量，计算资产报酬率和核心利润获现率时应将补贴收入加入核心利润）——合并经营活动产生的现金流量净额这样一个逻辑链条，上述项目之间也因此产生了较为紧密的逻辑关系。因此，针对企业自身的核心竞争力，就应该围绕经营性资产的安排与使用效果，采用经营性资产报酬率、经营性资产周转率、毛利率、核心利润率、核心利润获现率等一系列指标来进行系统评价。

在非经营性资产方面，应该以企业货币资金及各类对外投资活动为主线，在企业的合并资产负债表、合并利润表、合并现金流量表的相关项目之间构建起如下联系：合并资产中的平均非经营性资产—合并利润表的杂项利润（即利息收入、投资收益及公允价值变动收益）—合并现金流量表的取得投资收益收到的现金。

需要强调的是，杂项收益中的公允价值变动收益并不带来现金；而投资收益的构成中，有的仅仅是导致投资收益增加（如权益法确认投资收益），并不会导致货币资金的等额增加；一些投资所带来的投资收益，也不增加“取得投资收益收到的现金”，如企业因各种投资的转让价差所带来的投资收益，将在合并利润表中“收回投资收到的现金”中体现，但全部回款并不等于相应的投资收益。因此，杂项收益与取得投资收益收到的现金之间的关系极其复杂，其质量必须结合投资收益的结构来分析。

因此，受披露信息所限，企业非经营性资产的竞争力可以从非经营性资产的投资报酬率、投资收益获现率等方面进行简单评价。

在企业集团整体层面，则可以简单根据合并报表数据，采用总资产报酬率、权益报酬率（即净资产收益率）等指标来对企业整体的竞争力和实力进行综合评价。

第四节　盈利质量与企业竞争力

实际上，在本书前面的有关内容中，我们的讨论已经涉及了通过反映盈利能力的财务指标来对企业的竞争力进行评价的问题，比如，采用毛利率、存货周转率、应收款项周转率、核心利润率、经营性资产报酬率、总资产报酬率、权益报酬率（即净资产收益率）等。

本节将讨论此前较少涉及的盈利质量与企业竞争力的关系问题。

一、费用效率与企业竞争力

以产品或者劳务提供为主要手段开展其经营活动的企业，通常会发生各种类型的销售费用。同时，任何日常经营活动和管理活动均会发生一定规模的管理费用。

从费用的发生与企业业务之间的关系来看，可以简单地把企业的销售费用与管理费用区分为变动费用和固定费用两种。其中，变动费用就是那些发生金额与企业的业务规模成正比例变动的费用，如销售费用中与营业收入有关所计提的销售返利，管理费用中按照营业收入的一定比例确定的业务招待费等；固定费用则是指那些发生金额与业务没有直接关联而与特定时期密切联系的费用，如管理机构和销售机构有关的折旧费用以及无形资产摊销费用等。

从长期来看，企业的销售费用与管理费用总额的增长速度应该慢于企业营业收入的增长速度；但从阶段性来看，在面临较为激烈的市场竞争的情况下，企业为扩大市场或者守住市场既有地位，往往反而需要在营销和管理方面投入更多。

因此，对于特定企业而言，年度间的销售费用率和管理费用率反映了年度间销售活动与管理活动的效率；而对于不同企业而言，企业间同时期的销售费用率和管理费用率的比较则可以大体反映出企业之间的销售活动与管理活动方面的投入产出效率，即费用效率。

案例 5－16

格力电器与美的集团销售费用率与管理费用率的比较分析

格力电器和美的集团2023年年度报告中的合并报表信息如表5－15所示。

表 5-15 格力电器与美的集团部分财务数据 单位：万元

项目	格力电器（2023）	美的集团（2023）	格力电器（2022）	美的集团（2022）
营业收入	20 397 926.64	37 203 728.00	18 898 838.27	34 391 753.10
销售费用	1 712 963.97	3 488 087.50	1 128 545.11	2 871 612.10
销售费用率	8.40%	9.38%	5.97%	8.35%
管理费用	654 216.10	1 347 690.80	526 799.97	1 158 266.40
管理费用率	3.21%	3.62%	2.79%	3.37%

从格力电器和美的集团两年间自身报表数据的比较来看，格力电器的销售费用率和管理费用率在营业收入出现增加的条件下均出现了上升的趋势，但两项费用率的整体比率并不高。销售费用率的较大幅度提升要么意味着企业 2023 年在营销资源的投入力度在迅速加大，要么意味着企业面临着更加激烈的市场竞争。而管理费用率虽然有所提升，仍处于较低水平。

而美的集团销售费用率在营业收入增长较多的情况下有所上升，也表明企业在营销资源的投入上继续发力；而美的集团的管理费用额和管理费用率在 2023 年均有所增加，但管理费用率维持在较低水平，表明企业在管理费用方面的控制是较为有效的，管理费用的业绩含量是较高的。

在销售费用率和管理费用率方面，格力电器表现出持续低于美的集团的态势，这既与格力电器费用控制的质量较高有关，也应该与美的集团的多元化战略与格力电器的专业化战略下，不同业务之间的规模效应和协同效应不同有一定关系。

总体来看，两家公司的销售费用率、管理费用率均不高，说明在业内均具有较强的竞争优势。

当然，影响销售费用率和管理费用率高低的因素有很多，如企业所处的行业特征、自身的发展战略、研发策略、营销活动的组织模式、企业人力资源政策以及核心管理人员的特质等。因此，在进行简单的比率比较后，还应该结合企业在上述方面的信息做进一步的分析。

二、盈利质量与企业竞争力

在传统的财务报表分析中，企业的盈利能力分析主要是以资产负债表和利润表为基础，结合表内各项目之间的逻辑关系构建一套财务指标体系，通过将这些指标的计算结果与企业以往年份、对标企业以及同行业平均水平进行比较来对企业的盈利能力加以评价。然而本书特别强调，上述财务指标尽管是通过衡量利润的相对规模来评价企业的盈利能力，相对于毛利、利润总额以及净利润等绝对指标来说，在一定程度上增加了不同企业之间的可比性，但它们只关注数量维度的盈利能力问题，并没有考虑质量维度的盈利能力因素。在日常管理实践中，有的企业利润表中利润很高，相关盈利指标似乎也表现不错，但企业的核心竞争力并不是很强，这多半是企业在盈利质量方面出现问题所致。

盈利质量又称为利润质量，本书从以下三个方面入手来对其加以考察和评价：第一，利润的含金量，即从当期来看，利润应能带来相应的现金流量，并且具有较强的支付能力（缴纳税金、支付股利等）；第二，利润的持续性，即从长期来看，企业实现的利润既要有一定的成长性，又要避免波动性，这样更利于我们对企业的未来发展走势做出判断；第三，利润与企业战略的吻合性，企业不同的战略选择会导致不同的资产结构（指经营性资产与投资性资产的比例关系），直接带来不同的盈利模式，产生不同的利润结构，因而利润结构与资产结构的吻合度可以在一定程度上体现企业战略的实施效果。一般而言，盈利质量不高、战略实施不够理想的企业，往往其核心竞争力也不够强。

（一）利润含金量与企业竞争力

这里的企业利润含金量，是指企业核心利润与投资收益产生现金流量的状况。

前面已经讨论过，企业经营活动所带来的利润——核心利润的含金量可以用核心利润获现率来衡量，投资活动带来的利润——投资收益的含金量可以用投资收益获现率来衡量。

高质量的利润应该是能够带来较为充分现金流量的，这是企业竞争力的重要体现。

案例 5－17

中芯国际利润含金量分析

中芯国际 2023 年年度报告中的合并报表信息如表 5－16 所示。

表 5－16　中芯国际部分财务数据　　金额单位：元

项目	2023 年度	2022 年度
营业收入	45 250 425 000.00	49 516 084 000.00
营业成本	35 346 301 000.00	30 552 673 000.00
税金及附加	222 659 000.00	271 585 000.00
销售费用	254 058 000.00	225 682 000.00
管理费用	3 152 891 000.00	3 041 583 000.00

续表

项目	2023 年度	2022 年度
研发费用	4 991 551 000.00	4 953 026 000.00
利息费用	1 479 733 000.00	850 310 000.00
核心利润	−196 768 000.00	9 621 225 000.00
加：其他收益	2 577 275 000.00	1 946 389 000.00
核心利润与其他收益之和（1）	2 380 507 000.00	11 567 614 000.00
经营活动产生的现金流量净额（2）	23 047 761 000.00	36 591 209 000.00
核心利润获现率（3）=（2）/（1）×100%	968%	316%
投资收益（4）	250 095 000.00	831 764 000.00
取得投资收益收到的现金（5）	2 206 182 000.00	844 388 000.00
投资收益获现率（6）=（5）/（4）×100%	882%	102%

上述数据显示，企业核心利润含金量非常高，投资收益获现率也不错：核心利润与投资收益的质量较高。企业连续表现出利润带来的现金流量净额高于相应利润规模的状态，这意味着企业在经营活动现金流量管理与投资收益获现管理方面具有一定优势。

（二）利润的持续性与企业竞争力

利润的持续性是指企业盈利能力在过去与未来一段时期内持续发展的状况。一般情况下，我们说一个企业在行业中保持相对稳固的竞争地位和核心竞争力，不应仅仅看它在当期具有较强的盈利能力，更应该强调它可以在多长的时间内保持其盈利能力。不具备持续盈利能力的企业，其前景处于高度不确定状态，持续经营的会计基本假设可能“摇摇欲坠”，也就更谈不上竞争力了。因此，利润的持续性应成为评价企业竞争力的另一个重要方面。利润的持续性可以从成长性和波动性两个方面分别考察。

1. 利润的成长性分析

成长性是企业发展的灵魂，是衡量企业财务状况和预测企业发展前景的重要方面。由于在利润的构成中，核心利润最能体现企业在行业中的竞争地位和核心竞争力，因此，可通过核心利润及核心利润率的增长幅度来考察企业在核心业务上的盈利能力变化趋势。而核心利润的高低关键取决于产品销售等业务带来的营业收入的增长幅度，因此，通常情况下，营业收入的增减变化可以在一定程度上反映企业的成长性和未来的发展趋势。此外，企业毛利及毛利率的走势也是考察企业核心竞争力变化的一个非常重要的方面。

（1）营业收入增长率。营业收入增长率往往是衡量企业经营状况和市场占有能力、预测企业经营业务拓展趋势的重要标志。不断增加的营业收入是企业生存的基础和发展的条件。通常具有高成长性的企业都是主营业务突出、经营比较单一的企业。营业收入增长率越高，表明企业产品的市场需求越大，业务扩张能力越强。营业收入增长率的计算公式为：

$$营业收入增长率=\frac{本期营业收入-上期营业收入}{上期营业收入}\times 100\%$$

营业收入增长率可以作为衡量公司的产品生命周期的一个重要参考指标，用以判断公司发展所处的阶段。经验数据告诉我们，在不考虑行业差异的情况下，如果营业收入增长率超过10%，一般说明企业产品处于成长期，将继续保持较好的增长势头，企业尚未面临产品更新的风险，属于成长型企业；如果一家企业的营业收入增长率连续几年保持30%以上，那么可以认为这家企业具备高成长性，往往会成为市场上受追捧的投资对象；如果营业收入增长率在5%～10%之间，一般说明企业产品已进入稳定期，不久将进入衰退期，需要着手新产品的开发；而如果该比率低于5%，基本上说明企业产品已进入衰退期，保持市场份额已经很困难，业务利润开始滑坡，如果没有开发出新产品，企业将日趋衰落。

（2）毛利与毛利率的走势。行业毛利率的平均水平会在一定程度上反映所处行业的基本特征，如行业的竞争状况、行业的成熟程度等；行业内企业毛利率的相对水平会在一定程度上反映企业产品在市场上的相对竞争实力，而产品的竞争实力又是企业核心竞争力的重要决定因素。因此，分析企业毛利率的水平及其走势非常必要。

如果企业拥有较高的毛利率，可能是由于以下几种原因：第一，企业所从事的产品经营活动具有垄断地位，在这种情况下，我们应该关注企业所拥有的垄断地位会保持多久；第二，企业所从事的产品经营活动由于各种原因具有较强的核心竞争力，在这种情况下，我们应该关注企业长期保持其核心竞争力的能力；第三，企业所从事的产品经营活动由于行业周期性波动而暂时走高，在这种情况下，我们应该关注企业所从事行业的周期性变化规律；第四，企业由于盲目生产产品导致产大于销、存货积压，从而引起毛利率的提高①，在这种情况下，我们应该关注企业的产品生产决策是不是基于市场的未来需求，或者是纯粹的决策失

① 由于产量的增加，在当期会因单位产品分摊的折旧等固定成本减少而导致单位产品成本降低，单位营业成本也会随之有所降低。因此，在产品售价不变的情况下，毛利率会因单位营业成本的降低而有所增加。

误；第五，企业会计处理不当，故意选择调高毛利率的手段，在这种情况下，我们应该考虑它对企业未来业绩的影响，同时要关注注册会计师出具的审计报告的意见类型与措辞。

如果企业与行业平均水平相比拥有较低的毛利率，则可能是由于以下几种原因：第一，企业产品的生命周期已经进入衰退期，在这种情况下，通常会伴随着全行业毛利率的普遍下滑，我们应该关注企业在产品转型、产品开发等方面的举措，分析企业有无盈利模式转变的战略性思考（可根据年报中的“经营情况讨论与分析”部分进行分析）；第二，企业产品在品牌、质量、成本和价格等方面没有竞争力，在这种情况下，我们应该关注企业的核心竞争力到底体现在哪些方面，未来发展前景如何；第三，企业会计处理不当，故意选择调低毛利率的手段，在这种情况下，我们同样应该关注注册会计师出具的审计报告的意见类型与措辞，并考虑它对企业未来业绩的影响。无论是哪种情况造成的毛利率下滑，都意味着当期企业单位产品的盈利能力在下降。

（3）核心利润与核心利润率的增长率。前已述及，对于以自身经营为主的企业，核心利润应该成为企业一定时期财务业绩的主体。因此，通过计算和比较企业近几年来核心利润的增长率，既可以考察企业基本业绩的历史变化趋势，还可以据此大体判断企业未来业绩的走势。

应当特别关注企业的核心利润年度间的非经营性变化。非经营性变化是指通过会计调整来人为安排核心利润的过高或过低情况。实际上，我们在前面分析毛利率变化、销售费用变化和管理费用变化时考虑的会计调整因素，必然会综合反映到核心利润的变化上。

核心利润与营业收入之比就是核心利润率。很明显，核心利润率是企业经营活动基本盈利能力的表现。通过计算企业核心利润率的增长率，可以进一步把握企业自身经营活动的盈利能力的变化情况。同时，将企业的核心利润率与其目标核心利润率、特定企业的核心利润率以及同行业平均核心利润率进行比较，可以更清晰地认识企业的核心竞争力和竞争地位。

2. 利润的波动性分析

利润的波动性是指企业利润无法相对保持稳定而出现业绩变化的状态，可以通过企业各期利润的相对变化幅度来加以衡量。

从企业利润表中营业利润的结构来看，营业利润主要由三个支柱和两个减值构成（资产处置收益只能作为一个临时性的干扰信号，不具有持续性特点），即由营业收入带来的核心利润，主要由政府补贴构成但与营业收入高度关联的其他收益，以及与营业收入毫无关联由货币资金和各种投资决定的利息收入、投资收益以及公允价值变动收益构成的杂项收益这三个支柱以及资产减值损失和信用减值损失构成。

因此，利润的波动性主要应考察利润表自身的三个支柱项目在年度间的变化情况。

（1）营业收入带来的核心利润。从企业可持续发展的角度来看，营业收入的增长既可以在原有业务的基础上不断扩大自身产品或服务、提高市场占有率来实现，也可以通过对外控制性投资直接设立企业进入新的业务领域来实现，还可以通过并购来实现。这就是说，企业所从事的特定行业可能有业务规模的“天花板”，但企业营业收入的规模并没有“天花板”，只要有融资能力、有恰当的战略规划并不断进行控制性投资，企业的营业收入就可以实现不断增长。

但是，企业营业收入并不是为了增长而增长，而是为了进一步实现财务业绩（营业收入与核心利润以及股东权益市场价值的提升等）。没有财务业绩后果的营业收入增长如果持续下去，将可能伤及企业的财务可持续发展。

如果企业的营业收入增长能够带来核心利润的不断增长以及核心利润率的不断改善，则意味着企业在特定产品的市场中具有较为稳定的竞争能力和盈利能力，这种企业的营业收入、核心利润以及核心利润率均会表现出成长的态势；如果企业的营业收入出现年度间不规则变化、核心利润与核心利润率出现不规则的波动性变化，则可能意味着企业的营销策略、产品或服务的市场竞争力以及竞争地位等方面均需要改善或提升。

（2）主要由补贴收入构成的其他收益。企业利润表中的“其他收益”项目，主要由支付的补贴构成。按照现在上市公司公布的其他收益的构成，一般包括三个方面的内容：与资产相关的政府补助、与收益相关的政府补助以及其他补助或返还。

案例 5-18

药明康德的政府补助分析

表5-17列示的是药明康德的其他收益构成。

表5-17　药明康德部分财务数据　　单位：元

项目	2023年度	2022年度
与资产相关的政府补助	130 999 342.89	100 207 358.08
与收益相关的政府补助	341 392 952.13	342 063 686.18
合计	472 392 295.02	442 271 044.26

显然，与收益相关政府补助的基本依据是企业的营业收入，与资产相关政府

补助的基本依据虽然是资产购建，但政府补助支持的资产购建一定是对企业发展和国家或地方或行业发展具有战略意义的项目，也将对企业当前和未来营业收入做出贡献。

因此，可以这样认为，企业的政府补助是直接或间接与企业营业收入相关的。

需要注意的是，企业获得的政府补助并不能被认为是企业可以稳定获得的收益。这是因为，企业获得的政府补助具有较强的时效性和动态性，一旦与补贴相关的环境因素（如政府政策调整、行业环境发生变化乃至特定地区财政收入变化等）出现变化，企业获得补贴收入就会出现年度间的波动性。

（3）由货币资金及各种投资带来的杂项收益。杂项收益不是由营业收入带来的，而是由货币资金及各种投资带来的。在一些企业的利润表中，杂项收益经常扮演非常重要的角色：在营业收入带来的核心利润表现不佳、不能带来预期财务业绩的时候，杂项收益往往会“挺身而出救主”，支撑起企业的营业利润。

从构成来看，杂项收益或取决于企业货币资金的存量，或取决于企业各种投资的质量。显然，对于非金融机构而言，货币资金应该进行各种具有战略意义或不具战略意义的应用，因而货币资金存量通常不会特别大，带来的利息收入不会很高，不应成为企业杂项收益的主体。杂项收益的投资收益以及公允价值变动收益则反映了企业投资的能力和投资质量。

当然，有的企业由于融资环境和融资能力以及盈利能力等因素的长期积累而获得了大量的货币资金，这种货币资金在没有进行各种运用之前就会保持在货币资金的状态而为企业带来利息收益，也有可能货币资金占杂项收益或营业利润的比重较大。

如果企业营业利润中的货币资金占比较大，其产品或服务的市场竞争力要么不大，要么企业的成本控制出现了较大的问题。

案例 5-19

复星医药的利润波动性分析

表 5-18 列示了上市公司复星医药 2021—2023 年合并利润表的部分数据。

表 5-18　复星医药的部分财务数据　　金额单位：万元

项目	2023 年度	2022 年度	2021 年度
营业收入	4 139 953.96	4 395 154.69	3 900 508.66

续表

项目	2023年度	2022年度	2021年度
营业成本	2 159 530.88	2 316 969.04	2 022 826.95
税金及附加	27 125.54	22 779.94	23 445.98
销售费用	971 223.74	917 117.61	909 889.18
管理费用	437 490.72	382 810.29	321 583.19
研发费用	434 604.47	430 209.29	383 448.29
利息费用	132 483.05	96 380.69	82 253.40
加：利息收入	36 364.54	28 263.46	23 372.71
加：其他收益	46 353.80	38 415.45	32 783.07
投资收益	350 199.26	437 784.26	462 382.60
公允价值变动收益	−42 737.96	−249 836.85	35 229.86
资产减值损失	−21 974.22	−27 248.78	−82 987.33
信用减值损失	−13 192.73	−6 536.91	−7 401.58
资产处置收益	556.38	12 560.23	−1 541.87
营业利润	330 750.79	465 665.64	631 373.60

表5-18的整体态势是：企业的营业收入在2021年至2023年之间出现了一定程度的波动。但较为稳定的是：企业的营业利润稳定下滑，2023年的营业利润与2021年相比几乎腰斩。

如果以此为基础就断定企业营业收入带来的核心利润在迅速下滑就太简单化了，对营业利润的结构性分析将为你解开更多信息。

从营业利润三支柱两减值的基本结构看，除2021年外，企业各年的两减值因素并没有对营业利润造成大的冲击。从对营业利润的贡献力来看，企业的其他收益虽稳步增长，但对营业利润的贡献并不大。

非常显眼的项目是杂项收益的投资收益项目。如果单纯看各年的投资收益和营业利润的金额，你会发现投资收益对各年的营业利润贡献极大。当然，在2022年由于公允价值变动收益表现实在太差，导致当年杂项收益整体对营业利润贡献并没有重大，但仍然是举足轻重的贡献。

通过以上简单的结构考察，我们可以得出下面的认识：第一，企业的各年营业利润贡献的第一主力军是投资收益。投资收益如此神奇，应该意味着企业在各种投资的获利方面具有极强的能力。第二，企业在营业收入波动的态势下，其核心利润一定是波动的，且营业收入的盈利能力并不强。

这种杂项收益的强与核心利润的弱，彰显了企业的产品或服务的市场竞争力有待提高。同时，依赖于资产中的非经营资产带来的杂项收益的神奇贡献能否长期保持，是需要高度关注的。

(三) 业务结构的战略吻合性与企业竞争力

不论企业的资产如何配置，其战略实施的结果一定会在利润表上表现出来。而利润表营业收入的构成以及不同类别产品的毛利率状况，则在很大程度上反映了企业业务结构与企业战略之间的关系及企业不同业务的竞争力。

案例 5-20

格力电器与美的集团业务结构的战略吻合性与竞争力分析

作为家喻户晓的明星企业，格力电器与美的集团在过去20余年的时间里进行了较为激烈的市场竞争。在一般认知中，格力电器是一个以空调为主的专业化企业或者是以空调为主要产品的弱多元化企业。而美的集团是一个以家电为主的多元化企业，其产品较为广泛，涉及空调、冰箱、洗衣机以及小家电等多种产品。2017年，美的集团通过收购德国的库卡公司，直接把业务拓展到“机器人及自动化系统”，从而实现形式上的高端制造业形象。

随着两家企业竞争的不断深化，在空调领域的地位之争似乎有了结果：美的集团已经连续几年在空调领域的营业收入超过了格力电器。

那么，美的空调超过格力电器意味着什么？格力电器和美的集团的业务结构又反映了怎样的战略和竞争力？

表5-19和表5-20分别列示了格力电器和美的集团2022—2023年合并利润表的部分数据。

表5-19　格力电器业务结构相关信息　　单位：元

按商品类别分类	2023年		2022年	
	收入	成本	收入	成本
空调	151 216 511 000.13	95 207 973 716.18	134 859 394 542.06	91 116 284 416.91
生活电器	4 001 971 437.12	2 579 480 666.41	4 567 901 238.21	3 051 711 250.15
工业制品	10 002 891 047.02	7 730 401 393.36	7 599 259 996.39	6 057 662 877.96
智能装备	669 842 288.11	459 908 441.68	432 085 871.36	303 247 852.63
绿色能源	7 106 463 576.73	6 193 955 989.91	4 701 188 530.73	4 077 474 678.11
其他	1 567 791 503.27	1 336 830 342.05	1 006 009 387.35	967 478 786.51
合计	174 565 470 852.38	113 508 550 549.59	153 165 839 566.10	105 573 859 862.27

表5-20　美的集团业务结构相关信息　　单位：千元

按商品类别分类	2023年		2022年	
	主营业务收入	主营业务成本	主营业务收入	主营业务成本
暖通空调	161 110 843	119 912 866	150 634 586	116 234 025
消费电器	134 691 669	90 239 157	125 284 737	87 449 080
机器人及自动化系统	33 016 554	25 226 852	29 927 674	23 664 772
其他	15 313 646	13 566 202	10 617 777	9 659 221
合计	344 132 712	248 945 077	316 464 774	237 007 098

从格力电器的数据结构来看，企业将业务分成了六类，有明确方向的业务是五类，这似乎构成了企业“多元化”的格局。但是，不能因为企业的业务分类“多元”就认为企业是“多元化”的企业。企业是不是多元化，不仅要看企业对业务结构的分类，更要看各类业务在企业整体业务中的比重。如果从业务比重来看，格力电器的业务可能分成两类会更恰当：空调业务和非空调业务——企业的空调业务营业收入占据全部业务的主体地位，而另外五类业务营业收入之和的规模也并不大。

当然，我们可以理解，企业的业务结构布局是企业多元化的布局，也许在将来，企业会在空调以外的业务持续增加投入，从而真正形成有格局的多元化。

从美的集团的数据结构来看，企业将业务分成了四类，有明确方向的业务是三类。在营业收入的规模上，支撑企业营业收入的还是传统的暖通空调和消费电器，而并购进来的机器人及自动化系统业务自2017年并入企业以来，营业收入的规模并没有实现较大规模的增长，其规模与前两类业务相比还有较大提升空间。尽管如此，美的集团业务结构的多元化格局比格力电器要清晰得多。

因此，从业务结构的格局来看，格力电器空调以外的业务还没有对企业的业务规模形成由格局的支撑，企业多元化的业务格局需要付出更大的努力；美的集团已经成了有格局的多元化业务结构。

下面我们再讨论一下美的集团空调业务超越格力电器的意义。

从营业收入的规模来看，美的集团的空调业务在2022年和2023年均超越了格力电器。如果从营业收入的规模来看，美的集团在空调业务领域已经跃居第一位了。但是，如果从空调业务的盈利能力来看，格力电器的空调业务的毛利额和毛利率均显著高于美的集团的空调业务（请读者自己计算两个企业空调业务的毛利额和毛利率）。这意味着，从盈利能力的竞争力来看，格力电器具有更高的盈利竞争力。

当然，上述数据仅仅是历史数据。格力电器与美的集团在空调业务领域的竞争将会持续进行，格力电器在营业收入上也不会甘居第二，必然会在未来努力夺回自己的营业收入第一的位置。请读者关注两家公司未来的竞争态势。

本章小结

本章讨论了企业资产质量的内涵与基本分析方法；从营运资本结构出发探讨了对营运资本的分析方法，并将企业的营运资本管理与企业竞争力加以联系；讨论了企业经营性非流动资产质量与企业竞争力之间的关系；最后介绍了如何通过对企业的盈利质量进行分析来对企业竞争力加以评价。

思考题

1. 怎样理解企业资产的质量？
2. 为什么不能仅以流动比率为基础对企业营运资本进行评价？
3. 从结构来分析，营运资本展示了企业哪方面的信息？
4. 营运资本中所包含的集团资金管理信息是什么？
5. 怎样对企业存货的质量进行分析？
6. 为什么说企业应收账款周转率很难计算正确？
7. 怎样分析企业销售回款情况？
8. 怎样分析企业的购货付款情况？
9. 怎样看待企业固定资产周转率的变化？
10. 怎样看待企业无形资产规模、结构变化所包含的企业竞争力信息？
11. 怎样看待企业在年度之间销售费用率、管理费用率的变化所包含的信息？
12. 怎样从整体上考察企业资产管理的竞争力？
13. 如何分析企业的盈利质量？企业的盈利质量对企业竞争力有何影响？

案例分析

战略与竞争力视角下比亚迪财务报表的解读与分析（2023）

请自行下载上市公司比亚迪股份有限公司（以下简称比亚迪）2023 年年度报告，对比亚迪 2023 年度财务报告进行阅读，然后按照下列顺序完成案例分析。

1. 母公司资产负债表可以反映出企业的哪些战略信息？

2. 企业控制性投资所占用的资源是多少？其资产扩张效果如何？

3. 评价母公司与子公司之间的贷款管理。

4. 母公司营运资本的结构揭示了哪些信息？

5. 用合并报表信息对营运资本管理与竞争力进行分析。

6. 对企业固定资产原值周转率的变化进行评价（请用合并报表附注的固定资产原值数据）。

7. 用合并报表信息对企业毛利率的变化进行分析。

8. 用合并报表信息分析企业利润含金量。

9. 评价企业销售费用和管理费用的效率（用合并报表数据）。

10. 如何评价企业的盈利质量？它反映出企业具有什么样的竞争力？

第六章

企业风险分析

第一节　基于财务比率的企业风险分析

第二节　基于报表项目变动的企业风险分析

第三节　子公司资金管理、并购与企业风险

第四节　过度融资与企业风险

第五节　关键审计事项、审计意见与企业风险

第六节　其他非财务因素与企业风险分析

学习目标

1. 掌握采用财务比率对企业风险进行分析的基本方法；
2. 掌握基于报表项目变动对企业风险进行分析的基本方法；
3. 理解子公司资金管理、并购与企业风险之间的关系；
4. 了解过度融资对企业风险造成的影响；
5. 熟悉关键审计事项、审计意见等方面的信息中所揭示的企业风险；
6. 了解其他与企业风险有关的非财务因素。

在传统的财务报表分析中，一般只涉及基于几个简单财务比率的企业风险分析。随着企业所面临的市场和竞争环境的日趋复杂化，财务指标分析的局限性越来越大，能够计算出来的风险也许并不是企业面临的真正风险，来自公司治理、战略失败、惯性依赖等方面的风险则有可能使企业遭遇灭顶之灾。因此，融入非财务因素的企业风险分析将越来越成为财务报表分析领域的重要内容。

一般来说，通过企业财务报表来分析企业的风险，可以归纳为三个方面的风险：经营风险、投资风险和财务风险。在本书中，经营风险是指企业运用经营性资产从事经营活动过程中，由于外部市场环境变动以及自身经营各环节出现不确定性而产生的风险；投资风险是指企业运用投资性资产从事投资活动过程中，由于资本市场环境变动、自身战略选择失误以及被投资企业经营各环节出现不确定性而产生的风险，可以具体分为控制性投资风险和非控制性投资风险等；而财务风险是指企业因债务融资背负固定的偿付压力而产生的风险。

本章以财务报表为基础，适当融合相关的非财务因素，试图较为全面地对企业所面临的风险展开分析和讨论。

第一节　基于财务比率的企业风险分析

在前面第二章的学习中，我们曾经介绍了一些与风险分析有关的财务比率。很多比率之所以能够被人们所认同，就是它们较为简单，利于信息使用者（主要是债权人）通过直接将它们在企业之间进行比较而做出有关决策（如信贷决策）。但这种“一刀切”式的做法由于没有考虑企业的具体经营环境和经营策略，往往会形成不切合实际甚至是非常错误的结论。

为了更为全面地分析企业的风险，我们可以在流动比率、速动比率、资产负债率等几个常规财务指标的基础上进行拓展。根据长期的经验积累，人们可以通过某些财务比率来判断企业的竞争力。比如，存货周转率、毛利率等指标反映了企业存货的竞争力；核心利润获现率、投资收益获现率等指标反映了企业利润质量——含金量；企业销售费用率、管理费用率、研发费用率等指标反映了企业在相关费用上的管理效率；固定资产原值周转率等指标则反映了企业固定资产推动市场业务的状况；等等。当反映企业财务状况的某些方面的财务比率出现恶化趋势的时候，我们就可以说，企业财务状况的某些方面可能出现了问题，这同样也是企业面临风险的重要信号。

具体地说，与企业风险分析有关的财务比率可以拓展为以下几类。

一、反映企业经营风险的比率

无论是母公司的经营活动，还是子公司的经营活动，只要企业从事某种产品生产经营或者劳务提供，反映在三张基本财务报表——资产负债表、利润表、现金流量表上，都会有一个非常清晰的脉络：(1) 作为企业经营物质基础的核心经营性资产——固定资产与存货，它们共同推动了企业获取营业收入。(2) 企业的初始竞争力可以表现为毛利率的高低，最终竞争力则表现为核心利润率的大小。而对各类资产综合运用的管理质量高低均可以在销售费用和管理费用上表现出来。(3) 核心利润的含金量可以理解为企业经营性资产所创造利润的质量的试金石。

以这一脉络为基础，我们就可以通过相关比率的变动来对企业的经营风险展开分析。与企业经营风险有关的财务比率包括：存货周转率、毛利率、固定资产原值周转率、销售费用率、管理费用率、研发费用率、核心利润率、核心利润获现率等，当然也可以从总体上结合总资产报酬率、净资产收益率等指标。通常情况下，这些与企业盈利能力，尤其是与企业经营活动的盈利能力密切相关的比率，如果保持在较好水平，可以反映出企业自身具有一定的核心竞争力；但如果这些比率出现恶化的态势，就可能表明企业的经营风险尤其是经营活动的经营风险正在加大。这里列举两个能够体现企业经营风险的重要指标。

（一）核心利润率

核心利润率是企业核心利润与营业收入的比率，反映企业经营活动的盈利能力。影响核心利润率的主要因素为毛利率以及销售费用率、管理费用率、研发费用率等各项费用率。如果企业核心利润率出现恶化态势，则可能是出于以下原因：第一，毛利率降低，这说明企业产品或者劳务的市场竞争力在下降，或者说明企业的固定资产投资规模增长过快，市场的短期需求跟不上，导致生产成本相对过高，等等；第二，销售费用率、管理费用率或者研发费用率等明显升高，这说明企业的销售活动、管理活动和研发活动的有效性在下降，或者说明企业在研发和人力资源等方面实施的政策和措施脱离企业实际，当然也有可能是因为这些政策引起的投入在当期尚未显现出应有的效果，等等。但不管怎样，持续的核心利润率恶化应该是企业面临经营风险的一个重要标志。

案例 6-1

恒瑞医药与复星医药核心利润率与企业风险的比较分析

恒瑞医药2023年年度报告中的相关数据如表6-1所示。

表6-1　恒瑞医药部分财务数据　　金额单位：元

	2023年度	2022年度
	合并报表	合并报表
营业收入	22 819 784 741.31	21 275 270 681.52
营业成本	3 525 247 786.91	3 486 638 890.09
毛利	19 294 536 954.40	17 788 631 791.43
毛利率	84.55%	83.61%
税金及附加	219 257 133.43	190 388 735.65
销售费用	7 577 175 913.92	7 347 893 145.32
销售费用率	33.20%	34.53%
管理费用	2 416 974 460.17	2 306 477 951.60
管理费用率	10.59%	10.84%
研发费用	4 953 887 105.16	4 886 552 651.32
研发费用率	20.13%	22.97%
利息费用*	5 903 776.07	6 491 852.72
核心利润	4 121 338 565.65	3 050 827.454.82
核心利润率	18.06%	14.33%
其他收益	498 485 970.59	287 401 388.30
核心利润＋其他收益	4 619 824 536.24	3 338 228 843.12
经营活动产生的现金流量净额	7 643 665 074.52	1 265 264 631.93
核心利润获现率（经营活动产生的现金流量净额/(核心利润＋其他收益)×100%)	165.45%	37.90%

* 由于利息费用更多与企业筹资行为而不是销售行为有关，因此没有计算利息费用率。

复星医药 2023 年年度报告中的相关数据如表 6-2 所示。

表 6-2 复星医药部分财务数据 金额单位：万元

	2023 年度	2022 年度
	合并报表	合并报表
营业收入	4 139 953.96	4 395 154.69
营业成本	2 159 530.88	2 316 969.04
毛利	1 980 423.08	2 078 185.65
毛利率	47.84%	47.28%
税金及附加	27 125.54	22 779.94
销售费用	971 223.74	917 117.61
销售费用率	23.46%	20.87%
管理费用	437 490.72	382 810.29
管理费用率	10.57%	8.71%
研发费用	434 604.47	430 209.29
研发费用率	10.50%	9.79%
利息费用*	132 483.05	96 380.69
核心利润	−22 504.44	228 887.83
核心利润率	−0.54%	5.21%
其他收益	46 353.80	38 415.45
核心利润＋其他收益	23 849.36	267 303.28
经营活动产生的现金流量净额	341 421.71	421 757.09
核心利润获现率（经营活动产生的现金流量净额/(核心利润＋其他收益)×100%）	1 431.62%	157.78%

* 由于利息费用更多与企业筹资行为而不是销售行为有关，因此没有计算利息费用率。

我们在前面展示了两个医药类企业相同年度的比较利润表数据。

对于恒瑞医药而言，在 2023 年，企业营业收入、营业成本、销售费用、管理费用、研发费用等项目与上年相比均有所增长，但由于毛利率在提高，各项费用率在下降，再加上企业获得的其他收益也在增加，因而核心利润、核心利润率整体提高。

在企业利润带来现金流量的能力方面，企业也有良好表现，随着经营活动产生的现金流量净额大好，企业核心利润获现率也有非常好的表现。

对于复星医药而言，随着 2023 年度营业收入出现下降，在企业毛利额下降、毛利率略有增加的情况下，由于销售费用及销售费用率、管理费用及管理费用率、研发费用及研发费用率等与上年相比均有所增长导致企业的核心利润迅速实现亏损，核心利润率变成负数的态势。这种下降态势，当然蕴含着风险因素。

企业的销售费用率有所上涨，说明从整体上看，企业所面临的市场竞争烈度比上年更强，以更高的销售费用规模和销售费用率实现了更低的市场业绩，应该意味着企业销售费用的有效性是下降的。

企业管理费用率、研发费用率上升，可能意味着企业在管理资源上的投入增长速度高于企业市场营业收入的增长速度，而研发费用尽管发生在本期，但极有可能在未来释放出其研发价值。

当然，不能简单以某些费用率、费用额的增长就直接做出风险大小的判断，而应进一步考察相关费用支出的结构及相关效应。但是，如果研发支出不能导致企业产品在市场上的竞争力（尤其是企业的研发支出不能导致企业产品有较高的毛利率），则研发费用的成效很难得到好的评价。

从核心利润率下滑到负数可以得出的直接风险信息是：企业的市场竞争烈度更强，未来需要更加提升企业各种资源消耗的有效性。

在企业核心利润实现亏损的同时，企业获得的其他收益对利润的贡献度迅速超过核心利润，并使得核心利润与其他收益之和转变为正数。

这种利润结构的重要意义在于，复星医药的营业收入没有给企业带来正的核心利润，企业产品的市场竞争力面临挑战。

至于核心利润获现率出现奇高的现象，不能简单理解为企业现金流量的管理质量已经出现了本质性的提升（2023年经营活动产生的现金流量净额比上年是下降的），而在相当大程度上是由于公司2023年核心利润太低了。

上述两个企业在同一个年度利润表信息出现了截然相反的走势，相比恒瑞医药，复星医药在产品经营的市场发展及盈利性方面面临较大的压力。恒瑞医药则在市场开拓及成本控制方面做得更有效，因而企业的财务绩效更突出。

但这并不是说恒瑞医药没有风险。恒瑞医药之所以在营业收入远远小于复星医药的条件下产生了远高于复星医药的核心利润，主要原因可能是长期在销售费用与研发费用上投入了较多资源所致：高研发投入导致企业的毛利率长期处于80%以上的水平，高营销投入导致企业营业收入能够维持增长态势。请注意，作为一个医药类企业，恒瑞医药的销售费用率已经相当高了。如果未来企业的营销环境出现重大变化、原有营销手段效果下降，则企业未来产品市场扩大的脚步可能会放慢。在那种条件下，企业即使能够通过高研发投入产生出高毛利率的产品，但如果市场不能增长甚至营业收入出现下降，则企业的核心利润率及盈利能力将会出现下滑。

（二）核心利润获现率

核心利润获现率通常可以体现出企业经营活动获取盈利的含金量，较高的核心利润获现率对企业具有非常大的积极作用。但如果核心利润获现率持续恶化，一般情况下也是企业面临经营风险的一个重要标志。

按照企业运行的规律，正常情况下的经营活动现金流量除了要维护企业经营活动的正常周转外，还应该有足够的补偿经营性长期资产折旧与摊销，以及支付利息和现金股利的能力。

对于那些商品经营活动和劳务提供活动在企业各类活动中占有较大比重的企业来说，经营活动的现金流量是企业短期内最稳定、最主动、最可以寄予希望维持企业经常性资金流转和扩大再生产的现金流量。在投资收益所对应的现金流入量经常出现较大波动的情况下，企业经营活动的现金流量净额主要将用于下列用途。

1. 补偿本年度固定资产折旧和无形资产摊销等摊销性费用

从企业现金流转的基本情况来看，企业在固定资产、无形资产等长期经营性资产方面所产生的现金流出量，将会通过两种途径得到补偿：第一，固定资产、无形资产使用一定时期以后，通过处置的方式，补偿一部分现金；第二，在固定资产、无形资产的未来经营性使用中，通过固定资产折旧、无形资产摊销和长期资产摊销的方式，分期补偿，但补偿速度取决于折旧速度和摊销速度。

2. 支付利息费用

企业所发生的利息费用，按照主要用途可以分为经营性使用（在利润表中计入当期财务费用）、对外股权投资和债权投资使用（在利润表中也计入当期财务费用）、购建固定资产使用（在固定资产达到预计可使用状态以前的利息计入固定资产成本，在固定资产达到预计可使用状态以后的利息计入当期财务费用）等。虽然在现金流量表上，上述不同用途的利息费用所引起的现金流出量均归于筹资活动现金流出量，但从根本上来说，处于正常持续经营期间的企业不能指望通过筹资活动的现金流入量（主要是股东投资和借款）来支付利息。因此，从良性发展的角度来看，企业的经营活动应该对其利息支付有足够的能力。

3. 支付本年现金股利

企业宣布发放的现金股利，一般应以本年度净利润和累计可供股东分配的利润为基础。在以经营活动为主体的企业，其当年的核心利润应该对当年的净利润进而对当年的现金股利分配有重要贡献。这就要求企业当期经营活动产生的现金流量对当期的现金股利支付有较强的保障能力。

4. 补偿本年度已经计提但应由以后年度支付的应计性费用

企业在本年度已经计提但应由以后年度支付的应计性费用，尽管所引起的现金流出量在未来，但由于其用途在本期，因此，其补偿也应由在本会计期间的经营活动现金流入量来解决。

5. 为企业对内扩大再生产、对外股权和债权投资提供额外的资金支持

一般来说，无论是债权投资收益（利息收益），还是股权投资收益（尤其是采用权益法确认的投资收益），其所带来的现金流入量均取决于被投资者的现金支付能力与支付意愿。这些对于投资者而言，完全不像经营活动产生的现金流量那样直接可控。因此，在正常的分析中，对投资收益所引起的现金流入量宜视为“意外的惊喜”来处理，不宜对投资收益带来的现金流量寄予太大的希望。这样分析可能有利于企业掌握对现金流量规划的主动性。一个较为理想的状态应该是，企业经营活动产生的现金净流量除了正常用于经营活动之外，还要有能力对企业的对内扩大再生产、对外股权和债权投资提供一定的资金支持。也就是说，企业经营活动产生的现金流量净额不但要高于核心利润，还要有相当强的“补偿”和额外的“投资”能力。而当企业的核心利润获现率严重不足或出现持续恶化倾向时，应视为企业出现经营风险的一个重要信号，要予以高度重视。

案例 6-2

恒瑞医药核心利润获现率与企业风险分析

从表6-1中可以看出，恒瑞医药2022年和2023年的核心利润获现率出现了重大反差：企业2022年的核心利润获现率仅为37.90%，2023年高达165.45%！从数据的比较来看，企业的核心利润获现率提升非常明显。

请注意企业2022年的相关信息。在2022年，企业的销售费用率达到了相当高的34.53%！这应该意味着在2022年这样一个特殊的年份，企业营业收入增长面临着较大压力，企业通过强化营销、实现营业收入达到一定目标应该是其当年工作的主要方向。

在全力确保营业收入达到一定规模的阶段性目标统领下，企业经营活动产生的现金流量规模就要让位于营业收入的目标保证了：企业的赊销业务可能会扩大，预收款销售业务可能会收紧。表6-3收录了恒瑞医药2022年与存货有关的收付款管理状况。

表 6-3　恒瑞医药部分财务数据　　金额单位：元

	2022-12-31 合并报表	2021-12-31 合并报表
流动资产项目：		
应收票据及应收账款	6 394 187 930.35	5 713 546 459.73
应收票据	502 790 602.73	1 081 031 081.78
应收账款	5 891 397 327.62	4 632 515 377.95
应收款项融资	1 947 283 306.23	1 170 380 436.17
预付款项	1 054 793 777.86	973 021 537.82
存货	2 450 574 758.45	2 402 673 360.01
流动负债项目：		
应付票据及应付账款	1 767 548 600.23	2 252 777 275.02
应付票据	280 578 048.12	465 637 161.11
应付账款	1 486 970 552.11	1 787 140 113.91
合同负债	187 075 473.61	219 554 459.39

表 6-3 显示，在企业面临营业收入压力的条件下，企业赊销债权如应收账款和应收款项融资出现了大幅增长的情况，与此同时，具有预收款项性质的合同负债在下降，且合同负债的规模远远小于赊销债权的规模。这就是说，企业当年在拼市场规模的同时，加大了赊销力度。

同一时期，企业在采购付款方面也出现了不利于企业现金流量净额的态势：企业的存货在年末略有增长的情况下，预付款项大幅度增加、应付票据与应付账款均出现显著下降。这意味着企业在存货采购付款管理方面出现了较大不利于企业现金流量节约的变化——存货增加、预付款项增加以及应付票据与应付账款减少均指向一个方向：企业在存货上花的钱更多了。

这就是说，企业在 2022 年为了实现营业收入某个目标的“面子”，暂时牺牲了现金流量的“日子”。

当然，某年的现金流量净额规模不理想不重要，重要的是企业持续的现金流量管理状况。恒瑞医药在 2022 年现金流量净额的困境很大程度上在 2023 年扭转过来了。

需要注意的是那些持续出现核心利润率高、核心利润获现率低甚至核心利润获现率出现负数的情况，这种情况的出现意味着企业的经营活动的重要风险——不能为企业带来正的现金流量，经营活动将持续靠筹资或消耗已有现金存量维持运转。

二、反映企业非经营资产风险的比率

在合并报表上，企业的资产可以简单分为经营资产和非经营资产。其中，经营资产包括应收账款、应收票据、应收款项融资、预付款项、存货、固定资产、在建工程、使用权资产、无形资产、商誉等。我们在前面已经对与经营资产有关风险的财务比率进行了讨论。下面，我们讨论一下合并报表非经营资产风险的比率分析。

合并报表的非经营资产，主要包括货币资金和各项投资，如各类金融资产、长期债权投资和长期股权投资等。这类资产产生的利润是合并利润表的利息收入、投资收益以及公允价值变动收益，这三项利润项目可以概括成杂项收益。

对于非经营资产，反映其风险的财务比率可以考虑采用非经营资产报酬率与投资收益获现率等指标。计算公式为：

$$\text{非经营资产报酬率}=\frac{\text{杂项收益}}{\text{平均非经营资产}}\times 100\%$$

$$\text{投资收益获现率}=\frac{\text{取得投资收益收到的现金}}{\text{投资收益}}\times 100\%$$

需要说明的是，由于被投资企业从宣告发放股利到实际发放股利总会有一段时间差，因此，在计算投资收益获现率时要充分考虑资产负债表其他应收款项目中应收股利的金额，需要进行适当调整。一般情况下，分析时应重点强调投资收益获现率较低的企业的投资收益构成情况。

这里尤其需要关注的是投资收益中采用权益法核算的投资收益占比过大的企业，这种投资收益的获现情况更多地要取决于被投资企业的现金支付能力与支付意愿，极易导致企业的投资收益“虚高”，投资收益获现能力的波动性较强。如果企业的投资收益长期低于取得投资收益收到的现金数额，则投资收益往往对应的资产增加是长期股权投资项目。这种投资收益与长期股权投资均虚高的现象虽然符合企业会计准则对企业的会计处理要求，但在未来的某个期间很有可能出现企业计提资产减值损失的情况发生。

此外，具有投资收益性质的公允价值变动收益本身就是不可能产生现金流量的所谓“浮盈”，当这种收益在利润结构中占比过大时，要特别关注企业真实的盈利能力。

案例 6-3

海尔智家资产结构性盈利能力与企业风险分析

海尔智家2023年年度报告中的合并资产负债表、合并利润表、合并现金流量表部分信息如表6－4和表6－5所示。

表6－4　海尔智家合并资产负债表　　金额单位：万元

	2023－12－31	2022－12－31
	合并报表	合并报表
流动资产：		
货币资金	5 448 645.28	5 413 881.57
交易性金融资产	95 396.35	51 981.29
衍生金融资产	6 756.58	18 318.52
应收票据及应收账款	2 888 953.43	2 549 388.34
应收票据	862 143.48	958 019.18
应收账款	2 026 809.94	1 591 369.15
应收款项融资		
预付款项	123 829.49	112 075.62
其他应收款（合计）	264 955.90	238 092.96
应收股利	0.00	0.00
应收利息	74 849.60	51 332.04
其他应收款	190 106.30	186 760.92
存货	3 952 400.66	4 154 271.31
合同资产	26 093.94	30 993.04
其他流动资产	455 016.77	469 251.56
流动资产合计	13 262 048.41	13 038 254.20
非流动资产：		
债权投资	884 123.31	103 422.22
其他权益工具投资	640 369.50	585 188.29
长期应收款	35 040.95	30 507.00
长期股权投资	2 554 679.35	2 452 780.03
投资性房地产	9 863.11	2 567.85
固定资产（合计）	2 960 393.68	2 715 834.84
固定资产	2 960 393.68	2 715 834.84
在建工程（合计）	540 346.96	409 468.45
在建工程	540 346.96	409 468.45
使用权资产	436 708.17	379 522.54
无形资产	1 100 623.07	1 050 588.14

续表

	2023-12-31	2022-12-31
	合并报表	合并报表
开发支出	26 649.02	15 448.05
商誉	2 428 972.67	2 364 359.56
长期待摊费用	74 174.55	75 988.32
递延所得税资产	180 594.56	172 222.30
其他非流动资产	203 398.69	188 073.69
非流动资产合计	12 075 937.59	10 545 971.29
资产总计	25 337 986.00	23 584 225.48
流动负债：		
短期借款	1 031 835.18	964 337.47
交易性金融负债		
衍生金融负债	16 862.50	10 459.40
应付票据及应付账款	6 927 751.59	6 697 463.97
应付票据	2 221 572.67	2 509 094.54
应付账款	4 706 178.92	4 188 369.43
合同负债	773 191.65	932 955.47
应付职工薪酬	507 751.78	405 046.48
应交税费	284 121.55	287 284.68
其他应付款（合计）	1 918 156.92	1 751 177.17
应付利息	0.00	0.00
应付股利	188.07	124.66
其他应付款	1 917 968.85	1 751 052.51
一年内到期的非流动负债	373 255.05	629 475.07
其他流动负债	165 123.92	185 042.61
流动负债合计	11 998 050.15	11 863 242.33
非流动负债：		
长期借款	1 793 630.29	1 359 086.69
租赁负债	328 680.14	282 447.77
长期应付款（合计）	5 711.34	4 424.01
长期应付职工薪酬	108 545.48	101 054.72
预计负债	193 501.40	161 102.92

续表

	2023-12-31	2022-12-31
	合并报表	合并报表
递延所得税负债	202 839.06	235 886.06
递延收益	105 031.96	94 893.51
其他非流动负债	10 821.83	10 733.21
非流动负债合计	2 748 761.52	2 249 628.88
负债合计	14 746 811.66	14 112 871.21
所有者权益（或股东权益）：		
实收资本（或股本）	943 811.49	944 659.85
资本公积	2 376 235.47	2 385 203.73
减：库存股	503 406.51	385 780.72
其他综合收益	196 972.40	199 068.35
盈余公积	484 233.85	401 419.06
未分配利润	6 853 568.65	5 797 694.49
归属于母公司所有者权益（或股东权益）合计	10 351 415.35	9 342 264.77
少数股东权益	239 758.98	129 089.50
所有者权益（或股东权益）合计	10 591 174.33	9 471 354.27
负债和所有者权益（或股东权益）总计	25 337 986.00	23 584 225.48

表 6-5　海尔智家合并利润表、合并现金流量表部分信息　金额单位：万元

	2023 年度	2022 年度
	合并报表	合并报表
利润表信息：		
营业收入	26 142 778.31	24 351 356.37
营业成本	17 905 395.96	16 722 316.74
税金及附加	101 619.83	81 328.92
销售费用	4 097 803.96	3 859 781.04
管理费用	1 148 964.09	1 083 731.69
研发费用	1 022 101.36	949 919.11
财务费用	51 415.58	−24 562.94
其中：利息费用	210 999.60	98 414.27
减：利息收入	148 619.67	85 517.89
加：其他收益	155 886.47	106 976.36

续表

	2023年度	2022年度
	合并报表	合并报表
投资收益	190 991.78	183 265.70
公允价值变动收益	1 975.37	−12 244.29
资产减值损失	−150 515.30	−149 985.98
信用减值损失	−24 264.21	−43 137.75
资产处置收益	−1 534.27	20 674.28
营业利润	1 988 017.36	1 784 390.13
加：营业外收入	12 788.70	13 652.73
减：营业外支出	29 580.26	19 070.70
利润总额	1 971 225.80	1 778 972.16
减：所得税费用	298 018.83	305 753.99
净利润	1 673 206.98	1 473 218.16
现金流量表信息：		
经营活动产生的现金流量净额	2 526 237.62	2 015 350.58
取得投资收益收到的现金	82 579.42	68 644.56

我们先考察一下企业合并资产的结构中经营资产与非经营资产的基本规模。从年末与年初资产总计的规模看，企业年末资产比年初有所增长，但增加的规模并不是很大。从非经营资产（包括货币资金及各种投资）与经营资产的规模来看，企业年末经营资产与非经营资产的规模对比与年初经营资产与非经营资产的规模对比差异不大，均呈现出经营资产占据资产总计总体比重较大的态势。

以2023年12月31日的数据为例，企业当日合并资产总计为2 534亿元，典型的非经营资产货币资金及各项投资之和约为960亿元，约占资产总计37.88%；经营资产占资产总计比重则约为62.12%。由于年初与年末资产结构基本相当，因而企业年初的资产结构中也是经营资产比重更大。这就是说，从资产结构的平均规模来看，企业平均资产的60%左右为经营资产，尽管非经营资产占比没有超过50%，非经营资产占40%左右比重也是比较高的。

我们再考察一下营业利润的结构。企业2023年营业利润的规模为199亿元，加回两项减值损失后的减除减值损失前的营业利润为216亿元。

在这216亿元的减值损失前营业利润中，由非经营资产贡献的杂项收益——利息收入、投资收益和公允价值变动收益之和为34亿元，而经营资产贡献的核心利润加补贴收入则为182亿元。

这样，企业杂项收益占减值损失前营业利润的比重为15.74%，远远小于非经营资产占资产总计40%左右的水平。

这意味着，企业全部资产中，占资产总计60%左右的经营资产贡献了将近84%的利润，占资产总计40%左右的非经营资产则仅仅贡献了约16%的利润。

资产的结构性盈利能力差异是显而易见的：企业更多的非经营资产仅仅贡献了较少的利润。这就是说，企业在非经营资产盈利能力提升方面还有较大的空间。

企业较少的经营资产贡献了较多的核心利润加补贴收益，意味着企业经营资产运转较为有效，产品的市场竞争力和盈利能力可能较强。至于企业产品的市场竞争力和盈利能力强到什么程度，还需要与特定企业进行对标分析。这方面，请感兴趣的读者自己下载相关企业的财报自行分析完成（如与美的集团或格力电器经营性资产周转率及经营性资产报酬率等方面的比较）。

下面我们再考察一下企业利润的获现能力。

在核心利润获现能力方面，企业2023年核心利润加补贴收入为182亿元，当年现金流量表中“经营活动产生的现金流量净额”为253亿元，核心利润获现率达139.01%，呈现出良好的核心利润获现能力。

在杂项收益获现能力方面，我们重点关注利润表中投资收益与现金流量表中取得投资收益收到的现金之间的数量对比关系：企业2023年投资收益为19亿元，当年现金流量表中“取得投资收益收到的现金”为8亿元。

为进一步考察企业投资收益的获现能力，我们将海尔智家2023年合并利润表中投资收益的报表附注收录如表6-6所示。

表6-6　海尔智家合并报表投资收益构成　　单位：万元

项目	2023年	2022年
权益法核算的长期股权投资收益	178 657.38	158 217.88
处置长期股权投资产生的投资收益	139.85	271.23
其他权益工具投资在持有期间的投资收益	586.71	316.07
理财产品收益	496.13	926.25
处置以公允价值计量且其变动计入当期损益的金融资产取得的投资收益	10.76	991.22
合计	190 991.78	183 265.70

从上述企业投资收益的结构可以看出，企业投资收益的主体是权益法确认的投资收益。除此之外的其他几个项目的投资收益是否收到现金，对投资收益的整体影响不大。

企业2023年投资收益的结构也意味着“取得投资收益收到的现金”的8亿元主要是权益法确认的18亿元投资收益带来的。

从权益法确认投资收益的原理来看，被投资企业的当年净利润将按照投资方的投资比例确认为投资收益，但被投资企业一般不可能将当期净利润全部向股东支付现金股利。因此，从整体上来说，如果企业投资收益以权益法确认为主，则一般会表现为投资收益多、投资收益对应的现金流入少。

海尔智家的相关数据说明：企业非经营资产的盈利能力远低于经营资产的盈利能力，在获现能力方面，非经营资产的能力也显著低于经营资产。

导致企业非经营资产盈利能力不足的原因主要有两个，一个是企业的货币资金存量过多，另一个是各类投资在整体上质量不高。

海尔智家的非经营资产构成中，无论是年初货币资金还是年末货币资金，均占据非流动资产的50%以上。这在相当程度上解释了企业非经营资产盈利能力较低的原因。

三、反映企业财务风险的比率

传统上，一般认为，除了流动比率、速动比率之外，资产负债率与利息保障倍数可以从整体上反映企业的财务风险。这里的财务风险通常是指企业因举借债务而带来的对债务偿还的不确定性。

但实际上，资产负债率因忽视了债务的结构而并不一定能够反映出企业真实的偿债能力；利息保障倍数则更多衡量的是企业相对于债务利息的盈利能力，与是否能够偿还得起利息还是两回事，因为利息一般要动用现金去偿付。

由于企业的债务中可能存在大量在目前信用条件下不需要偿付利息并不真正存在偿付压力的商业性负债，因此，更能反映企业财务风险的比率应该是资产金融负债率而不是资产负债率，其计算公式为：

$$资产金融负债率=\frac{金融性负债}{资产总额}\times 100\%$$

从企业发展的基本规律来看，在发展的早期阶段，企业往往还没有形成较为稳定的产品或者服务市场，或者虽有一定的产品或者服务市场，但由于产品或服务的市场竞争力不强，其日常交易往往会形成经营性流动资产多（如企业往往存在大量的应收账款、应收票据、应收款项融资以及存货等）、经营性流动负债少（如企业难以产生较高的应付票据和应付账款以及预收款项等）的财务结构，因而企业的经营性负债与资产总额相比往往规模不大。与此同时，企业固定资产与无形资产等与经营活动有关的生产经营能力建设所需资金在股东入资不足的情况下，往往会选择债务融资的方式。因此，在这个发展阶段，企业的债务结构往往表现为金融性负债较高、经营性负债较低的情形。

当然，在企业持续、高速进行固定资产、无形资产建设以及长期采用大规模收购来实现经营活动增长的情况下，即使企业的经营性负债由于其业务的市场竞争力而能够保持一定规模，但也可能由于企业债务融资增长过快而出现经营性负债规模较低、金融性负债规模较高的情形。

在企业产品或者服务市场规模不断扩大、品牌形象逐渐深入人心并在市场上具有显著竞争地位和竞争优势的情况下，企业流动负债中的经营性流动负债会占据主导地位，其现金流量表中的“经营活动产生的现金流量净额”规模往往大于或接近于当期“购建固定资产、无形资产和其他长期资产支付的现金”。这意味着企业经营活动产生的现金流量净额在相当程度上可以解决企业扩大再生产所需资金需求，企业债务需求的规模并不大。在这种情况下，企业的负债中，经营性负债就有可能占据主导地位。

在企业产品或者服务市场规模不断萎缩、业务在市场上的竞争地位不断下滑、竞争优势逐渐丧失的情况下，企业流动负债中的经营性流动负债规模会逐渐下降，其现金流量表中的“经营活动产生的现金流量净额”规模往往不大甚至是负数。企业经营活动的现金流转往往需要借助于债务融资。同时，由于企业业务能力的不断下降，其偿债能力也会下降，债务违约也会经常发生。在这种情况下，企业的负债中，金融性负债就有可能占据主导地位。与企业金融性负债逐渐占据负债主导地位相适应的则是企业利润表中的利息费用项目的逐渐增大。

案例 6-4

在产品市场中居于主导地位的企业（宁德时代、比亚迪、美的集团）的相关比率与财务风险分析

表6-7列示的是宁德时代、比亚迪、美的集团几个在产品市场中居于主导地位企业的相关信息。

表6-7　宁德时代、比亚迪、美的集团的部分财务数据　金额单位：千元

企业名称	报表归属	项目	2023年度（或2023年12月31日）	2022年度（或2022年12月31日）	2021年度（或2021年12月31日）
宁德时代	利润表项目	营业收入	400 917 045	328 593 988	130 355 796
	现金流量表项目	经营活动产生的现金流量净额	92 826 124	61 208 843	42 908 009
		购建固定资产、无形资产和其他长期资产支付的现金	33 624 897	48 215 268	43 767 771

续表

企业名称	报表归属	项目	2023年度（或2023年12月31日）	2022年度（或2022年12月31日）	2021年度（或2021年12月31日）
宁德时代	资产负债表项目	资产总计	717 168 041	600 952 352	307 666 861
		固定资产净额	115 387 960	89 070 835	41 275 333
		负债总计	497 284 891	424 043 190	215 044 686
		资产负债率	69.34%	70.56%	69.90%
		经营性负债	368 184 303	323 545 966	161 003 662
		金融性负债	129 100 588	100 497 224	54 041 024
		资产金融负债率	18.00%	16.72%	17.56%
比亚迪	利润表项目	营业收入	602 315 354	424 060 635	216 142 395
	现金流量表项目	经营活动现金流量净额	169 725 025	140 837 657	65 466 682
		购建固定资产、无形资产和其他长期资产支付的现金	122 093 509	97 456 862	37 343 609
	资产负债表项目	资产总计	679 547 670	493 860 646	295 780 147
		固定资产净额	230 903 820	131 880 369	61 221 365
		负债总计	529 085 557	372 470 809	191 535 938
		资产负债率	77.86%	75.42%	64.76%
		经营性负债	482 191 812	350 587 408	156 142 915
		金融性负债	46 893 745	21 883 401	35 393 023
		资产金融负债率	6.90%	4.43%	11.97%
美的集团	利润表项目	营业收入	373 709 804	345 708 706	343 360 825
	现金流量表项目	经营活动产生的现金流量净额	57 902 611	34 657 828	35 091 704
		购建固定资产、无形资产和其他长期资产支付的现金	6 314 051	7 352 115	6 825 357
	资产负债表项目	资产总计	486 038 184	422 555 267	387 946 104
		固定资产净额	30 937 963	26 082 992	22 852 848
		负债总计	311 738 535	270 631 465	253 121 028
		资产负债率	64.14%	64.05%	65.25%
		经营性负债	235 710 951	201 048 938	197 366 691
		金融性负债	76 027 584	69 582 527	55 754 337
		资产金融负债率	15.64%	16.47%	14.37%

需要说明的是，在上述计算中，金融性负债取自资产负债表中的短期借款、交易性金融负债、衍生金融负债、应付利息、一年内到期的非流动负债、应付债券、长期借款、租赁负债等项目。为简化起见，经营性负债则是负债总额减去金融性负债后的余额。

表 6-7 所选择的是三家各自领域中的头部企业，均具有业务成长性好、市场地位高、企业持续发展的基本特点。

如果考察上述三家企业的资产负债率，就会发现有意思的情况：宁德时代各个年末的资产负债率保持在 70%左右波动，比亚迪的资产负债率持续走高，且远超 70%的所谓“红线”。感觉最安全的是美的集团，各个年末的资产负债率保持在 65%左右。即使这比较低的资产负债率，也快接近 70%了，按照以资产负债率高低考察企业的思路来看，美的集团的偿债风险也不小。

实际上，如果我们把视野扩展到现金流量表，就会发现，上述三家企业在营业收入整体逐年增长的情况下，企业经营活动产生现金流量净额的能力也在不断提升：企业经营活动产生的现金流量净额保持较快增长，且在整体上各个年度经营活动产生的现金流量净额大于当年的购建固定资产、无形资产和其他长期资产支付的现金的规模（宁德时代 2021 年经营活动产生的现金流量净额小于当年的购建固定资产、无形资产和其他长期资产支付的现金的规模，但缺口不大）。

这种财务结构说明，在整体上，上述三家企业可以在不进行债务融资的情况下实现固定资产、无形资产等生产经营能力的扩大。当然，我们现在看到的是年度整体财务数据，并没有各个年度内具体的经营活动现金流入量的时间分布以及企业购建固定资产、无形资产和其他长期资产支付的现金的时间分布之间的匹配关系信息。即便如此，企业在年度内所需的债务融资也只是临时性的，并不需要长期债务融资来支撑企业购建固定资产、无形资产和其他长期资产。

当然，在逻辑关系上，企业经营活动产生的现金流量净额在支持购建固定资产、无形资产和其他长期资产之前，要进行如下支付：第一，支付债务融资成本或费用；第二，进行现金股利支付。这将在一定程度上会影响企业用经营活动产生的现金流量净额支持购建固定资产、无形资产和其他长期资产的规模。

但是，在企业债务融资需求不大的背景下，企业的债务融资成本或费用的支出规模不可能很大，因而债务融资成本或费用的支付不会对企业经营活动产生的现金流量净额在主体上用于支持企业购建固定资产、无形资产和其他长期资产形成大的障碍。同样，企业的现金股利支付规模取决于现金股利政策，企业可以在有限的经营活动产生的现金流量净额规模的条件下，通过合理平衡现金股利支付和支持企业购建固定资产、无形资产和其他长期资产的规模来支持企业的扩大再生产。

这就是说，从逻辑关系上来看，上述三家企业经营活动产生的现金流量净额可以在很大程度上支持企业购建固定资产、无形资产和其他长期资产，最大限度降低企业的债务融资规模。而具有这种财务对应关系的企业，是产品或业务在市场具有较高地位和显著竞争优势的正常表现。

这就出现了一个问题：用资产负债率来衡量上述三家企业，可以说是“人人自危”；如果综合考察企业的业务成长、现金流量等信息，上述三家企业各有各的竞争优势。无论是资本市场还是企业自身，都不会把资产负债率的高低作为评价上述三家企业风险的主要依据。

案例 6-5

产品市场竞争地位趋于劣势的企业（辅仁药业、榕泰实业）的相关比率与财务风险分析

表6-8列示的是两个业务不断下滑的企业（辅仁药业、榕泰实业）的相关信息。

表6-8　辅仁药业、榕泰实业的相关财务数据　单位：元

企业名称	报表归属	项目	2022年度（或2022年12月31日）	2021年度（或2021年12月31日）	2020年度（或2020年12月31日）
辅仁药业	利润表项目	营业收入	1 468 671 641	1 512 499 260	2 890 517 585
		利息费用	692 496 903	729 775 018	635 758 366
	现金流量表项目	经营活动产生的现金流量净额	208 263 712	78 648 091	45 059 360
		购建固定资产、无形资产和其他长期资产支付的现金	23 421 983	13 333 289	44 919 976
	资产负债表项目	资产总计	6 255 731 598	8 345 108 660	10 917 421 093
		固定资产净额	3 410 629 518	3 765 406 007	3 914 291 489
		负债总计	8 337 091 912	7 580 322 028	6 903 090 166
		资产负债率	133.90%	90.83%	63.23%
		经营性负债	1 003 957 575	842 551 488	821 789 817
		金融性负债	7 333 134 337	6 737 770 540	6 081 300 349
		资产金融负债率	117.22%	80.74%	55.70%

续表

企业名称	报表归属	项目	2022年度（或2022年12月31日）	2021年度（或2021年12月31日）	2020年度（或2020年12月31日）
榕泰实业	利润表项目	营业收入	421 073 440	779 979 507	1 065 537 219
		利息费用	154 022 286	82 659 010	82 297 924
	现金流量表项目	经营活动产生的现金流量净额	168 320 092	−418 189 197	−325 375 693
		购建固定资产、无形资产和其他长期资产支付的现金	25 694 624	8 756 074	82 710 969
	资产负债表项目	资产总计	1 109 663 305	1 856 464 787	3 641 421 245
		固定资产净额	140 084 784	177 280 247	243 526 474
		负债总计	1 779 410 154	1 780 901 318	2 322 557 556
		资产负债率	160.27%	95.96%	63.80%
		经营性负债	223 271 393	339 978 825	947 610 245
		金融性负债	1 556 138 761	1 440 922 493	1 374 947 311
		资产金融负债率	140.24%	77.62%	37.76%

同样需要说明的是，在上述计算中，金融性负债取自资产负债表中的短期借款、交易性金融负债、衍生金融负债、应付利息、一年内到期的非流动负债、应付债券、长期借款、租赁负债以及其他应付款中具有融资性质的项目。其中，由于辅仁药业的预计负债主要是融资性原因所引起，因而将其归入金融性负债。经营性负债则是负债总额减去金融性负债后的余额。

如果考察表6-8中两家企业在2020年至2022年之间的资产负债率，我们会发现这两个企业在2020年时，各自的资产负债率似乎还算说得过去，均没有超过65%，似乎债务风险不大。但是，随着企业营业收入的不断下滑，两家企业的资产负债率一路飙升，在不长的时间内迅速超过了100%，沦为了资不抵债的企业。

我们继续把视野扩展到表6-8中两家企业的现金流量表和利润表。数据显示，上述两家企业在营业收入整体逐年下降的情况下，企业经营活动产生现金流量净额的能力也在不断下滑：辅仁药业虽然在三年内经营活动产生的现金流量净额保持正数且不断增加，但与各个年度利润表的利息费用的规模相比，企业经营活动产生的现金流量净额的规模还不足以偿付利息，更不用说去支持各个年度购建固定资产、无形资产和其他长期资产支付的现金（虽然各个年度的购建固定资产、无形资产和其他长期资产支付的现金规模并不大）。

榕泰实业的情形则更加严峻。在经营活动产生的现金流量净额方面，榕泰实业虽然在2022年有一个看上去还不错的正的经营活动现金流量净额，但从2020年至2022年连续三年的整体情况来看，企业经营活动产生的现金流量净额是负数。这种状况意味着，企业在这三年中不但在整体上没有支付利息的现金支付能力，在经营活动方面也出现了整体上的现金亏空。企业的日常经营活动现金流量的亏空，要么需要消耗已有的现金存量，要么就要进行债务融资或发行股票融资。而在企业业务能力不断萎缩的情况下，企业很难通过发行股票募集资金来支持其日益下滑的经营活动。因此，在这个时期，企业不断通过债务融资来支持其日常经营活动就可能是无奈的选择。企业各年年末金融性负债逐年增加、各年利息费用逐年增加验证了这一点。

顺便提及一下。在企业营业收入不断萎缩的情况下，企业各个年度所进行的购建固定资产、无形资产和其他长期资产如果支出规模较大，可能意味着：第一，企业正在进行产品或者服务活动的重大转型，即企业通过对固定资产、无形资产等方面的大规模建设，实现业务领域的新拓展；第二，企业正在对现有产品或者服务活动进行转型升级，即企业通过对固定资产、无形资产等方面的大规模技术改造，赋能原有业务能力，提升其未来的竞争力。当然，如果企业各个年度所进行的购建固定资产、无形资产和其他长期资产支出规模较小，则一般意味着企业的业务能力只能按照原有的惯性往前发展。这里的“大”和“小”是相对的，应该结合企业现有固定资产、无形资产等的规模和结构以及企业在各个年度的相关现金流出的规模来综合判断。

从辅仁药业和榕泰实业两家企业相关年度购建固定资产、无形资产和其他长期资产支出规模与各个年末两家企业各自的固定资产净值的规模之间的关系来看，上述两家企业各个年度在购建固定资产、无形资产和其他长期资产方面的支出不足以对原有固定资产的规模和结构产生重大影响（当然，企业固定资产发挥作用的是原值，不是净额。两家企业各个年末固定资产原值应显著大于我们现在看到的固定资产净额，因此，站在固定资产原值的角度来看，两家企业各个年度末的固定资产规模与结构与年初相比不会有重大变化），因而辅仁药业和榕泰实业在2020年至2022年之间的业务能力和业务结构的变化应该不大。

反观表6-7里面的三家企业，各个企业在各个年度发生的购建固定资产、无形资产和其他长期资产支出对企业年末固定资产净额的增加起到了举足轻重的支撑作用：正是这三家企业各个年度持续不断的大规模的购建固定资产、无形资产和其他长期资产支出对固定资产净额快速增长的贡献，才使企业的业务能力、业务规模得到显著提升。

总结一下：用资产负债率来衡量表 6－8 的两家企业，企业资产的偿债能力越来越差。如果综合考察企业的业务变化趋势和现金流量等信息，这两家企业虽有所差异，但其营业收入的市场规模和竞争力的变化方向是一致的：企业的市场能力正在快速削弱，企业的偿债风险在迅速增加。

这意味着，单纯以资产负债率高低去评价企业偿债风险是相当片面的，有时甚至会得出相反的结论。

下面我们进一步展开讨论：为什么资产负债率相近的企业，其风险前景显著不同？在度量企业债务风险的时候，为什么资产负债率不灵？到底是什么样的资产负债率才是应该警惕的风险因素？

我们在前面讨论中所涉及的企业，讨论开始的起始年度，五家企业的资产负债率相差并不大，随后表 6－7 中的三家企业一路高歌猛进，快速发展，而表 6－8 中的两家企业迅速陷入财务困境。

我们在前面的讨论中已经关注到上述五家企业营业收入的走势。现在我们进一步考察一下各个企业的资产金融负债率。五家企业资产金融负债率的走势表明，资产金融负债率与企业的财务风险关联度是相当高的：资产金融负债率越高，企业的财务风险可能越大。

所以，在考察企业财务风险的时候，资产负债率并没有资产金融负债率重要。

实际上，从根本上说，决定企业偿债能力和财务风险的并不是企业的资产负债率和资产有息负债率，而是企业资产的质量。

我们曾经讨论过，企业的合并资产，可以分为从事经营活动的资产即经营资产和从事各种投资活动的非经营资产。

企业的经营资产将产生营业收入、获取核心利润（核心利润是指企业营业收入带来的利润，等于营业收入减去营业成本，再减去税金及附加、销售费用、管理费用、研发费用和利息费用），并带来现金流量表上经营活动产生的现金流量净额。

企业的非经营资产将产生利润表中的杂项收益即利息收入、投资收益和公允价值变动收益，部分投资收益带来的现金流量计入现金流量表上的“取得投资收益收到的现金”项目。

再强调一下，本书将企业合并资产中的货币资金归于非经营资产，是考虑到利润表已经将利息收入单独列示了。而利息收入不是由经营资产产生的营业收入带来的，是由企业的平均货币资金带来的。

三张报表的基本逻辑对应关系如表 6－9 所示。

表6-9　三张报表的基本对应关系

合并资产负债表项目	利润表项目	现金流量表项目
经营资产（包括应收账款、应收票据、应收款项融资、预付款项、存货、合同资产、固定资产、在建工程、生产性生物资产、无形资产和商誉等）	营业收入与核心利润（核心利润等于营业收入减去营业成本，减去税金及附加、销售费用、管理费用、研发费用和利息费用）	经营活动产生的现金流量净额
非经营资产（货币资金、包括交易性金融资产、衍生金融资产、一年内到期的非流动资产、长期股权投资、债权投资等）	利息收入、投资收益、公允价值变动收益	利润表中利息收入带来的现金部分计入经营活动产生的现金流量；利润表中部分投资收益带来的现金计入现金流量表“取得投资收益收到的现金”

因此，在合并资产中以经营资产为主的情况下，企业的经营资产如果能够推进企业业务持续不断的发展并能够产生较为理想的利润和现金流量，则不论企业的资产负债率有多高，企业的偿债风险都不会很大；反之，如果企业的经营资产虽然规模庞大且物理质量较高，但不能按照预期推动企业的业务发展，这样过高储备的资产可能会迅速变成过剩的产能而最终沦为质量低劣的不良资产。在这种情况下，即使企业短时间内的资产负债率不高，企业未来也可能面临较大的偿债风险。

如果企业合并资产中的非经营资产占据主导地位，则一般意味着企业的资产进行战略性运用的色彩还不够强。这是因为，企业经营资产的规模和结构通常是企业实施其战略的结果，而非经营资产中的货币资金和各种短期投资并不具有战略属性，部分非流动资产中的长期股权投资等即使具有战略属性，也很难在短期持有的过程中具有较强的偿还债务的能力。因此，对于合并资产中非经营资产占据主导地位企业的偿债能力要保持高度警惕。

第二节　基于报表项目变动的企业风险分析

企业的经营性资产包括很多项目，如商业债权、存货、固定资产和无形资产等，但实际上，最核心的经营性资产只有固定资产和存货。尽管无形资产在企业经营过程中也可能发挥很重要的作用，但它只能与其他有形资产进行组合，通过企业对有形资产的利用才能带来效益。因此，无形资产的这一“无形”特征，使得人们至今仍不太认同它具有单独推动营业收入的作用，这也正是财务报表分析中通常不计算无形资产周转率的原因。

一般情况下，这两项核心经营性资产——固定资产和存货的规模和结构变动，很可能意味着企业正在或即将要面临经营风险。

一、固定资产的规模和结构变动

正常情况下，从企业发展的角度来看，固定资产规模与结构的变动往往是企业战略实施或调整所带来的结果：固定资产大规模增加且其结构发生变动，有可能意味着企业试图通过扩大规模并进一步夯实固定资产的技术装备水平，来提升企业自身经营活动的竞争力，这种情况也可能引起企业产品或者劳务的结构随之发生变动；固定资产大规模减少且其结构发生变动，则可能意味着企业意识到了所面临的经营风险，试图对其产品或者劳务的结构做出重大调整，当然未来还有做出进一步转型的可能。

无论哪种情况的固定资产规模和结构变动均意味着，企业原有产品或者业务所赖以生存的市场可能正在发生变化。当然，并不是所有的固定资产规模和结构的变动都是成功的，只有导致市场占有率扩大、盈利能力提升的固定资产规模和结构变动才算得上是成功的。不成功的固定资产规模和结构变动将反而增大企业的经营风险，这种风险也可以说是战略失败的风险。

在财务比率方面，成功的固定资产规模和结构变动的企业将表现为固定资产原值周转率的加快（在企业平均固定资产原值增加的情况下，只有营业收入比平均固定资产原值增加得更快，才能导致企业固定资产原值周转率的加快）、产品销售毛利率的提高、核心利润额与核心利润率的改善以及核心利润获现率持续向好等。

相对而言，不成功的固定资产规模和结构变动的企业将表现为固定资产原值周转率变慢（在企业平均固定资产原值增加的情况下，营业收入增长速度比平均固定资产原值增长速度慢或者干脆导致营业收入下降，将引起企业固定资产原值周转率变慢）、产品的销售毛利率降低（较低的市场增长或者市场下降的同时，新增加的固定资产却因引起折旧增加而增加了营业成本，从而导致了毛利率的降低）、核心利润率下降、核心利润获现率趋向恶化等。

案例 6-6

中芯国际固定资产变动与企业风险分析

中芯国际相关年度财务报告数据如表 6-10 所示。

表 6-10　中芯国际部分财务数据　金额单位：元

利润表项目	2023 年度	2022 年度	2021 年度
营业收入	45 250 425 000.00	49 516 084 000.00	35 630 634 000.00
部分资产项目	2023 年 12 月 31 日	2022 年 12 月 31 日	2021 年 12 月 31 日
固定资产原值	216 278 140 000.00	189 609 786 000.00	147 930 557 000.00
在建工程	77 003 145 000.00	45 761 724 000.00	25 243 863 000.00

数据显示，中芯国际的固定资产原值从 2021 年年底以来的两年内有了较大幅的增长。这种增长应该在相当程度上改善了企业的固定资产结构，增强了企业的生产经营能力。

但是，利润表上的财务数据显示，企业固定资产的增加与营业收入之间关联度较低——无论固定资产如何变化，营业收入 2021—2023 年始终不能超越 500 亿元的营业收入，2023 年的营业收入还出现了下降的态势。

这就是说，截至 2023 年年底，中芯国际固定资产高速增长的财务效应还没有在营业收入上显现出来。如果经过未来几年的发展，中芯国际固定资产原值增长的财务效应还不能显现出来，则企业的经营业绩就可能陷入困境。

二、存货的规模和结构变动

从企业经营的角度来看，存货的规模和结构变动往往意味着企业的产品经营方略发生了变化，或者企业产品的市场竞争地位发生了变化，或者企业存货的管理水平发生了变化，而这些变化都或多或少与企业的经营风险有关。

如果存货规模和结构的变动是由产品销售结构的改善、毛利率的提高所引起，那么在企业存货周转率保持在较高水平的条件下，企业整体的毛利水平会随之提高；但如果存货规模和结构变动是企业为了适应市场的变化，在营销策略上主动或被动做出改变所引起（如薄利多销——降低毛利率、促进存货周转率），那么企业经营活动的盈利性就存在一定的风险。其营销策略是否成功，通常可以通过企业营业收入的增长规模、毛利额的增长规模以及核心利润的增长规模来加以判断。

案例 6-7

中芯国际存货变动与企业风险分析

中芯国际的相关数据如表 6-11 所示。

表 6-11　中芯国际部分财务数据　　金额单位：元

部分利润表项目	2023 年度	2022 年度
营业收入	45 250 425 000.00	49 516 084 000.00
营业成本	35 346 301 000.00	30 552 673 000.00
毛利	9 904 124 000.00	18 963 411
毛利率	21.89%	38.30%
存货减值损失	−1 343 532 000.00	−437 858 000.00
部分资产项目	2023 年 12 月 31 日	2022 年 12 月 31 日
存货	19 377 706 000.00	13 312 746 000.00

数据显示，与 2022 年年底存货规模相比，中芯国际 2023 年年底的存货有了较大幅的增长。与此同时，企业的营业成本虽然有所增加，但其增加的百分比远低于存货的增长比例。这意味着企业存货周转速度出现了下滑的态势。需要更加关注的是，企业的毛利率大幅度下滑、存货减值出现了大幅度增加。

总结一下：企业在 2023 年的存货储备迅速增加、存货周转速度在变慢、产品的毛利率大幅下滑、存货减值损失大幅度增加。

结论：企业的存货的存量管理需要高度关注。如果低存货周转率、低毛利率的情况持续下去，企业产品的持续盈利能力可能面临严峻的考验。

三、资产减值准备及资产减值损失项目

资产减值最直接的含义是：站在当时的立场，发生减值的资产对企业未来的贡献力已经出现了明显下降的态势。这意味着，企业与“已经发生减值的资产”有关的经营活动和投资活动，或者已经出现了行业性的萧条，或者已经出现了企业不可逆转的竞争劣势等，这些业务的经营风险正在加大，未来的盈利前景令人担忧。

案例 6-8

大唐发电资产减值损失与企业风险分析

2024 年 8 月 22 日，大唐国际发电股份有限公司（以下简称大唐发电）发布《关于所属部分企业计提资产减值的公告》。主要内容为：

（一）在建工程减值

（1）公司所属山西代表处负责开发的山西大唐国际定襄火电项目、山西大唐国际御东热电项目、山西长治霍家低热值煤发电项目、山西大唐国际浮山电一体

化项目、山西大唐国际吕梁中阳低热值煤发电项目、山西大唐国际沁州火电项目、山西大唐国际神头三期扩建项目等7个火电前期项目，因受煤电停、缓建等外部政策变化的影响，已无继续开发可能，存在减值迹象，计提在建工程减值准备约2.24亿元。

（2）公司所属福建平潭大唐海上风电有限责任公司管理的平潭长江澳海上风电项目因政策变化调整建设方案，导致部分半成品、原材料等物资在最大限度通过续建项目消纳后，仍有部分剩余物资无法继续使用，存在减值迹象，计提在建工程减值准备约1.97亿元。

（3）公司所属天津大唐国际南港公用工程岛开发有限公司筹备处管理的天津南港工业区应急锅炉项目，受经济性不达标等因素影响，无继续开发可能，存在减值迹象，计提在建工程减值准备约1.58亿元。

（二）固定资产减值

公司所属陡河热电分公司，根据新建燃煤发电机组的建设需要，目前部分机组资产处于闲置状态，存在减值迹象。依据谨慎性原则，考虑预计可回收情况后，计提固定资产减值准备约1.45亿元。

（三）信用减值

（1）公司所属重庆市亚东亚电气（集团）有限责任公司应收资产转让价款386.81万元，因对方无可执行财产，预计转让价款无法收回，计提信用减值386.81万元。

（2）公司所属河北大唐电力工程有限责任公司应收往来款1.75万元，因对方已经清算注销，该款项无法收回，计提信用减值1.75万元。

上述计提在建工程减值、固定资产减值、信用减值事项，合计计提资产减值约7.28亿元，预计减少公司2024年利润总额约7.28亿元，减少归属于母公司净利润约7.28亿元（以上数据未经审计）。

根据公告，企业计提减值的资产涉及在建工程、固定资产及部分债权等。

我们可以把在建工程、固定资产、无形资产等归于主要由企业决策导致的资产，把应收款项、存货、预付款项等归于主要由经营管理的能力和质量决定的资产。

本次公告主要涉及在建工程和固定资产减值，这一般意味着企业的董事会决策有需要检讨的地方。如果一个企业经常出现与企业董事会决策相关的资产减值损失，则需要对公司治理保持高度警惕。

请读者关注该公司未来的走势。

第三节　子公司资金管理、并购与企业风险

在母子公司关系中，母公司与子公司之间的资金管理方式、通过并购可能导致的企业风险是需要特别关注的。

一、子公司资金管理与企业风险

我们在前面有关章节的讨论中，涉及了母公司与子公司的资金管理问题，当时我们将母公司与子公司的货币资金管控模式归于集权式管控与分权式管控。

（一）集权式管控模式与企业风险

1. 集权式管控模式及其财务报表表现

在集权式管控模式下，母公司将子公司暂时闲置的货币资金集中到母公司进行统一协调。在财务报表上，集中于母公司的资金将引起企业其他应付款项目的等额增加，但在合并财务报表上，这种因集中子公司货币资金所引起的负债将会被抵销，从而合并其他应付款与母公司其他应付款之间呈现出越合并越小的态势，其差额反映了母公司集中子公司资金的基本规模。

当母公司集中的子公司资金用于支持集团内其他公司的经营与投资活动时，向子公司支付的货币资金通常在母公司其他应收款项目上反映。但在合并财务报表上，这种因向子公司支付货币资金所引起的债权将会被抵销，从而合并其他应收款与母公司其他应收款之间呈现出越合并越小的态势，其差额反映了母公司向子公司提供资金的基本规模。

2. 集权式管控模式与企业风险

从直观上来看，集中管理整个集团的货币资金将使得母公司由于集中整合了子公司的货币资金而获得无息贷款，会降低母公司的债务融资成本。同时，母公司将整合的资金用于对需要资金子公司的货币资金支持，还会降低相关子公司的融资成本，从而降低整个集团的融资成本。

母公司对子公司控制权的取得，有的是通过直接设立子公司获得的，有的是通过并购获得的。在母公司通过直接设立子公司获得控制权的情况下，母公司对子公司资金的整合往往相对容易；但在母公司通过并购获得子公司控制权的情况下，母公司对子公司资金的整合往往相对困难——母公司与因并购加入企业大家

庭的子公司之间存在管理模式差异、管理理念差异、企业文化差异、经营环境差异、人文环境差异等，这些差异极有可能对母公司按照统一的管理模式管理所有子公司资金的努力造成冲击。

即使是对母公司通过直接设立获得控制权的子公司的资金整合，也有可能受到来自子公司管理层的抵制。在实践中，一些子公司管理层很希望自己保有一定的货币资金存量，以应对必要的现金支付。母公司坚决彻底整合子公司货币资金的行为，可能对这部分子公司管理层的积极性产生负面影响。

案例 6-9

美的集团货币资金管控的变动与企业风险分析

美的集团2017年年度报告中与货币资金管控有关的信息如表6-12所示。

表6-12　美的集团部分财务数据　　单位：元

	2017-12-31	2017-12-31	2016-12-31	2016-12-31
	合并报表	母公司报表	合并报表	母公司报表
资产：				
货币资金	48 274 200 000	29 349 926 000	17 196 070 000	17 135 480 000
其他应收款	2 657 568 000	8 403 564 000	1 140 133 000	12 644 592 000
商誉	28 903 785 000		5 730 995 000	
负债：				
其他应付款	3 170 405 000	57 867 535 000	1 571 422 000	54 461 578 000

资料显示，在2017年年初，母公司报表的货币资金与合并报表的货币资金规模高度接近。这说明在母公司所控制的集团范围内，子公司的货币资金基本上被集中到母公司这里进行集中统一管理与协调。母公司报表的其他应付款与合并报表的其他应付款呈现出越合并越小的态势，两者差额约为529亿元。这529亿元应该是母公司整合子公司货币资金的基本规模。通过这样的整合，母公司就可以在自身不进行债务融资的情况下进行支持子公司、对外投资、对内强化固定资产与无形资产购建以及其他活动。

需要注意的是，年初母公司报表的其他应收款与合并报表的其他应收款呈现出越合并越小的态势，两者差额约为115亿元。这115亿元应该是母公司支持子公司货币资金的基本规模。

在2017年年末，情况有了变动。从其他应付款的情况看，母公司报表的其他应付款与合并报表的其他应付款继续呈现出越合并越小的态势，两者差额约为547亿元。这547亿元应该是母公司整合子公司货币资金的基本规模，期末母公司集中子公司资金的力度比年初还大。

但是，在2017年年末，母公司报表的货币资金与合并报表的货币资金规模不再接近，而且出现了约190亿元的巨额差异。那么，为什么在年末母公司集中子公司货币资金的力度加大的同时，母公司报表与合并报表之间的货币资金又出现了巨大的差额呢?

答案也许在商誉这个项目。企业年末合并报表的商誉比年初增加了232亿元，即上市公司及其子公司年度内由于收购新增加了商誉232亿元，其中收购从事机器人及自动化系统业务的子公司就实现了商誉222亿元。可能的情况是，在年末，母公司继续按照原有的模式整合原有的子公司货币资金，而对于新并购的部分或者全部子公司的货币资金暂时没有进行集中管理。

如果这种分析与实际情况相吻合，则对于美的集团的所有子公司而言，货币资金管控方式属于“一司两制”，即在同一个母公司关系管辖下，有的子公司在货币资金上没有自由度，有的子公司则具有极大的自由度。这种“一司两制”持续下去，可能对企业的子公司管理层产生不良的心理效应。

（二）分权式管控模式与企业风险

1. 分权式管控模式及其财务报表表现

在分权式管控模式下，母公司对子公司暂时闲置的货币资金的集中度并不高。在财务报表上，由于集中于母公司的子公司资金不多，因此所引起企业其他应付款项目不多。虽然合并其他应付款与母公司其他应付款之间也呈现出越合并越小的态势，但其不大的差额反映了母公司集中子公司资金的规模较小。

当母公司集中的子公司资金较少时，子公司报表上将存有大量货币资金。此时，合并报表的货币资金通常明显高于母公司货币资金的规模。

由于子公司整合、集中子公司货币资金的规模不足，因此，母公司通过其他应收款等项目向子公司提供的资金，主要不是整合子公司货币资金的结果，而在相当程度上是母公司融资的结果或者动用了母公司的存量货币资金。

2. 分权式管控模式与企业风险

在分权式管控模式下，子公司保有较多的货币资金。用于子公司闲置的货币资金不能被母公司进行集中，需要资金的子公司或者自己融资，或者需要从母公司获得资金的支持。因此，这种管控模式将不可避免地提高整个集团的融资规模和融资成本，从而使企业的财务状况恶化。

更为严重的后果可能是，由于子公司拥有较多的货币资金，子公司、整个集团的货币资金存量在资产总额的比重必然会提高。这样，相关子公司、整个集团的总资产周转率、总资产报酬率等指标均会恶化。在子公司拥有较大货币资金自主权的情况下，子公司可能对暂时闲置的货币资金进行不当运用，招致企业资产的风险。

案例 6 - 10

海尔智家货币资金管控与企业风险分析

海尔智家 2023 年年度报告中与货币资金管控有关的信息如表 6 - 13 所示。

表 6 - 13　海尔智家部分财务数据　　单位：万元

	2023 - 12 - 31 合并报表	2023 - 12 - 31 母公司报表	2022 - 12 - 31 合并报表	2022 - 12 - 31 母公司报表
资产：				
货币资金	5 448 645.28	757 964.05	5 413 881.57	574 735.66
其他应收款	190 106.30	2 296 253.82	186 760.92	1 334 140.81
负债：				
其他应付款	1 918 156.92	4 501 268.39	1 751 177.17	3 265 984.58

资料显示，不论是在 2023 年年初还是在 2023 年年末，母公司报表的货币资金远远小于合并报表的货币资金规模。这说明在母公司所控制的集团范围内，子公司的货币资金拥有量较高，被集中到母公司进行集中统一管理与协调的规模并不大。

考察一下母公司报表的其他应付款与合并报表的其他应付款，虽然也呈现出越合并越小的态势，但在 2023 年年末，两者相差约 26 亿元。这 26 亿元应该是母公司整合子公司货币资金的基本规模，母公司整合子公司资金的最大规模不会达到 45.01 亿元。即使母公司整合子公司资金的额度达到 45.01 亿元，这个规模也小于合并资产负债表上货币资金（54.49 亿元）与母公司货币资金（7.58 亿元）的差额，从数据关系来说，母公司对子公司资金的集中力度还可以加强。

需要注意的是，年初、年末母公司报表的其他应收款与合并报表的其他应收款呈现出越合并越小的态势，代表母公司向需要资金的企业提供了货币资金。

在子公司有大量闲置货币资金、母公司对其难以集中的情况下，企业集团的融资规模、融资成本就可能会提高。

二、并购与企业风险

企业并购其他企业，肯定不是为了增加风险。但是，如果在并购前的并购代价过大、并购后整合不当，并购就会增加企业风险。

并购与企业风险之间的关系可以从以下几个方面来考察：

（一）并购商誉

直观去理解，并购后在合并报表上出现的商誉就是并购过程中并购方支付的对价中高于被并购企业公允价值的部分。这就是说，商誉实质是并购方付出的没有对应具体资产的并购代价。

按照现行会计准则要求，商誉不进行摊销，但要在各个会计期末进行减值测试，必要时进行减值准备的计提。

从商誉是企业并购代价的角度去理解，如果被并购企业未来不能展现出较高的盈利能力或者不能与企业的现有业务形成较好的战略协同、提升企业集团整体的盈利能力，商誉所对应的被并购企业就是一个风险较大的并购，商誉也将沦为不良资产。

（二）并购的资产扩张效果

我们在前面有关章节曾经讨论过，企业的控制性投资性资产扩张效果，取决于被控制企业（子公司）的债务融资能力、业务规模以及业务发展能力、子公司的盈利能力以及少数股东的贡献力等。

在并购的条件下，企业的控制性投资性资产扩张效果除了取决于上述诸因素以外，还取决于企业的并购代价。高商誉并购的条件下，控制性投资性资产扩张效果往往不佳。

（三）并购后的盈利能力

并购后的盈利能力，一方面直接表现在被并购企业自身的营业收入、核心利润等的贡献，这部分盈利能力的贡献将直接并入合并利润表；另一方面，也可能对母公司或母公司所控制的其他企业的盈利能力有贡献。

但如果上述各种贡献都难以提供，则被并购企业将使得并购方面临较大的风险。

案例 6-11

天融信并购与企业风险分析

天融信科技集团股份有限公司（以下简称天融信）2023年年度报告中的相关信息如表6-14所示。

表6-14 天融信部分财务数据 单位：元

项目	2023年	2022年
资产减值损失	—450 479 459.28	—9 667 484.65
其中：存货跌价损失及合同履约成本减值损失	—5 853 906.45	—3 811 058.69
商誉减值损失	—443 280 100.00	0.00
合同资产减值损失	—1 345 452.83	—5 856 425.96
营业收入	3 124 493 701.39	3 543 003 938.99
营业利润	—392 788 471.50	244 968 206.36

在企业2023年年度报告中关于商誉减值没有做任何说明，但在被收购企业的价值确认方法上，企业选择了“可收回金额按预计未来现金流量的现值确定”的方法，而不是“按公允价值减去处置费用后的净额确定”的方法。在“可收回金额的具体确定方法”之处，展示了如表6-15所示的信息。

表6-15显示，在2023年，伴随着企业营业收入的下滑，营业利润实现了从盈利到亏损的逆转。而导致企业与上年相比实现较大规模亏损的罪魁祸首是商誉减值损失：在上一年度计提的商誉减值损失为零的条件下，2023年计提了4.43亿元——这个金额比全部营业亏损的金额都大。

这意味着企业此前以产生商誉的代价进行的收购，从2023年开始“掉链子”了。

之所以出现商誉的减值处理，应该是当年收购的时候，过高地估计了被收购企业的价值，并为此支付了过高的并购代价。企业因高商誉并购所导致的风险就像是悬在企业头上的利剑，随时可能落下来。

有意思的是，当并购其他企业以后，人们往往关注对利润表的影响。实际上，并购产生的商誉规模及未来是否能够不进行减值处理，才是并购商誉的主要风险区域。

至于天融信在2023年计提的商誉减值损失是企业计提商誉减值损失的结束还是开始，可以考察一下表6-15的相关预测所采用的关键参数及确定依据信息进行预测。

表 6-15　可收回金额的具体确定方法

金额单位：元

项目	账面价值	可回收金额	减值金额	预测期的年限	预测期的关键参数	稳定期的关键参数	稳定期的关键参数的确定依据
北京天融信科技有限公司	6 289 926 800.00	5 846 646 700.00	443 280 100.00	5 年及稳定期	预测期收入增长率，6.00%～16.00%；毛利率，60.28%；税前折现率，12.39%	稳定期收入增长率：0	公司根据历史经验及对市场发展的预测确定收入增长率和毛利率，预测期增长率基于经批准的 5 年期预算，稳定期增长率为预测期后所采用的增长率，与权威行业报告所载的预测数据一致，不超过各产品的长期平均增长率，折现率为反映相关资产组或资产组组合的特定风险的税前折现率

关键参数及确定依据信息显示，企业未来稳定期的营业收入增长率为零。也就是说，从2023年看，天融信已经对被收购企业未来营业收入的增长毫无信心了。一个没有营业收入增长能力的企业，营业收入会维持不变吗？企业的盈利能力可以维持吗？

请读者持续关注天融信自2024年以来的财报数据。

第四节 过度融资与企业风险

过度融资是指企业通过发行股票、吸收股东入资或者发行债券、获取贷款等方式所获得的资金规模超过企业经营、投资等活动所需资金的情形。

实际上，将企业拖入危险境地的往往不是企业通过发行股票、吸收股东入资所获得的多余资金，而是企业通过债务融资方式所获得的多余资金。

一、过度融资的财务表现

不管企业因何种原因去举借远超自身需要的贷款，其财务状况的表现通常是一样的：在资产负债表上，过高的债务融资将导致企业货币资金存量过高、在建工程长期居高不下、与营业收入的增长相比固定资产原值增长过快、因债务融资形成的固定资产原值偏高；在利润表上，企业的财务费用居高不下；等等。

二、过度融资与企业风险

过度融资往往导致企业的资产结构失衡——过多的货币资金、长期“挂账”的在建工程、过快增长的固定资产原值，这些资产项目并不一定会对企业的业务产生实质性的推动作用。若这种情况持续存在，将使得企业的总资产周转率下降、股东权益报酬率下降、毛利率下降、不必要的财务费用上升，最终会导致企业绩效下滑。严重的后果是引起资产不断减值、企业持续计提资产减值损失。

案例 6-12

中芯国际债务筹资分析

中芯国际2023年年度报告的相关信息如表6-16所示。

表 6-16　中芯国际合并报表部分财务数据　　单位：元

资产项目	2023-12-31	2022-12-31
货币资金	51 235 370 000.00	74 921 998 000.00
固定资产	92 432 359 000.00	85 403 283 000.00
在建工程	77 003 145 000.00	45 761 724 000.00
其他非流动资产	50 709 305 000.00	39 275 329 000.00
其中：长期定期存款	48 808 533 000.00	38 677 525 000.00
负债项目	2023-12-31	2022-12-31
短期借款	3 397 576 000.00	4 519 383 000.00
一年内到期的非流动负债	5 532 789 000.00	4 763 925 000.00
长期借款	59 031 810 000.00	46 790 301 000.00
应付债券	4 243 352 000.00	4 167 467 000.00
利润表项目	2023 年度	2022 年度
营业收入	45 250 425 000.00	49 516 084 000.00
利息费用	1 479 733 000.00	850 310 000.00
利息收入	5 199 334 000.00	2 385 181 000.00
其他收益	2 577 275 000.00	1 946 389 000.00
营业利润	6 905 885 000.00	14 761 704 000.00
现金流量表项目	2023 年度	2022 年度
经营活动产生的现金流量净额	23 047 761 000.00	36 591 209 000.00
购建固定资产、无形资产和其他长期资产支付的现金	53 865 069 000.00	42 205 585 000.00

数据显示，在这两年内，企业营业收入及核心利润获取货币资金的能力是非常强的。在经营活动产生的现金流量净额有显著优势的态势下，企业日常经营活动货币支出的维持不需要筹资来解决，只有非流动资产及流动资产里面的投资项目需要债务筹资来支持。

企业债务融资方面的特征可以概括为“四高”：货币资金存量高（包括长期定期存款）、各类贷款的整体规模高、在建工程和固定资产整体增长的速度高、利润表的利息费用高。

从 2023 年 12 月 31 日财务报表信息的逻辑关系来看，企业的有息负债支持了货币资金存量和长期定期存款。当然，债务融资是有成本的，而报表上以货币资金形态存在的资产，虽收益一般不会大于债务融资成本，但企业由于有大量长期定期存款，利息收入还是对企业 2023 年的营业利润形成了有力支撑。

表面上看，企业的高融资、高现金存量和高长期定期存款并没有让企业在盈利的规模规模上“吃亏”，但由于合并报表如此多的与经营活动无关的资产“混迹”在资产中，必然会导致企业的总资产周转率和总资产报酬率下降。

在企业疯狂增长的各年“购建固定资产、无形资产和其他长期资产支付的现金”规模的条件下，企业当年经营活动产生的现金流量净额显然满足不了此类资金需求。如果企业的此类现金需求不愿意从已有现金存量来解决（部分现金可能已经存为长期定期存款），则企业必然用债务融资的资金来支持“购建固定资产、无形资产和其他长期资产支付的现金”，这将直接导致相关资产的建造成本增加，从而影响未来的盈利能力。

实际上，企业2023年支撑营业利润的主要力量已经变成了利息收入和其他收益，而核心利润可能已经变为负数了（请参照企业2023年的合并报表自己计算核心利润）。核心利润盈利能力下降的一个重要原因应该是企业固定资产折旧规模过大。

因此，尽管中芯国际给人的感觉是发展态势非常良好的企业，但从企业过度融资所可能带来的潜在风险来看，过度债务融资构成了企业的一个风险因素。

第五节　关键审计事项、审计意见与企业风险

从2018年开始，在注册会计师就企业财务报表的编制所出具的审计报告中，增加了“关键审计事项”的内容。

从概念上来说，关键审计事项是根据注册会计师的职业判断，认为对本期财务报表审计最为重要的事项。在审计报告中，注册会计师不仅要指出这些事项，还要说明注册会计师是如何应对的。

从内容来看，关键审计事项在相当的程度上涉及资产质量、资产计价、负债的确认、利润表主要项目的确认、计量等事宜，在企业持续经营出现疑问的条件下，还有可能涉及企业持续经营的状况等方面。

因此，从企业风险识别的角度来看，关键审计事项构成了企业重要的风险区域。

案例 6-13

注册会计师确认的北新建材关键审计事项与企业风险

2024年3月18日，中审众环会计师事务所（特殊普通合伙）为北新建材

2023年度财务报告出具的审计报告中包含了如下关键审计事项：

1. 收入确认

如财务报表附注四、30和六、45所述，北新建材主要从事石膏板及防水建筑材料等生产和销售，收入确认通常以石膏板、龙骨及相关产品运离北新建材仓库并经客户确认收到作为销售收入的确认时点。2023年营业收入为2 242 589.56万元。由于收入为北新建材利润关键指标，存在管理层为了达到特定目标或期望而操纵收入确认的固有风险，对北新建材的经营成果将产生重大影响，因此我们将收入确认识别为关键审计事项。

2. 重大未决诉讼

如合并财务报表附注十五、2承诺及或有事项所述，自2009年起，美国多家房屋业主、房屋建筑公司针对北新建材及其子公司泰山石膏有限公司提起诉讼，以石膏板存在质量问题为由要求赔偿其所宣称的因石膏板质量问题所产生的各种损失；截至2023年12月31日，案件虽已大部分和解，但尚有部分案件仍在审理过程中，并且所有涉及选择退出已达成和解的原告的诉讼继续进行。由于该案件在尚未完全结束之前，对于案件可能的结果及其对财务报表可能的影响需要管理层做出重大的判断，因此我们将该诉讼事项作为关键审计事项。

请注意，对一个有明确产品和市场的企业进行审计，注册会计师当然关注其业务实现的方式及其质量以及与产品和售后服务有关的诉讼事宜，而这恰恰是企业面临风险的重点区域。

实际上，注册会计师关注的上述关键事项，包含了较为丰富的企业风险信息。

第一，收入确认。收入确认不仅仅涉及会计处理问题，更是企业发展战略及其未来运行方向的重要参考因素。从关键审计事项的描述看企业的业务聚焦在石膏板及防水建筑材料等生产和销售，其市场前景对企业具有牵一发而动全身的重要性，这部分业务的发展质量及未来市场格局的变化对企业未来意义重大。

第二，重大未决诉讼。显然，诉讼涉及的“石膏板存在质量问题”还是与企业的营业收入质量有关：如果最终诉讼导致企业出现损失，则企业就可能会出现由过去产品质量和销售所导致的损失。最终导致诉讼损失的就是早期营业收入质量不高的写照。

可见，关键审计事项具有重要的风险含义。

第六节　其他非财务因素与企业风险分析

一、路径依赖与企业风险

路径依赖（path dependence）是制度经济学中的重要理论，其理念源自生物学，主要用于表述生物随机因素对于物种进化路径的影响。20世纪70年代以来，这一理论被相继引入社会学、经济学和管理学等范畴，随着制度经济学在研究社会经济发展中作用的不断加强，路径依赖理论的应用也越来越多元化。路径依赖理论的主要观点认为，社会组织与管理进程中存在惯性定律，一旦进入某种路径，即有可能对其产生依赖，继而形成传承，产生一系列的增强和固定作用。路径依赖的存在，会在很大程度上影响企业的突破与创新的动力和进程，这就从另一层面形成了企业的风险。

1. 上下游关系未来发展路径的依赖

我们在前面已分析了企业以存货为核心的上下游关系管理问题。企业要保持竞争力，除了自身有一定的综合竞争优势，还依赖于一个重要的假设，就是上下游企业也会按照现在的惯性往前发展。一旦上下游企业的经营环境出现较大变动，原有的惯性将不复存在。此时，若企业仍按照原有的路径去管理和依赖上下游关系，就可能会面临较大的经营风险。

2. 组织文化惯性的依赖

在一些发展较好的企业里，大都有所谓的“企业皇帝”。他们的特点是：第一，永远正确；第二，一个人说了算。因此，在“企业皇帝”威望极大、权威很难受到挑战的情况下，企业的安危就在相当大的程度上维系在“企业皇帝”一个人或者极少数人身上。在这样的企业里，“企业皇帝”以下的人往往是不愿意担当的，企业的未来基本上会呈现出“成也在他，败也在他”的局面，因而这种对“企业皇帝”的高度依赖本身就是企业最大的风险。这种组织文化的惯性极有可能导致企业在“企业皇帝”出现各种问题的情况下迷失方向。

3. 竞争环境路径的依赖

这里所指的竞争环境，一是指企业在业内的竞争地位；二是指企业所在行业的发展前景。

企业的决策，尤其是重大投资决策，一般是基于对竞争环境发展路径的惯性判断来进行的，比如在决定固定资产投资、企业的地区布局、产能的结构安排等问题时就是如此。但是，企业竞争实际上是动态的，很多产能的形成是需要时间的。企业的竞争能力不仅取决于自身的努力，更取决于竞争对手的行动。

如果由于企业自身竞争地位出现变动，或者由于行业发展出现变动等情况而使判断出现偏差，则现在的投资与布局极有可能在未来出现“产能形成之时就是亏损发生之时”。

中国在过去的发展过程中经常出现全行业产能过剩的情况，基本上都是对竞争环境路径惯性依赖的结果，应该吸取这方面的教训。

4. 核心业务发展路径的依赖

核心业务既是支撑企业业绩的根本力量，也是符合企业发展战略、体现企业核心竞争力的关键所在。一般来说，企业会持续依赖这样的业务向前发展。但当市场竞争优势日渐消失、市场出现重大不利变动、市场容量大幅萎缩或者核心业务的抗变能力明显减弱时，如果企业仍旧依赖这一核心业务的发展路径而不早日进行创新和突破的话，未来发展定将遭遇巨大的威胁。

二、外部环境变动与企业风险

前面讲到的竞争环境路径依赖问题，实际上已经包含了外部竞争环境变动这一因素。这里仍需强调一下，引起外部环境变动的因素有很多，包括政治因素、经济政策、特定地区主要行政领导人的变动、经济发展的总态势以及结构性变动、互联网对产业结构的深刻影响等。这些因素并不专门针对某一特定企业，而往往会对一系列相关企业造成系统风险。

案例 6－14

大唐发电外部环境变化、企业在建工程减值与经营风险分析

大唐发电股份有限公司（以下简称大唐发电）2023 年年度报告中在建工程的减值相关信息如表 6－17。

表 6－17　大唐发电部分财务数据　　单位：万元

项目	账面价值	可回收金额	减值金额
内蒙古煤电一体化项目	201 076.4	80 000.0	121 076.4

企业的说明是：受内蒙古自治区能源产业政策调整的影响，本公司位于内蒙古的煤电一体化项目已不具备继续开发的条件，经与当地政府多次沟通，同意返还本公司已缴纳的煤矿8亿元资源价款本金，但未提出前期投入等的返还意见。基于谨慎性原则，本期部分计提减值准备。

从上述信息可以看出，企业此次计提在建工程减值损失实际上是很无辜的：企业除了已经提交8亿元的资源价款，还进行了大规模的前期开发。正在企业热火朝天进行项目（在建工程）建设的时候，地方政府能源产业政策调整了，导致该“煤电一体化项目已不具备继续开发的条件”。

当地政府还是体贴企业的，同意退还8亿元（注意：不是已经收到）。至于另外已经投出去的12亿元，应该很难回收了。

请注意，此次减值的计提对企业的影响不仅仅是这个项目及其相关损失的责任归属，还对企业未来在业务结构的战略布局产生深远影响。未来，企业会在地方能源政策较为稳定的地区追加投资。

以上分析足以证明，通过财务比率计算不出来的风险可能更重要。

本章小结

本章系统介绍了采用财务比率对企业风险进行分析的基本方法；讨论了基于报表项目变动对企业风险进行分析的基本方法；分析了子公司资金管理、并购与企业风险之间的关系；说明了过度融资对企业风险造成的影响；介绍了关键审计事项、审计意见等方面的信息中所揭示的企业风险；最后列举了其他企业风险有关的非财务因素。

思考题

1. 如何采用财务比率对企业风险进行分析？
2. 基于报表项目变动如何对企业风险进行分析？
3. 子公司资金管理、并购与企业风险之间存在什么样的关系？
4. 如何理解过度融资对企业风险造成的影响？
5. 在关键审计事项和审计意见中关于企业风险的信息有哪些？
6. 其他与企业风险有关的非财务因素通常有哪些？

案例分析

从审计报告看企业风险——太安堂（2024）

第一部分：案例资料

四川华信（集团）会计师事务所（特殊普通合伙）为上市公司广东太安堂药业股份有限公司（以下简称太安堂）2023 年度财务报告出具了无法表示意见的审计报告。形成无法表示意见的基础部分内容如下：

（一）2022 年度财务报表无法表示审计意见涉及的持续经营能力存在重大不确定性的影响尚未消除

2022 年度，太安堂因营业收入大幅下滑、面临巨额偿债风险以及子公司广东康爱多数字健康科技有限公司（以下简称康爱多）由于逾期债务诉讼导致太安堂承担连带责任，部分银行账户被司法冻结等事项，前任会计师无法确定太安堂的持续经营能力以及基于持续经营假设编制的 2022 年度财务报表是否恰当。

2023 年度，太安堂的营业收入进一步下滑，2023 年度营业收入为 41 036.13 万元，较 2022 年度下滑 36.43%；太安堂最近三年经营持续亏损，财务状况进一步恶化，截至 2023 年 12 月 31 日的资产负债率为 88.17%，其 2023 年实施的破产重整预重整程序经法院裁定已于 2024 年 4 月 2 日终止，未来仍面临巨额偿债风险；同时太安堂及子公司康爱多涉及多起未决诉讼，截至 2023 年 12 月 31 日，涉及诉讼 154 笔，诉讼金额 46 186.55 万元，仍存在无力履行到期债务而面临诉讼、无力履行已生效判决、多个银行账户被冻结等情况。综上，太安堂持续经营能力存在重大不确定性的风险尚未消除，我们无法获取充分、适当的审计证据判断太安堂运用持续经营假设编制的 2023 年度财务报表是否恰当。

（二）2022 年度财务报表无法表示意见涉及的控股股东非经营性占用资金的影响未消除

如财务报表附注十五、3 所述，截至 2024 年 4 月 29 日，太安堂 2022 年度财务报表无法表示审计意见所涉及的控股股东非经营性资金占用尚未完全收回（截至 2023 年 12 月 31 日的非经营性资金占用本金为 49 156.13 万元，太安堂 2023 年度补计资金占用利息 9 177.92 万元，2023 年 12 月 31 日累计计提坏账准备 39 544.33 万元），故太安堂 2022 年度无法表示审计意见所涉及的控股股东非经营性资金占用的影响尚未消除，我们也无法获取充分、适当的审计证据判断尚未归还的非经营性资金占用本息的可收回性以及减值计提的充分性。

（三）无法确定对资产负债表部分报表项目期初数及其减值损失对本年度当期损益的影响

太安堂2022年度被出具了无法表示意见的审计报告，如财务报表附注五、47、48所述，太安堂2023年度计提了信用减值损失22 702.30万元，较上年度增加51.97%，其中应收账款减值6 104.24万元，预付款项减值1 423.34万元，其他应收款减值15 174.72万元；计提了资产减值损失173 206.52万元，较上年度增加256.02%，其中存货减值119 501.90万元，固定资产减值44 889.73万元，无形资产减值4 353.87万元，商誉减值准备3 046.37万元，其他非流动资产减值准备1 414.65万元。但太安堂未能提供上述减值损失的年初测试资料和其他相关资料，我们也无法实施其他必要的审计程序以获取充分、适当的审计证据确定上述情况是否会对资产负债表相关报表项目期初数造成影响，也无法确定上述大额减值损失全部计入太安堂2023年度损益的合理性。

（四）市场费用确认的准确性

太安堂2023年度确认销售费用——销售推广费17 719.81万元，追溯调整后2022年度确认销售费用——销售推广费14 784.52万元，由于太安堂销售人员离职、销售内部控制不完善等原因，无法提供涉及销售推广费确认的销售政策及测算依据，我们也无法实施其他必要的审计程序以获取充分、适当的审计证据证实太安堂2023年度和2022年度确认的销售推广费金额的准确性和计入相关期间的恰当性。

第二部分：分析思考

请以上述审计报告的重要内容为基础，思考下列问题（必要时，可以查看该企业2022年、2023年年度报告）：

1. 怎样理解企业的持续经营能力存在重大不确定性？

2. 控股股东非经营性占用上市公司资金是战略问题、管理问题、内控问题还是其他问题？

3. 在特定年度内集中大额计提各类信用减值损失和资产减值损失，是资产（包括债权资产）质量问题，还是经营管理问题，抑或是其他方面的问题？

4. 请查看该企业历年的年度报告，追溯一下企业开始面临重大风险的时间。体会一下财务信息对企业风险的预测性。

5. 你认为企业出现无法发表意见的上述事项的根本原因是什么？

第七章

企业价值分析

学习目标

1. 熟悉企业估值的常用方法；
2. 理解企业估值过程中需考虑的重要非财务因素；
3. 认识并购中企业估值的特殊性以及所产生的商誉问题。

市场经济存在与发展的前提是市场运行有效，而信息不对称严重阻碍了市场的有效运行，企业（尤其是上市公司）定期对外披露财务报表的目的就是通过提供会计信息来解决此社会功能的缺位。投资者是会计信息的诸多使用者中最重要的主体，从保护投资者利益的角度来讲，最重要的问题就是要使投资者能够正确判断评估企业的真正（内在）价值。大量研究表明，在投资者的信息来源中，独立于价格形成机制生成的会计信息是最常规、最主要的信息来源，它能够通过考察企业在财务状况和盈利能力等方面的变动趋势来预测企业未来的发展前景，有助于投资者判断和评估企业的内在价值。在此基础上，各种基于会计信息的企业估值方法应运而生。随着资本市场的发展与完善，产权交易活动日趋频繁与活跃，企业估值方法及其应用不断演化与完善。

第一节　企业估值的基本方法

企业价值评估理论起源于艾尔文·费雪（Irving Fisher）的资本价值论。费雪在1906年发表的《资本与收入的性质》中指出资本的价值实质上是未来收入的折现值。他在1907年发表的《利息率本质决定及其与经济现象的关系》进一步分析了资本收入与资本价值的关系，从而构建了资本价值评估的理论框架，奠定了企业价值评估的基础。随着西方资本市场的发展，威廉姆斯（Williams）和戈登（Gordon）在1938年提出了股利折现模型，奠定了股票定价的理论基础。米勒（Miller）和莫迪利安尼（Modigliani）在1958年提出了关于资本结构的MM定理，进一步揭示了资本结构与公司价值之间的关系，推动了企业价值理论的发展。1990年诺贝尔经济学奖获得者威廉·F.夏普（William F. Sharpe）提出资本资产定价模型用于计算股权资本，进一步对现金流折现模型提供了理论支持。随着理论的演化推进以及资本市场的发展，企业价值评估方法也日臻丰富。

目前常用的估值方法主要有绝对估值法和相对估值法两类。绝对估值法主要有股利折现法、现金流折现法、自由现金流折现法、剩余收益定价法以及期权定价法等。相对估值法是运用现有会计利润、相关的会计指标之间的比率，通过与同类企业进行相对比较来确定企业价值，常用的方法如市盈率估值法、市销率估值法、市净率估值法等。绝对估值法和相对估值法均以企业的持续经营假设为前提，并且隐含着对企业盈利增长的预期。

一、绝对估值法

绝对估值法是在对企业历史及当前的基本面进行分析的基础上，结合对未来相关财务数据的预测而获得企业的内在价值。任何一项投资都是以牺牲现时消费为代价、以获得未来收益为目的的，因此，在理论上对企业的估值应该从未来收益入手。由于对未来收益的具体理解不同，未来收益可以是企业未来股利收入、未来现金流收入、未来剩余收益收入中的任何一种，因此，相应的收益现值评估方法一般包括股利折现模型（dividend discount model，DDM）、现金流折现模型（discounted cashflow，DCF）和剩余收益估值模型（residual earnings model，REM）。下面将分别对它们展开介绍和讨论。

（一）股利折现模型

威廉姆斯等于 1938 年首先提出了股利折现模型，认为企业的投资价值是未来全部股利的现值。股利折现模型理论的实质是股利决定企业价值，这种观点又称“在手之鸟”理论。该理论认为到手的股利比留存在企业用于再投资的留存收益更有价值，股东投资企业的根本目的在于获取股利，在永久持有企业股权的条件下，股利是股东投资企业获得的主要投资回报，因此股利是决定企业价值的重要因素，而盈利等其他因素对企业价值的影响只能通过股利来间接地体现出来。该模型用公式表示为：

$$V=\sum_{t=1}^{\infty}\frac{DPS_t}{(1+K_e)^t}$$

式中，V 为当期企业价值；DPS_t 为第 t 年每股期望股利（expected dividends per share）；K_e 为权益资本成本（cost of equity）。该模型有两个基本变量：期望股利和权益资本成本。期望股利取决于对企业未来收益、股利支付率和收益增长率的假设；权益资本成本即股权投资者的期望报酬率，它是由投资企业的风险决定的，可以通过资本资产定价模型计算得出。根据对未来股利期望的不同假设，上述公式可以演化出不同的股利折现模型：零增长模型、固定增长模型（戈登模型）、两阶段增长模型、三阶段增长模型以及多元增长模型等。

股利折现模型虽然简单、符合直观逻辑，但在实际应用中存在如下问题：(1）许多企业并非每期都支付股利，股利折现模型应用受到限制；(2）股利支付受企业股利政策的人为因素影响，股利预测比较困难；(3）股利相对于收益长期明显滞后。大多数实证研究发现股利折现模型除了适用于少部分股利政策稳定、股利支付率高的企业外，并不能很好地用于企业价值评估。股利折现模型对于那些支付能力强但实际支付股利一贯较低的企业来说有低估企业价值的倾向。因此，股利折现模型不适于无股利支付或低股利支付的企业价值评估。

(二）现金流折现模型

米勒和莫迪利安尼在1961年提出了著名的股利无关论，科学地说明了股利作为财富分配的概念，不影响企业的财富和价值。之后，现金流折现评估方法逐渐成了企业价值评估的主流方法。

这里的企业现金流量是指所有投资者（包括债权投资者、股权投资者）可支配的净现金流量。企业在不影响持续经营和发展的前提下，可以将这部分现金流量自由地分配给企业的全部权益要求权持有者（包括债权投资者和股权投资者），因此，用于企业估值的现金流量也称作自由现金流量（free cash flow，FCF），它是企业经营活动产生的现金净流量中未用于再投资的那部分现金，可简单地用下列公式表述为：

自由现金流量＝经营活动现金净流量－长期资本性支出所动用的现金

其中，长期资本性支出所动用的现金可以用现金流量表的投资活动产生的现金流量中“购建固定资产、无形资产和其他长期资产支付的现金”来体现。尽管无法利用现金流量表的数据计算出精确的自由现金流量，只能大致地预测自由现金流量，但由于它能够体现企业在不影响持续经营和发展的前提下，可供分配给企业所有投资者的最大现金额，代表本期可以回报给他们的全部“股利”，因此，用自由现金流量取代股利来体现企业的价值就显得更为全面和合理了。

在现金流折现模型中，企业价值可以表示为预期自由现金流量的现值，计算公式为：

$$V=\sum_{t=1}^{\infty}\frac{FCF_t}{(1+WACC)^t}$$

式中，FCF_t 为第 t 年的自由现金流量，是根据企业历史经营数据预测出的未来现金流量；$WACC$ 为企业的资本成本，计算公式为：

$$WACC=\frac{\text{债务}}{\text{总资本}}\times\text{债务成本}\times(1-\text{所得税税率})+\frac{\text{股权}}{\text{总资本}}\times\text{股权成本}$$

根据对未来自由现金流量期望的不同假设，上述公式也可以演化出不同的现金流折现模型：零增长模型、固定增长模型、两阶段增长模型、三阶段增长模型以及多元增长模型等。

现金流折现模型相对而言比较适合成熟的、经营活动和投资活动都比较稳定的企业价值评估。对于处于扩张或收缩中的企业，预测的自由现金流量可能并不具有代表性，并不能成为预测未来远期现金流量的基础。

（三）剩余收益估值模型

无论是股利折现模型还是现金流折现模型，都体现了金融界推崇的“现金为王”（Cash is king）的理念，并没有考虑企业创造的非现金利润，以及这些非现金利润所体现的价值。而以权责发生制（或应计制）原则为基础的净利润反映了这部分现金流量中缺失的价值。1995 年费尔特姆（Feltham）和奥尔森（Ohlson）在股利折现模型的基础上推导出剩余收益估值模型，将会计报告中的每股收益、每股权益直接和企业价值联系起来。之后，费尔特姆、奥尔森以及彭曼等人进一步的研究成果使剩余收益估值模型赢得了会计界和金融界的极大关注和赞誉。它的主要贡献在于从一个全新的角度阐述了会计数据与企业价值的关系，将应计制会计下的会计数据作为估值变量直接纳入估值模型，驳斥了长期占有统治地位的股价与会计信息不相关理论。剩余收益估值模型为由传统的关注股价行为解释的研究方法，转向关注盈利和账面净资产预测提供了理论依据，为以市场为基础的会计研究开辟了新的道路。

在剩余收益估值模型中，企业价值可以用公式表示为：

$$V=B_0+\sum_{t=1}^{\infty}\frac{RE_t}{(1+K_e)^t}$$

式中，V 为企业当期价值；B_0 为评估时的企业账面净资产；K_e 为权益资本成本；RE_t 为企业第 t 期剩余价值，$Earn_t$ 为企业第 t 期盈利，$RE_t=Earn_t-K_eB_{t-1}$。

在此基础上，一些学者将剩余收益指标替换为经济增加值（economic value added，EVA）指标，从而演变出经济增加值估值模型。剩余收益和经济增加值概念有相似之处。EVA 目前已经在相当多的企业（尤其是央企）中作为评价经理层和企业各分部业绩的重要指标，并在很大程度上决定着企业经理人的薪酬。

EVA 指标的意义在于，一个企业仅仅有了利润是不够的，只有在减去全部资本成本（通常包括债务利息和股东红利）之后还有利润，即 EVA 是正的，才认为经理层真正为企业创造了价值，才应该得到奖励。实际上，剩余收益估值模型是把企业内部控制中的经济增加值概念应用到了企业价值的评估上，具有异曲同工的效果。

然而，不管是传统的股利折现模型，还是主流的现金流折现模型，甚至是后来的剩余收益估值模型，为了应用于评估实务，均需要对未来的股利、现金流量和剩余收益的变化进行各种假设，如零增长假设、固定增长假设、二阶段增长假设、三阶段增长假设等。因此，上述绝对估值方法应用的成功与否很大程度上取决于对未来预测的准确性。如果预测不当，将导致评估结果的严重扭曲。由于持续经营假设的存在，基本上都需要进行无限期预测，不管怎么模拟价值影响因素的长期演化趋势，都不可能得出一个精确的评估结果，这也是绝对估值法经常饱受非议的症结所在。而其中最大的缺陷之处就在于其长期预测的不精确性，并且这些因素基本上都会随着时间的推移发生随机变化，进而导致评估结果的可操纵性，以至于在评估中经常会出现参数拍脑袋、预先确定评估价值然后进行参数调整等弊端。

二、相对估值法

相对估值法是在考虑企业基本面因素或真实价值因素的基础上，将目标企业与具有可比性企业的整个行业板块进行估值比较。由于市场对整个行业板块的总体估值体现了宏观环境和市场因素，如政策因素、情绪因素、流动性因素、风险偏好因素等，因而相对估值法综合体现了基本面的内在价值因素和外部的市场因素，其在实际应用中更具有参考性，这也是它优于单纯考虑企业内在价值的绝对估值法的重要原因。

采用这种方法的前提条件是市场是完备的，至少是有效的。只有在市场是完备的（或有效的）前提下，可比企业的市场公允价值才会等于或接近于其内在价值，这样计算出来的目标企业的价值才有可能反映它的内在价值。如果市场不满足完备性（或有效性）的条件，则用相对估值法计算的企业价值难以反映其真正的内在价值。当然，我们说企业估值的真正意义并不一定在于其科学性（即求得其内在价值），而是在于普遍可接受性。也就是说，只要能体现出在当前市场条件下可以达成共识的企业价值，更有利于双方的交易达成即可。

相对估值法一般有三个步骤：一是选择可比企业；二是选择合适的比率；三

是计算企业的价值。可比性要求可比企业之间的未来现金流量具有较高的相关性，一般来说在同一行业中的企业，很可能面对相似的市场，具有相似的经营模式，这就决定了它们的现金流量和成长性等方面很可能具有较高的相似性。当然，在资产规模、所处发展阶段、商业模式等方面也应具有可比性，还应结合资本结构、流动性比率、经营效率比率、偿债能力比率、盈利能力等方面的分析，剔除在这些方面差别过大的企业。至于比率的选择，要能够捕捉到影响企业价值的关键因素，而且比率中的控制变量一定是可以观测的。相对估值法的本质是要用当前实际观测到的财务变量反映未来的现金流量，进而反映企业的价值，因此所选择的变量要与未来现金流量之间存在密切的联系，并且这种联系在可比企业之间具有较强的可比性。

在资本市场实践中，相对估值法主要包括市盈率（PE，股票价格与每股盈利的比率）估值法、市销率（PS，股票价格与每股营业收入的比率）估值法、PEG（PE与净利润增长率的比率）估值法、市净率（PB，股票价格与每股净资产的比率）估值法等。由于不同的企业处于不同的行业、不同的生命周期阶段，所选择的商业模式、发展战略等各方面均不相同，因此，决定企业价值的关键因素各异，所采用的估值方法也不应相同。本书将重点介绍相对估值法的基本原理和应用情景。

（一）市盈率（PE）估值法

市盈率估值法在投资实践中应用较多，其计算公式如下：

$$\text{市盈率}=\frac{\text{每股价格}}{\text{每股收益}}$$

或

$$=\frac{\text{市值}}{\text{净利润}}$$

其中，若每股收益采用公司上一年度数据，则称为静态市盈率；若每股收益采用未来一年度数据或当前的数据，则称为预测市盈率或动态市盈率。从公式可以看出，采用PE估值法计算的前提是每股收益或净利润为正。PE的理论意义是，对于企业每股收益，资本市场愿意支付的每股价格，PE的高低则体现了市场（出资方）在判断企业价值基础之上愿意给予的溢价程度。影响PE的因素包括市场的因素、企业所处行业的因素、企业自身的价值因素等。通常情况下，不同的市场、行业之间的PE水平可比性较差，判断某个股票的PE估值水平需要寻找到特定的参考标的，需要寻找某个股票所处行业的平均水平、可比企业的PE水平以及该企业自身历史上的平均PE水平，在此基础上再对当前该企业的PE水平加以判断。

PE越高，意味着市场对企业的价值评估值越高；PE越低意味着市场对企业的评估值越低。从投资决策角度来说，当PE处于低位的时候，是买入企业股票的时机，当PE处于较高水平时，意味着股价的风险也较大，因此是卖出企业股票的时机。然而，PE的高与低只是相对的，在比较同市场、同行业相似标的PE水平过程中，企业自身价值的高低是决定企业PE估值的核心因素。从公式来看，企业盈利水平是影响企业PE估值水平的重要因素。如果每股收益采用未来一年的值，则里面包含了企业一年的盈利增长预期，因此，企业盈利增长也是影响企业PE估值的重要因素。

PE与企业盈利的成长性是正相关关系，对于不同行业来说，由于其整体所处阶段和未来发展前景预期各不相同，因此，行业间的平均PE水平相差很大。而对于同一行业的不同企业来说，也是如此，盈利成长性高的企业，代表企业的价值也相对较高，市场愿意以更高的价格购买当前的企业股票，以期望得到未来企业盈利成长的收益，因此，成长性越高的企业其PE估值就越高，或者市场给予的估值会高于同行业中的其他企业股票；反之，成长性较低的企业则PE估值也较低，或者市场给予的估值会低于同行业中的其他企业股票。因而，整个行业或单个企业的盈利增长性不同，其PE估值也不同。

一般而言，在企业快速增长时期，可能其PE估值会远远高于同行业板块中的其他企业，出现远高于市场平均PE水平和行业板块的平均PE水平，这种情况下，如果按照正常的相对比较的方法来使用PE估值作为投资参考，则失去了可操作性。因而，实际应用中，PE估值法对处于稳健增长阶段或者成熟阶段的企业更适用；对于快速成长期的企业，PEG估值法更适用。

（二）市盈率相对盈利增长比率（PEG）估值法

PEG估值法是在PE估值法的基础上衍生出来的一种估值方法，是企业股票的市盈率与企业盈利的增长率之间的比率，例如，如果一个企业的股票市盈率是50倍，其盈利增长率g是50%，则其$PEG=PE/g=50/50=1$。通常情况下，如果一个企业股票的PEG值是1，代表市场给予企业每一单位盈利的价格刚好与该企业盈利的增长率是等比例的，即市场给予该股票的价格刚好反映了其未来的盈利成长性。从这个意义上，PEG估值法更加适合高成长的企业，因为其将企业目前的价值与业绩的增长直接联系起来，作为估值的依据。

彼得·林奇在其专著《战胜华尔街》中写道："任何公司经合理定价的市盈率应与其增长率相等。我在此谈的是收益增长率，如果可口可乐公司的市盈率是

15，你预期该公司每年的增长率为15%，但如果市盈率低于增长率，你可能找到了一个很好的投资机会。”

因而，实际应用中，当PEG数值高于1时，说明市场当前给予企业股票的价格高于其未来盈利的增长水平，如果企业未来增长水平没有超预期，则意味着，随着PEG水平的提高，对该企业股票的估值偏高，风险也逐渐上升，因此，对投资决策来说，在该水平以上应是逐步卖出；当PEG数值低于1时，说明市场当前给予企业股票的价格低于其未来盈利的增长水平，如果企业未来增长水平符合预期，则意味着，未来PEG水平将较大可能接近1或者超过1，因此，对投资决策来说，PEG低于1时，是买入该企业股票的时机。

对PEG估值法的应用中，涉及对企业盈利增长的预测，预测值与实际值的预期差也是影响PEG估值波动的核心因素，因此在实际应用中，要时刻关注市场预期变化、市场情绪变化与企业实际盈利增长变化，这些对于灵活运用PEG估值法至关重要。需要说明的是，PEG估值法运用的一个假设前提是，企业的盈利增长速度为正，且盈利为正。

（三）市销率（PS）估值法

对于没有盈利或盈利为负的企业而言，采用PE或者PEG估值法没有意义。没有盈利的企业主要包括初创期的企业和衰退期的企业。初创期的企业由于其收入增长预期和未来盈利预期较高，用PS估值法估值更为合理；衰退期的企业收入和盈利预期均持续下降，用市净率估值法更为合适。

PS估值法也是相对估值法里较为常用的估值方法，其采用企业营业收入作为企业定价的重要依据。理论上，PS是股票价格与企业营业收入的比率，即市销率（P/S）=价格/营业收入，算术意义是，市场为每一单位的企业营业收入所支付的价格或者愿意支付的价格。因此，营业收入规模越大，则市场对企业股票的估值也越大，反之，销售规模越小，市场对企业股票的估值就越小。被评估企业股票的价值可以通过当前股价乘以PS倍数的方式计算得到。

PS估值法的优势在于：第一，其不像PE估值法等受账面存货、折旧、盈利等会计政策影响；第二，也不会因为企业当下盈利暂时亏损而失去评估意义；第三，在反映企业的定价政策和其他战略决策变化方面较为敏感，能够及时反映企业经营状况的变化。PS估值法的局限性在于：不能反映成本的变化，但事实上，初创期的企业处于持续投入阶段，成本较高，盈利较少，但并不说明企业没有未来，更不说明企业没有价值，因此用PS估值法对初创期企业股票进行估值，正可以规避其初创期成本投入高、盈利少的弊端，可以更加客观地为企业营业收入未来的增长进行合理的估值。

（四）市净率（PB）估值法

市净率估值法采用的是股价与每股净资产的比率，市净率＝股价/净资产，从公式看出，PB的计算需以净资产为正为前提，否则将失去其现实意义。PB估值倍数的确定需要在同市场、同行业板块里，根据可比企业的平均水平，同时综合考虑企业自身的平均PB水平，确定合理的倍数基准，被评估企业股票的估值则为其（每股）净资产乘以PB估值倍数。

由于企业的净资产体现企业的账面价值，并且该账面价值是遵循会计准则下的账面价值，根据谨慎性原则，它反映的是企业的最低可变现价值，再加上企业的净资产中没有包含未入账的无形资产（如商标、专利等），更无法反映企业未来的盈利能力和增长潜力，因此，PB估值法更适用于进入衰退期甚至是破产清算的企业估值。

从上面的分析可以看出，PE、估值法PEG、估值法PS等均在不同程度上和企业的增长率相关，即其数值的大小反映了市场愿意给予该企业增长率的溢价程度。但是，如果企业进入衰退期，失去了成长性甚至出现亏损，则无法用上述估值方法，在没有成长性的情况下，市场更倾向于回归企业本身的“实在”价值，这个时候，净资产为市场提供了一个相对稳定和直观可靠的估值依据，因此，投资者可以根据企业的账面价值给予估值。

PB估值法的局限在于：如果企业净资产为负值，则无法进行PB估值，尤其是在没有任何重组预期或者业务转型和自救的情况下，企业的投资价值更将大大减弱，市场将不会给予溢价空间。总体上看，采用该种方法进行估值，企业的估值水平很可能偏低，甚至会低于净资产的账面价值。

第二节　企业估值需考虑的重要非财务因素

在以工业为主向以服务业和信息技术为主转变的新经济形势下，上述各种以会计信息为主的估值模型都不同程度地受到了挑战。一方面，由于当前的会计核算体系中无法体现难以货币计量却非常有价值的资源（如大数据资源、商业模式等），很多无形资产（如自创商标、专利技术等）没有被包含在资产项目中，无法全面反映企业未来的增长机会和潜在风险，等等，因此会计信息可能无法很好地捕捉到新经济中企业价值的变化。另一方面，由于信息技术的发展，提供和传播信息的成本大幅度降低，信息来源不断丰富，信息可获得性日益提高，作为对企业经营状况做综合反映的会计信息因其相对的滞后性，可能越来越无法担当起“定价功能”之重任。因此，人们越来越认识到在对企业进行价值分析的过程中一些非财务因素的重要性。这些因素主要包括企业及其所处行业的发展阶段、企业类型与特征、企业的商业模式、发展战略以及评估者的主观意愿等。

一、企业及其所处行业的发展阶段

几乎每个企业都要经历从成长到衰退的整个过程，这当然和企业所处的行业有着密切联系。当一个企业所处的行业处于幼稚期时，行业才刚刚兴起，企业数量极少，整个市场需求也非常小。相对来说不确定性较高，进行投资的风险会非常大，所以估值比较困难，主观性相对比较大。而进入成长期之后，市场需求剧增，企业数量也会增加，行业的发展前景十分广阔，非常受投资者青睐，估值有可能急剧上升。随着行业的发展会逐渐进入成熟期，该期间行业的饱和度不断增加，出现了进入壁垒，大多数投资者也在慢慢退出，由此估值也会较成长期有所下降。当进入衰退期后，市场已经进入寒冬，会最终丧失对投资者的吸引力。由此可见，企业所处行业在不同的发展阶段，其适用的估值方法和得出的估值水平会存在较大差异。具体到某一企业来说，在选择估值方法时，除了要考虑所处行业的发展阶段，还要考虑该企业自身所处的发展阶段，需要相对综合而灵活地加以把握。

简单地说，股利折现模型、自由现金流折现模型和剩余收益折现模型等绝对估值法通常适用于比较成熟的行业中的企业，如家电、金融、消费类行业的企业，因为这些行业中的企业往往已经具备了一定的规模、清晰的盈利模式和较为稳定的盈利能力，我们可以比较容易地预测出企业未来的股利、自由现金流量和剩余收益。而与此相比，这些绝对估值法对周期性行业的估值准确性却很有限，因为周期性行业受宏观经济变化的影响较大，较难对未来的经营状况进行有效预测。此外，初创和成长型企业由于在其初期和成长过程中往往不分配股利，产生的自由现金流量也不足以体现企业价值，因此根据其股利分配和自由现金流量来估值的绝对估值方法也不适用。

在几种相对估值法中，PE 估值法是一种较为通用的估值方法，但由于该方法要求企业有持续稳定的盈利能力，因此对于那些初创企业并不适用，因为该类企业往往在经营模式和技术上还存在较大的不确定性；PB 估值法相对更适用于衰退期的企业，因为这类企业目前的盈利能力大多不够理想，未来发展前景更是缺乏想象空间，而现存资产的账面价值较易把握和估算。此外，对于建筑和房地产业这类周期性行业，由于其账面价值相对稳定且固定资产占账面价值的比重较大，因此也相对更适合采用PB估值法；PS估值法相对更适用于营业收入的增长态势较为明朗的企业，这类企业所属的行业往往处于生命周期中的成长期，对于成熟期和衰退期的企业则不太适合；而PEG估值方法相对更加适合高成长的企业。

二、企业类型与特征

不同类型的企业由于所处的行业不同、所处的阶段不同、发展模式和发展路径也各不相同，因此具有不同的企业特征，决定企业价值大小的关键因素也迥异。在选择估值方法时，需要充分考虑这些因素对估值所造成的影响，灵活地加以把握与运用。本书选择几种较为典型的企业，对其估值问题加以简要探讨与介绍。

（一）高新技术企业

随着世界范围内的高新技术及其产业的蓬勃兴起，高新技术对经济发展的贡献越来越明显。研究探索高新技术企业估值方法无论对于完善企业估值理论体系还是促进风险投资业的发展都具有重要意义。由于高新技术企业具有特殊的成长与发展模式，其在价值构成与估值方面具有不同于传统产业的特点。一般而言，高新技术企业具有以下典型特征：其一，公司价值很大程度上在于对未来拥有的机会，具有很大的不确定性；其二，由于高新技术的形成大多是分阶段的，在不同阶段的投入和风险差异较大，因此估值水平受所处阶段影响较大；其三，经营风险较大，竞争异常激烈，产品投放市场后难以产生稳定的现金流，既有可能带来企业的爆发式增长，也有可能导致企业一夜之间轰然倒塌。由于高新技术企业具有上述不确定性、高投入、高风险、高成长性以及发展阶段性等特点，单纯使用传统估价方法进行估值往往缺乏必要的数据，不利于准确体现企业巨大商业潜在价值和决策弹性。

许多学者跳出传统估值理论的思维框架，引入实物期权方法，从另一角度对企业估值理论进行了创新。高新技术企业是确定因素和不确定因素的集合体，传统的评估方法只能衡量确定因素带来的价值，实物期权法则是将不确定性看作一种选择权，赋予它期权的性质，通过对期权的定价来衡量不确定性创造的价值，这是在原有评估方法上的创新和延伸。其基本思路是将高新技术企业看作若干实物期权的组合，高新技术企业的价值等于现有资产的现金流量折现值加上各种实物期权的价值。

而对于如何建立实物期权的定价模型问题，由于高科技企业估值的复杂性，对于不同类型的高科技企业并不存在统一的估值方法，应根据高科技企业的特点选择合适的估值方法。但由于期权定价理论存在过多的限定和假设条件，实物期权方法对于高新技术企业估值的可操作性并不强，主要存在以下局限：第一，很难确定一家企业究竟拥有哪些实物期权；第二，难以确定实物期权定价所需的所有要素；第三，现实选择权本身具有复杂性。由于传统企业估值方法操作上的简便性是实物期权方法所不能比拟的，因此，改进的传统企业估值方法对于高新技术企业估值仍具使用价值。例如，基于财务指标的估值模型与非财务指标分析相结合，就能较为全面地揭示企业的现状和发展潜力；对净现金流为正且发展较为成熟的高新技术企业，现金流折现法仍然适用。但改进的传统估值方法仍未能从长远和战略的角度评价创新的价值，在某种程度上会低估企业价值。例如，高新技术企业通过不断研发所取得的尚未使用的专利或产品选择权具有相当价值，而仅采用现金流折现法就会低估这类企业的价值。

考虑到高新技术企业估值的复杂性和高度不确定性，在实际操作中，建议采用多种估值方法对高新技术企业进行估值，只有将传统估值方法与实物期权法相结合，方能较为全面地反映企业质量与弹性价值。

（二）互联网企业

互联网企业一般是指直接从互联网或与互联网相关的产品和服务中获取全部或部分收入的企业。互联网企业与传统企业相比存在很大的不同，主要体现在以下几个方面：(1) 商业模式不同。“流量为王”是互联网企业的鲜明特征，活跃用户数是反映互联网企业规模和发展水平的重要指标，互联网企业前期一般都处于亏损甚至是巨亏状态，随着活跃用户数的不断增长和用户黏性的增强，只有成功地将“用户”转化为“客户”的企业才有机会扭亏为盈。(2) 经营风险和财务风险较大。由于互联网发展趋势的变化、用户需求的转变、监管政策的变化、商业及盈利模式的不明确以及互联网行业企业竞争激烈等因素，互联网企业的经营风险和财务风险非常难以准确预测和有效应对。(3) 资金需求量巨大，融资渠道单一。互联网企业在初创时期，为了快速获取用户，往往需要大量的资金投入，通过“烧钱”吸引和增加用户。互联网企业特殊的发展模式和经营的高风险性，很难满足债务融资的条件，通过银行贷款或发行公司债券等方式进行融资的可能性很小。这就决定了互联网企业的融资基本全部依赖于权益性融资，在发展初期主要靠风险投资（venture capital，VC）获取资金，而后通过 IPO 方式从证券市场获取权益融资。(4) 边际成本递减，规模效应显著。随着用户数量的不断增加，在用户规模达到一定的量级后，互联网企业的边际成本将快速下降，无限向零趋近，用户的规模效应非常显著。(5) 数字化程度高，轻资产化。互联网行业是具有明显产业特征差异的行业，很多有价值的资源（如大数据、人力资源等）由于无法用货币计量而不能体现在财务报表中，因此，其价值的评估不能通过简单的财务指标来体现，业务模式、企业治理、科研水平、规模等级等非财务指标也能对其价值产生重要影响。

基于上述特征，在互联网企业的价值评估中，首先，要充分考虑企业所处的发展阶段。对于成熟企业，市场更关注净利润，PE 估值法较为合适；而对于初创和发展阶段的企业，市场更关注收入等规模性指标，PS 估值法较为合适。其次，要充分考虑非财务因素对估值的影响，如活跃用户数、网站点击量、创业团队构成及人力资源状况等，这些非财务因素往往是互联网企业创造价值非常重要的驱动因素。

（三）创新药研发企业

近几年生物药、创新药和改良型的新药，逐步成为投资的热点。从研发布局来看，生物药和创新药已成为药改后的一个新的投资热点，整个自主创新药的临床申请处于加速期。创新性医药项目的估值问题一直是一件专业性非常高的工作，需要进行立体化、多层次的信息收集、加工和总结，最终才能做出相应的决策。从不同的估值角度和侧重点，会得出不同的结论。但估值的核心都是围绕三个方面来展开的：一是未来商业化的前景；二是创新的水平；三是未来成功的概率。

总体来看创新药企业估值有两大难点：第一个难点是创新的周期比较长，资金的投入非常大，以 1.1 类创新药作为例子，它的周期在十年以上，投入的金额非常巨大，以当前的创新药龙头恒瑞医药上市的三款重磅创新药的研发投入为例，都是几亿元的巨额投入，并且研发投入的金额和研发的难度、进度以及最终的成功率，并不完全挂钩。所以在这个过程中估值就变成一件非常难的事情。研发的投入非常巨大，而且用在不同类型的疾病上面的研发投入也具有很大的差异。除此之外还有大量的临床机构的审批费、原始数据的核查费、医师的费用，临床过程、实验室检测、现场的监察费，临床试验机构的日常支出，等等。第二个难点是在巨大投入的同时，上市的失败率非常高。上市以后，市场的格局还有出现巨变的可能，这为整个创新药研发企业的估值工作又提出了更高的要求。从大数据统计结果来看，从临床到上市的总体成功率仅为 9.6%。上市以后，它的市场格局又有可能出现巨变，尤其是在仿制药出来之后，整个市场格局又会变化莫测。

从创新药研发企业的估值过程来看，最关键的节点有两个：一个是获批临床，一个是获批生产上市。处在不同的节点，它的估值会产生很大的差异，基于目前的市场估值水平，后者的价值至少是前者的8～10倍。在几种估值方法中，风险修正净现值法是目前市场上应用得最为广泛的。它主要分两步走：第一步是把它上市后可能带来的市场潜力（可以用销售收入、现金流量等财务指标加以度量）折现到上市这个时点上来计算现值；第二步是结合从目前阶段到上市这一过程中所存在的风险和持续的研发投入，采用修订的折现率将第一步得到的现值再次折现而最终计算出企业的价值。这种方法之所以应用广泛，是因为它充分考虑了目前阶段（在上市前的若干年中）所需承受的风险、所要发生的研发投入等因素，而在这个过程中不但没有利润，甚至连收入和现金流入都没有，这正是估值方法所需要解决的关键问题。

（四）周期性行业的企业

周期性行业一般是指和国内或国际经济波动相关性较强的行业。周期性行业的特征为产品价格呈周期性波动，汽车、钢铁、房地产、有色金属、石油化工等都是典型的周期性行业，其他周期性行业还包括电力、煤炭、机械、造船、水泥、原料药产业等。随着经济全球化和中国混合所有制改革的不断推进，周期性行业转型升级、兼并重组以及国际化步伐不断加快，资本市场对周期性企业估值的客观需求和关注程度日益提高。一般认为，周期性行业的运营状态和企业价值更易受到宏观经济波动的影响；而当前剧烈波动的新经济环境进一步加剧了周期性企业的估值难度。在目前的评估实践中，一方面特别强调宏观经济因素影响的重要性，另一方面又往往对宏观经济因素的考量流于形式，基本止步于宏观经济环境定性分析层面，由此导致企业价值高估或低估问题层出不穷。

对于周期性行业的企业估值难点主要体现在以下几个方面：（1）周期性行业的企业估值在应用收益类指标时必须进行修正，尤其需要将收益的波动性影响充分考虑进来；（2）周期性企业与非周期性企业相比估值稳定性差异更为显著，周期性企业在经济周期峰顶往往容易被高估，在谷底又容易被低估，而非周期性企业相对更容易解决估值问题；（3）对宏观经济因素的考量很难加以量化，更难以运用到具体企业未来业绩的预测或估值中。宏观经济现象错综复杂，所以刻画这些现象的宏观经济指标范围广泛、多种多样，其对不同周期性行业的影响也不可等同视之。

三、企业的商业模式

在知识经济时代，市场竞争早已不再是单一产品的竞争，而是以需求为导向、以顾客为中心的企业商业模式之间的竞争。越来越多的企业为了避开竞争激烈的“红海”，找到自己的“蓝海”，创造新的市场和需求，商业模式越来越受到企业管理者的重视。社区、平台等商业模式的出现，成就了一批伟大的企业，极大地推动了商业模式的快速演进。

保罗·蒂默斯（Paul Timmers）在1998年首次对商业模式的含义进行了理论界定，把它定义为企业“关于产品、服务和信息流的架构”。通俗地说，商业模式就是要讲清楚一家企业通过什么途径或方式来赚钱，这需要把企业运行方式和商业创意、内外部利益相关者之间的互动结合起来考察，以此来分析企业的发展潜力和未来价值。纵观商业模式的发展历程，其理论演进和应用与互联网及电子商务企业的发展密不可分。这些互联网企业，特别是互联网初创企业可能仅仅拥有一个商业计划书、少数创业者团队，没有实物资产，因此，难以用传统的估值方法进行合理估值。然而，正是这种既无实物载体又未实际运行的企业蓝图和工作团队，可能蕴涵着极大的盈利发展空间，受到了风险投资者的青睐，迫切需要解决该类企业的估值问题。

由于传统的估值理论和方法不适用于这些企业的合理估值，理论界和实务界开始借助于商业模式对这些初创企业进行价值评估。从目前情况来看，商业模式的价值评估可以采用定性和定量两种分析方法，并有从定性分析逐步过渡到定量分析的趋势。但这方面的研究还处于较低层次，与互联网企业的发展速度不相匹配。具体地说，基于商业模式对企业进行估值存在以下几个方面的障碍：一是目前研究仍停留在研究商业模式作为一种影响企业估值的因素，尚未把商业模式作为一种资产进行独立的价值评估；二是价值评估理论和工具没有突破企业边界，上升到多个企业构成的联盟层面，进行多企业价值评估，即商业模式整体估值；三是评估指标的设置过于单一，仅仅通过企业的利润对商业模式的合理性做出评价，难以全面反映企业从商业模式中获得的收益。

随着工业4.0时代的到来，智能化将成为未来商业模式演进的重要技术因素。大数据的应用、人工智能技术的发展，以及物理信息系统的成熟，必将催生新的商业模式。这些商业模式将导致信息化与工业化深层次多端融合与创新。因此，探讨和不断完善基于商业模式的企业估值理论和方法将是一项长期而艰巨的任务。

第三节　并购中的估值与商誉

在全球经历了五次并购浪潮后，并购越来越成为人们经济生活中的热点话题。并购是以商务控制权为标的的交易，包含兼并与收购活动，是市场进行资源配置的一种重要方式，也是转变经济发展方式、推动产业结构调整的重要方法，同时还是行业转型升级、上市公司做大做强的重要手段。由于并购交易的对象是一种复杂的“活产品”，交易过程中目标企业价值难以评估，并伴随着大量的难以预测的风险，因此并购估值一直是学术界与实务界关注的重要问题。

一、并购估值的特殊性

并购中的价值评估与一般经济行为中的价值评估有一定的差异，并购中的价值评估主要是为交易定价服务。站在并购的完整过程来看，目标企业的价值评估应综合考量并购企业和目标企业的相互影响因素，因而存在一个并购整体价值评估的问题。从企业资源理论的角度来看，企业是一个资源的集合体。两个资源禀赋不同的企业通过并购方式结合在一起，类似于化学物质的接触，由于并购双方企业资源在数量、质量、时空、结构等方面存在差异，并购后相互之间可能会产生互补、替代、增进、冲突等多重非线性作用，并购后的企业还会受外部环境影响不断地发生变化。随着时间的推移，资源之间的差异可以通过融合、协同与共振逐渐转变为合力与动力，推动企业朝好的方向发展；当然，也有可能由于双方不断发生内耗而导致合力相互抵消，甚至最终走向衰败。对并购的整体价值评估还没有令人信服的系统化的评估方法，因为在并购过程中，各种因素错综复杂、千变万化，不确定性很强，这些都无法完全通过量化得以反映。简单地说，并购中的总收购价值应当是目标公司的内在价值加上业务合并产生的协同价值，因此并购重组中的估值应当对协同价值予以充分考量。另外，在股市过度膨胀时期，市场价值可能大幅偏离内在价值，这一点应当引起足够警惕。

一般而言，现金流折现法能够相对较为有效地评价标的企业的潜在收益状况，也有助于双方交流意见；而相对估值法能够对市场现时价格做出及时反应，在投资决策的实时性和短时性方面优势显著。值得注意的是，战略收购与金融收购有所不同，考虑到战略整合因素，前者更应将协同效应、规模效应和其他战略性的价值计入标的企业的市场价值中。但实际上，无论何种估值方法，在具体估值业务中都有一定局限性，因此并购估值时应当尽量采用两种以上的估值方法进行估值，并根据不同方法的适用情况，选择最可能的一种估值结果或综合确定最终估值结果。由于估值结果的确定受到多种因素的综合影响，任一因素的细微变化都会对估值结果产生较大影响，特别是绝对估值法，其估值结果具有很强的敏感性，以区间值的形式表达估值结论是一种严谨性的体现，也能更好地满足不同委托方的需求。因此，在部分不确定因素较多的并购行为中，评估报告应考虑以区间值的形式表达评估结论，不仅有利于使用者更充分地理解评估结果，也能在一定程度上降低评估风险。

二、并购中的商誉问题

（一）非同一控制企业间的并购与商誉风险：不是商誉越低风险越小

在对非同一控制企业进行并购时，并购企业支付的并购价格大于被并购企业可辨认净资产公允价值相应份额的那部分金额，通常在并购企业的合并报表中通过商誉项目体现出来。商誉本质上是一种支付溢价，它体现了被并购企业拥有着报表中无法反映出的“账外”资产或能力以及并购后可能存在的协同效应。商誉的产生有多方面原因，比如被并购企业拥有特殊的地理优势、行业壁垒、经营管理能力、研发能力、悠久的历史、良好的品牌声誉或者较高的从业人员素质等。

理性的并购应该服务于企业的产业整合和产能升级，合理的商誉也应当反映并购整合后预期可实现的协同效应，因此，来源于理性并购的适度商誉资产预期能够给企业带来未来现金流量。然而近年来，我国上市公司并购重组行为愈演愈烈，并购企业通过溢价收购获得的商誉呈现大规模增长，对并购的发展前景过于乐观，一旦日后被并购企业的利润水平没有达到原来预期，导致耗费的并购成本无法按期回收，就会造成巨额的商誉减值问题，严重影响并购企业的价值以及盈利状况。具体地说，如果并购的协同效应不能发挥，巨额的商誉就有可能成为企业未来经营的负担：一方面，企业的并购活动并不都是理性的，当并购不以实现协同效应为目的时，过高的商誉就会给并购企业的未来经营埋下巨大隐患，甚至危及资本市场的健康发展，引发系统性风险；另一方面，并购商誉直接来源于企业的并购溢价，巨额商誉不仅耗费企业当前可用于提升产品市场竞争能力的各种稀缺资源，还有可能导致利益相关方，如银行、供应商、客户等，对企业未来经营产生负面评价，从而导致企业未来经营的可用资源减少，这些都不利于企业的长期发展。因此可以说，商誉资产对企业而言无疑是一把双刃剑——如果合理评估并购后的协同效应，适度的商誉能够给企业带来预期收益；如果高估了并购协同效应，巨额商誉则可能成为企业未来经营的巨大负担。

近年来，由于商誉所包含的风险以及大量上市公司商誉减值爆雷频现，一些上市公司开始出现低商誉或零商誉的非同一控制下的企业合并。难道低商誉或零商誉并购的企业代价就低吗？低商誉或零商誉并购中的风险转移到哪里去了呢？

我们先看看商誉的计算公式：

$$\text{商誉}=\begin{matrix}\text{并购企业发生的}\\\text{投资成本(对价)}\end{matrix}-\begin{matrix}\text{被并购企业}\\\text{净资产的公允价值}\end{matrix}\times\begin{matrix}\text{股权转让}\\\text{百分比}\end{matrix}$$

既然是减法计算出商誉，因此在实践中，被并购企业净资产的评估价值越高，商誉就会越低。

有两个问题需要讨论。

一是公允价值的实质与被并购企业公允评估价值的弹性化。

百度百科对公允价值的定义是：公允价值（fair value）亦称公允市价、公允价格，是指市场参与者在计量日发生的有序交易中，出售一项资产所能收到或者转移一项负债所需支付的价格。

从字面上，我们往往很难体会出概念的实质。下面通过一个例子进行说明。

假设你在同一个时间下单从三个渠道购买某教材。你从第一个渠道得到的价格是定价的70%，从第二个渠道得到的价格是定价的60%，从第三个渠道得到的价格是定价的50%，而且书的质量相同，均送货上门。请问：哪一个交易价格是公允价格（公允价值）？

请注意，上述三项交易均符合公允价值定义的核心要义——有序交易，没有任何一项交易是胁迫发生的，因而都是公允价值。

因此，公允价值是一个弹性的范围，而不是一个确定的价值量。

这样，当被并购企业净资产的公允价值被高估的时候，高估的公允价值与并购对价之间的差额就会变小。因此，并购中的商誉是一个弹性的范围，随着被并购企业公允价值的高低而反向变化。

二是低商誉或零商誉并购风险转移到哪里去了？

现在的问题是：难道低商誉或零商誉并购对于并购企业而言，其并购风险就小了吗？

实际上，并购企业支付的并购对价是不是高，取决于被并购企业在并购后能否持续释放出符合并购当时预期的投资回报（盈利规模、盈利质量和投资报酬率等）。如果被并购企业能够按照预期释放出恰当的业绩，即使并购企业付出的代价产生了较高的商誉，其商誉也不是雷，而属于优质资产；反之，如果被并购企业不能够按照预期释放出恰当的业绩，即使并购企业付出的代价并没有产生较高的商誉，其商誉也是雷，就要计提减值损失。

回到前面的问题：难道低商誉或零商誉并购对于并购企业而言，其并购风险就小了吗?

这里有两种情形需要考虑：第一种情形：被评估企业评估增值较低，投资方支付的对价也不高，因而商誉规模小。在这种情况下，企业一般不会因被并购企业夸张的评估价而造成未来财务业绩的巨大压力，因而一般来说，这种情形的低商誉或零商誉并购的风险不会太大。

第二种情形：被评估企业评估增值很高，投资方支付的对价虽然不低，但计算出来的商誉规模较小。

想想看：如果被并购企业资产的评估增值较高，增值较高的会集中在哪项资产?

常识告诉我们：只要资产是可辨识的，就很难产生极高的评估增值。比如，存货、固定资产、在建工程等就摆在那里，不同评估师不太可能对特定存货、固定资产、在建工程等资产的评估价值做出不可思议的高评估增值。

但难以辨识的无形资产就不一样了。企业价值的创造过程，既是可辨识资产的应用过程，也是大量表外可以归属于无形资产的不可辨识资源系统应用的结果。因此，在实践中这样的企业很多：说得清楚（可辨识）与说不清楚（不可辨识）的无形资产与有形资产一起发挥作用，成就了企业持续不断的价值创造能力或价值整合能力。

从这个意义上来说，对于盈利能力强的被并购企业的高资产评估增值出现在无形资产里是有客观现实依据的。

但凡事都有度。当被并购企业无形资产评估过高后，并购企业的并购风险就从传统的商誉转移到无形资产了。请高度关注因并购而导致的合并无形资产大膨胀的企业风险。

案例 7-1

紫金矿业的零商誉并购分析

下面的信息来源于上市公司紫金矿业集团股份有限公司（以下简称紫金矿业）2020年年度报告：

本集团全资子公司西藏紫金实业有限公司（以下简称西藏紫金实业）于2020年6月6日与西藏藏格创业投资集团有限公司、西藏中胜矿业有限公司、深圳臣方资产管理有限公司、肖永明、巨龙铜业、藏格控股股份有限公司、西藏汇百弘实业有限公司分别签署《关于西藏巨龙铜业有限公司之股权转让协议》。根据上述协议，西藏紫金实业拟以现金方式出资人民币 3 882 750 000 元收购巨龙铜业 50.1%的股权。此外，根据协议补充条款，当驱龙铜多金属矿（含荣木措拉铜多金属矿）二期新增 15 万吨/日采选工程达到协议约定条件时，西藏紫金实业将给予本次出售巨龙铜业股权的股东一定补偿。截至 2020 年 7 月 9 日，巨龙铜业完成工商变更登记，至此，本集团获得巨龙铜业 50.1%股权，能主导巨龙铜业的相关活动。

巨龙铜业的可辨认资产和负债于购买日的公允价值和账面价值如表 7－1 所示。

表 7－1　巨龙铜业购买日可辨认资产和负债的公允价值和账面价值　单位：元

项目	2020 年 7 月 9 日	2020 年 7 月 9 日
	公允价值	账面价值
货币资金	3 389 830	3 389 830
应收账款	1 210 870	1 210 870
预付账款	18 911 165	18 911 165
其他应收款	21 769 649	21 769 649
存货	98 433 362	98 063 362
其他流动资产	3 765 578	3 765 578
长期股权投资	28 383 638	28 383 638
固定资产	1 004 237 427	833 797 238
在建工程	7 169 998 263	7 503 903 798
无形资产	12 984 305 146	703 821 053
长期待摊费用	—	961 879 030
递延所得税资产	84 053 951	84 053 951
其他非流动资产	1 567 733 992	1 567 733 992
短期借款	90 000 000	90 000 000
应付账款	452 042 946	452 042 946
预收账款	26 504 997	26 504 997
应付职工薪酬	52 758 932	52 758 932
应交税费	13 922 684	13 922 684
其他应付款	2 530 038 359	2 530 038 359
预计负债	727 319 236	727 319 236
其他流动负债	570 833 480	570 833 480
长期借款	5 888 150 000	5 888 150 000

续表

项目	2020年7月9日	2020年7月9日
	公允价值	账面价值
长期应付款	521 665 827	521 665 827
递延所得税负债	1 680 948 004	7 621 547
净资产	10 432 008 406	949 825 146
减：少数股东权益	1 125 358	1 125 358
归属于母公司的净资产	10 432 008 406	948 699 788
少数股东权益	5 205 010 641	
取得的净资产（50.1%）	5 225 872 407	
交易对价	5 225 872 407	
其中：现金	3 882 750 000	
其他非流动负债—或有对价	1 343 122 407	

巨龙铜业自购买日起至本年年末的经营成果和现金流量如表7-2所示。

表7-2　巨龙铜业经营成果和现金流量　　单位：元

项目	2020年7月10日至12月31日期间
营业收入	220 133 062
净利润	189 295 308
现金流量净流入	109 251 376

在紫金矿业的此次并购中，有一些地方需要关注：

第一，关于零商誉实现非同一控制下的企业合并。在本案例中，由于取得的净资产与交易对价完全一致，因而此项非同一控制人之间的股权并购交易没有产生商誉。从企业并购的一般常识来看，具有盈利前景的企业，其公允价值的评估往往会忽略掉一些难以辨识但却实实在在为企业持续盈利发挥作用的因素，如企业市场口碑、组织内部制度建设所形成的软实力等，这些难以辨识的资源在企业盈利能力的形成过程中做出了应有贡献。因此，在企业盈利前景较好的背景下，公允价值评估往往会低估企业的价值。在这种情况下，买方支付的对价中如果包含了对被并购企业原控制性股东超过公允评估价值的额外补偿因素，则在买方并购后的合并报表中，这部分额外补偿的对价就形成商誉。从这个意义上来讲，盈利前景较好企业的并购，买方在并购后形成一定规模的商誉是正常的，零商誉并购应该是巧合，而不是规律。

第二，我们在前面的讨论中已经谈到，被并购企业的公允评估价值与商誉存在此消彼长的关系，在并购对价确定的基础上，降低商誉的途径就是要提高被并购企业资产的公允评估价值。而无形资产这个项目可能在这个过程中承担重要任务。本案例的信息显示，被并购企业的无形资产评估增值果然非常大，其评估价值高达 129.84 亿元，远超其账面价值 7.04 亿元！

第三，尽管评估师将巨龙铜业的无形资产评估到 129.84 亿元，但在未来被并购企业巨龙铜业的经营活动中发挥作用的还是其账面价值 7.04 亿元的无形资产而不是评估价值 129.84 亿元。可以这样理解：尽管被并购企业的无形资产账面价值只有 7.04 亿元，但站在并购方紫金矿业的角度来看，被并购企业无形资产未来将发挥出 129.84 亿元的作用！当然，这种作用的发挥，是并购完成后在紫金矿业（而不是原控股股东）的领导下实现的。但不论如何，这么高的纸面增值还是会对被并购企业未来的业绩产生极大的压力。

第四，被并购企业巨龙铜业在 2020 年 7 月 10 日至 12 月 31 日期间的财务数据显示，企业将近半年时间的营业收入规模只有区区 2.2 亿元，虽然产生了正的净利润和现金流量净额，但与企业的公允评估价值相比，无论其营业收入还是净利润，规模都是显著不足的。当然，企业并购所购买的是被并购企业的未来。巨龙铜业的未来是如何发展的，还是要让数据说话。

（二）同一控制企业间的并购：虽不产生商誉，但治理影响更加深远

按照会计处理的一般规范，同一控制人之间的并购不产生商誉，且不管并购发生在哪一天，均视同从当年 1 月 1 日开始发生了并购。也就是说，只要并购发生在当年年末 12 月 31 日 24 点前，均视同并购发生在当年 1 月 1 日零点——被并购企业从并购发生年度 1 月 1 日以来的财务数据都要纳入并购企业的合并报表。

需要注意的是：企业有可能在年度内长达 11 个月的时间内营业收入及利润乃至现金流量等信息都是按照年初的惯性往前发展的。在 12 月，由于并购了同一控制企业，企业的利润表就可能实现跨越式发展。跨越式发展的规模有多大，取决于被并购企业的全年业绩有多大。

这样看来，通过对同一控制企业的并购，既可以迅速实现利润表业绩的快速增长，还不产生商誉——对并购企业而言不会产生相关的资产暴雷风险。

实际上，如果在同一控制企业的并购中，并购企业对价的支付是以让被并购企业的原股东持有并购企业股份的方式来实现，则被并购企业原股东就变成了并购企业的股东，其持有的股份规模极有可能对公司治理产生重要影响。在这种情况下，企业的风险就不再是商誉、无形资产评估增值的风险，而是公司治理的风险了。而公司治理方面的风险对企业的影响是更根本的。

案例 7-2

辅仁药业同一控制企业并购与退市分析

2023年5月22日，上市公司辅仁药业宣布退市。对该企业退市前一段时间的财务梳理，可以看到企业财务数据的变化趋势，见表7-3。

表7-3表明，2016年辅仁药业的资产总额、股本和资本公积以及营业收入的规模均不大，营业利润的规模仅约2 000万元。无论从哪个方面来看，辅仁药业在财务上均属于规模较小的公司。

2017年辅仁药业突然发力：企业的资产总额、股本和资本公积以及营业收入的规模均实现了跨越式发展。与此同时，营业利润的规模得到大幅提升。

辅仁药业在财务上的高光时刻出现在2018年。在这一年，辅仁药业继续沿袭上一年的发展态势，在营业收入、营业利润和资产规模等方面均出现了一定程度的增长。企业似乎步入了健康、良性发展的快车道。

但是，这种"欣欣向荣"的财务状况在2019年戛然而止：虽然在2019年12月31日企业的资产规模达到创纪录的117.36亿元，但正是在这一年，企业的营业收入掉头朝下，跌落到51.71亿元，而营业利润也回调到6.57亿元，其规模几乎是上一年营业利润的50%。与此同时，合并报表中与企业经营活动关联度较低的其他应收款项目一年内就从年初的0.17亿元猛增到18.20亿元，而恰恰是企业2020年以后对其他应收款计提的巨额减值损失极大冲击了企业的营业利润。当然，企业在应收账款上计提的减值损失构成了另外一个导致营业利润出现巨额亏损的主力军。

两项债权（应收账款和其他应收款）的先迅速增加、后迅速计提减值损失并伴随着注册会计师审计意见的风险提示，这些现象在很大程度上反映的是辅仁药业在2019年后组织行为的重大变化。

从企业发展的一般规律来看，企业的营业收入和盈利状况在年度间出现一定程度的波动是正常的。但恰恰在2019年，担任辅仁药业年度报告审计工作的注册会计师对企业的财务报告出具了无法表示意见的审计报告。注册会计师的这种看似极端的做法，实际上是在向信息使用者进行重大风险示警。

后续的发展情况是，辅仁药业2019年以后的财务状况走势越来越弱：营业收入、盈利状况、资产规模以及偿债能力等出现了持续下滑的情形。与此同时，注册会计师持续发表具有明显风险提示性质的审计报告。

那么，为什么在几年以前（2016年至2018年间）看起来还好端端的一个企业，在比较短的时间内却出现了财务状况持续恶化的情况呢？这样一个看似不太容易实现的转变，企业是怎么做到的呢？

表 7-3　辅仁药业 2016—2022 年期间部分合并报表数据与审计报告信息

单位：亿元

利润表项目	2022 年度	2021 年度	2020 年度	2019 年度	2018 年度	2017 年度	2016 年度
营业收入	14.69	15.12	28.91	51.71	63.17	57.80	4.96
营业利润	−28.37	−29.49	−13.78	6.57	11.17	9.59	0.20
利息费用	6.92	7.30	6.36	3.04	1.83	1.36	0.31
信用减值损失（2018 年前为资产减值损失中的坏账损失）	18.29	19.27	9.21	0.60	0.41	0.34	0.01
其中：应收账款减值损失	13.61	6.20	2.15	0.68	未区分	未区分	未区分
其他应收款减值损失	4.70	13.09	2.70	0.08	未区分	未区分	未区分
资产减值损失（2018 年前剔除坏账损失）	0.48	0.14	0.06	0.09	0.09	0.05	0.03
资产负债表项目	2022 年 12 月 31 日	2021 年 12 月 31 日	2020 年 12 月 31 日	2019 年 12 月 31 日	2018 年 12 月 31 日	2017 年 12 月 31 日	2016 年 12 月 31 日
应收账款	8.85	22.46	37.10	36.38	28.39	23.62	0.67
其他应收款	4.40	9.54	11.41	18.20	0.17	0.20	0.07
资产总计	62.56	83.45	109.17	117.36	107.17	98.80	12.73
各类有息负债（包括短期借款、一年内到期的非流动负债、其他应付款中的有息负债、长期应付款等）	36.17	41.93	44.54	40.94	40.36	36.18	6.74
应付利息	14.19	9.90	6.24	2.07	0.07	0.04	0.00
有息负债加应付利息之和	50.36	51.83	50.78	43.01	40.43	36.22	6.74
股本	6.27	6.27	6.27	6.27	6.27	6.27	1.78
资本公积	18.98	18.98	18.98	18.98	18.98	18.98	1.29

续表

其他项目	2022年	2021年	2020年	2019年	2018年	2017年	2016年
审计意见类型	无法表示意见	无法表示意见	保留意见	无法表示意见	标准无保留意见		
导致无法表示意见（保留意见）的基础	1.控股股东及其关联方违规占用资金及违规对外担保 2.诉讼（仲裁）案件的影响 3.应收款项的可收回性 4.借款的准确性和完整性 5.与持续经营相关的重大不确定性	1.控股股东及其关联方违规占用资金及违规对外担保 2.诉讼（仲裁）案件的影响 3.应收账款的可收回性 4.审计范围受限 5.借款的准确性和完整性 6.期后事项对财务报表的影响 7.与持续经营相关的重大不确定性	1.控股股东及其关联方违规占用资金及违规对外担保 2.诉讼（仲裁）案件的影响 3.应收账款的可收回性 4.与持续经营相关的重大不确定性	1.控股股东及其关联方违规占用资金及对外担保 2.违约债务、诉讼（仲裁） 3.预付款项、其他应收款的商业实质及可收回性 4.应收账款的确认、计量与列报的恰当性 5.中国证监会立案调查 6.与持续经营相关的重大不确定性	不适用		
关键审计事项（2016年前官方格式中无关键审计事项内容）	无	无	1.营业收入确认 2.存货可变现净值	无	1.应收账款坏账准备 2.收入确认	1.应收账款坏账准备 2.收入确认	审计报告格式中无此项内容
审计机构	深圳旭泰会计师事务所	深圳旭泰会计师事务所	北京兴华会计师事务所	瑞华会计师事务所	瑞华会计师事务所	瑞华会计师事务所	瑞华会计师事务所

实际上，辅仁药业在2017年的一项重要合并，既成就了企业短时间内基本业务规模的跨越式增长，也为企业未来财务状况的持续下滑奠定了坚实的基础。

辅仁药业2017年年度报告显示，在这一年，辅仁药业完成了一项同一控制下的企业合并。相关信息见表7-4。

表7-4　辅仁药业部分财务数据　　单位：亿元

被合并方名称	企业合并中取得的权益比例	构成同一控制下企业合并的依据	合并日	合并当期期初至合并日被合并方的收入	合并当期期初至合并日被合并方的净利润
开封制药（集团）有限公司	100.00%	合并前后共同受辅仁药业集团有限公司控制	2017年12月26日	52.72亿元	7.70亿元

原来，辅仁药业2017年度的营业收入、资产规模等之所以有了跨越式发展，主要应归功于2017年12月26日的这次并购。企业在2017年年度报告中披露，2017年12月21日，中国证监会核发《关于核准辅仁药业集团实业股份有限公司重大资产重组及向辅仁药业集团有限公司等发行股份购买资产并募集配套资金的批复》（证监许可〔2017〕2367号），核准辅仁药业重大资产重组及向辅仁药业集团有限公司等交易对象发行股份449 564 648股购买相关资产。

请注意，尽管并购发生的时间是当年12月26日，但由于是同一控制下的企业合并，被合并方在2017年全年的营业收入和利润等财务数据均要并入辅仁药业的合并报表，视同2017年1月1日被合并方就是辅仁药业的子公司。

在资产负债表方面，同一控制下的企业合并在合并方辅仁药业的合并资产中虽然不产生商誉，但对股东权益的重要项目——股本则产生了重大影响：在2017年12月31日，正是当年的合并导致了企业的股本从年初的1.78亿元猛增到年末的6.27亿元！

这种股权规模的巨大变化背后是股权结构的显著变化：无论在此次合并前辅仁药业的股权结构如何，新增加的股份（449 564 648股）规模远远大于合并发生前的177 592 864股。控股股东对辅仁药业的控制力得到了明显强化。

这种强化对企业的根本性影响是：如果辅仁药业能更多站在全体股东立场去谋求企业发展、最大限度谋求企业整体价值最大化，则公司将朝着有利于包括控股股东在内的全体股东的利益关系最优化的方向发展；但如果辅仁药业只是更多体现控股股东意志，则辅仁药业的组织行为和财务状况就可能朝着有利于控股股东而不利于其他股东的方向发展。

2019年注册会计师在审计意见中指出并在后续各个年度基本没有消除的影响注册会计师出具审计意见的主要事项，恰恰反映了辅仁药业的组织行为与发展方向在持续不断朝着不利于其他股东的方向发展。

那么，导致注册会计师对辅仁药业2019年度财务报告出具无法表示意见的事项蕴含了怎样的风险因素呢?

从注册会计师出具的审计报告具体内容来看，注册会计师列出的导致无法表示意见的六个事项均包含了重大的甚至是根本的风险因素。

1. 控股股东及其关联方违规占用资金及对外担保

审计报告指出："截至2019年12月31日，辅仁药业向控股股东辅仁药业集团有限公司及关联方提供借款余额163 562.50万元、向控股股东辅仁药业集团有限公司及关联方提供连带责任担保14 000.00万元（尚有担保余额5 980.00万元），该事项未经辅仁药业公司董事会、股东大会审议。"

请注意，上述事项所揭示的企业风险既不是企业的决策风险管控问题，也不是企业日常经营管理的风险管控问题，而是超越企业决策与日常经营管理的更高层次的风险问题——企业的公司治理可能存在严重的问题。

注册会计师披露上述内容一定是有证据的。相关证据应该显示出：企业可以不经董事会和股东大会的审议，就可以把公司及其子公司的巨额真金白银提供给控股股东及其关联方，或为控股股东及其关联方提供担保。这意味着，企业已经在相当程度上变成了控股股东及其关联方的提款机了。

此外，注册会计师还指出："我们通过查询公开诉讼（仲裁）信息发现，以辅仁药业公司及其子公司名义对外借款由控股股东及其关联方使用、为控股股东及其关联方提供担保，且均未按相关规定进行账务处理并及时披露。"

本来，公司从金融机构借款，相关款项理应汇入借款企业的账户中，然后由借款人按照借款时约定的借款用途对借款进行使用，进而按照约定偿还借款本金和利息。但上述描述向我们展示了另外一种场景：相关款项可能并没有进入借款企业的账户，而是进入了控股股东及其关联方的账户！这种情形的出现，直接说明辅仁药业的财务会计处理存在重要缺陷。

一个企业的财务会计处理出现重要缺陷，其会计信息质量将会大打折扣。依据不能反映企业财务状况的财务会计信息所做出的相关决策，可能隐藏着相应风险。

2. 违约债务、诉讼（仲裁）

审计报告指出："辅仁药业公司债务逾期不能偿还，已构成违约并涉及诉讼。截至2019年12月31日，逾期债务本金及利息合计238 556.58万元，占账面负债总额40.50%。"

常识告诉我们：如果企业的业务有不断扩大的市场份额或营业收入持续增长、盈利能力较强且经营活动产生现金流量能力也较强的情况下，只要企业不进行超出其自身经营与投资需求的过度债务融资，一般不会出现债务违约的问题。

当企业出现债务违约、诉讼（仲裁）缠身的时候，其资产质量、盈利质量就有可能存在着较大的风险：企业难以用自身的经营活动和投资活动产生的现金流量来正常偿还债务，或企业难以通过新的筹资来偿还现有到期债务。

这意味着企业不但经营活动与投资活动的现金能力不能解决债务清偿问题，其筹资也面临严重困境。

3. 预付款项、其他应收款的商业实质及可收回性

审计报告指出："辅仁药业公司通过供应商（亳州市济荣堂中药材销售有限公司、亳州市祥润中药材贸易有限公司）、其他往来单位（郑州云之顶商贸有限公司、开封盈天商贸有限公司、许昌宝隆印务有限公司）向控股股东及关联方支付资金以及与辅仁药业公司子公司进行资金周转。我们无法就辅仁药业公司与上述供应商和往来单位的商业实质和可收回性，以及是否存在关联方关系获取充分、适当的审计证据，因此我们也无法判断预付款项、其他应收款项目对财务报表可能产生的影响。"

在审计过程中，当注册会计师质疑企业某些项目或业务会计处理的"商业实质"的时候，往往意味着注册会计师质疑企业会计处理的恰当性。当认为这种质疑所涉及的内容意义重大且不能通过审计过程来解决的时候，注册会计师就可能在审计报告中列示出来，作为支持其出具非标准无保留意见审计报告的依据。

这就是说，到出具审计意见的时候，注册会计师仍然不能确定预付款项和其他应收款的会计处理是否恰当反映了企业的相关业务。

当不属于预付款项性质和其他应收款性质的支出被计入预付款项和其他应收款的时候，相关会计信息的可信度就打了折扣，以此为基础进行分析和决策就会失去意义。

4. 应收账款的确认、计量与列报的恰当性

审计报告指出："辅仁药业公司全资子公司开封制药（集团）有限公司 2019 年度主营业务收入 464 294.92 万元，2019 年 12 月 31 日应收账款账面余额 377 603.72 万元，其中 1 年以内应收账款余额 343 880.34 万元，占 2019 年度主营业务收入的 74.07%；开封制药（集团）有限公司 2019 年度向圣光集团医药物流有限公司等 96 家客户销售 7.26 亿元、开封制药（集团）有限公司全资子公司河南同源制药有限公司 2019 年度向安徽益信堂医药有限公司等 226 家客户销售 1.58 亿元，截至 2019 年 12 月 31 日该等公司当期销售款当期均未回款。在审计中发现，开封制药（集团）有限公司货币资金内部控制运行存在重大缺陷。"

从上述描述中，我们可以清晰地体会到，注册会计师对开封制药（集团）有

限公司在2019年度确认的收入是否恰当是高度质疑的，其中“该等公司当期销售款当期均未回款”是在质疑企业营业收入确认恰当性的同时，对企业应收账款质量也提出了质疑。这表明注册会计师对企业关于销售的会计处理是否遵循了企业会计准则要求的质疑。

上述问题的风险在于，一方面，如果企业在本期确认营业收入所对应的赊销债权最终都不能回收，则这些债权就会在未来变成坏账，从而冲击未来某会计期间的营业利润；另一方面，这种“当期销售款当期均未回款”的“业务模式”如果持续进行下去，企业经营活动的现金流量将会逐渐枯竭。

5. 中国证监会立案调查

审计报告对此事项的描述是：“因公司涉嫌违法违规，中国证券监督管理委员决定对公司立案调查。截至本审计报告出具日，调查工作仍在进行中。”虽然企业后续的发展显示，此次立案调查并没有导致企业出现退市的风险，但“公司涉嫌违法违规”会在相当程度上影响企业对其顾客、雇员、供应商、信贷债权人以及股东等利益相关者社会责任的履行。

6. 与持续经营相关的重大不确定性

审计报告指出：“截至2019年12月31日，辅仁药业资金流动性困难，面临债务逾期无法偿还以及对外担保承担连带赔偿的资金压力，同时涉及多起诉讼、部分银行账户及资产被冻结，持续经营能力存在重大不确定性。”

“与持续经营相关的重大不确定性”是对面临重大财务困境、可能在可预见的将来在财务上出现难以为继局面企业经常采用的一种描述。

应该说，企业的资金流动性困难、债务预期无法偿还、担保连带赔偿压力、诉讼不断、资产被冻结等固然会在短时间内严重影响企业的持续经营，但并不必然导致企业最终出现严重的财务困境：如果企业的产品或服务的市场地位和竞争力不断提升、经营活动产生的现金流量净额足够充分以及企业有较为丰富的筹资手段，企业短时间内的财务困境是可能安然渡过的。而上述财务困境的克服，除了企业在经营管理方面的不断努力，还根本地取决于企业控股股东所拥有的财务资源以及控股股东希望利用被控制企业达到什么样的目的。如果控股股东不在“控股股东及其关联方违规占用资金及对外担保”方面进行克制并尽力消除现有因“控股股东及其关联方违规占用资金及对外担保”所导致的财务困境，则企业未来前景将十分暗淡。

从辅仁药业在短短几年的时间通过合并实现跨越式发展但很快走向财务困境直至最终退市的过程，我们可以看到，公司在2017年似乎捡了个“大便宜”，但正是这个“大便宜”为公司未来退市奠定了坚实的基础——由于股权结构中的碾压式优势，企业公司治理出现了重大变化：企业彻底沦为了其控股股东发展的战略棋子。

更进一步，我们可以认为：产生高商誉的非同一控制企业并购，企业损失的往往是财务资源。而在本案例中，企业失去的则是其在资本市场中的命。前者要钱，后者要命。

本章小结

本章简单介绍了企业估值的常用方法，包括绝对估值法和相对估值法；重点分析了企业估值过程中需考虑的重要非财务因素；强调了并购中企业估值的特殊性以及所产生的商誉问题。

思考题

1. 企业估值的常用方法有哪些？
2. 企业估值过程中需考虑的重要非财务因素通常有哪些？
3. 如何看待并购中企业估值的特殊性以及所产生的商誉问题？
4. 如何看待并购过程中低商誉、被并购企业资产高评估增值的风险？

案例分析

老百姓（2023）

第一部分：案例资料

老百姓大药房连锁股份有限公司（以下简称老百姓）2023年年度报告中“合并范围的变更”部分信息如下（单位：元）：

1. 非同一控制下的企业合并

被购买方名称	股权取得时点	股权取得成本	股权取得比例（%）	股权取得方式	购买日	购买日的确定依据	购买日至期末被购买方的收入	购买日至期末被购买方的净利润	购买日至期末被购买方的现金流量
芜湖老百姓一家人药房连锁有限公司	2023年5月1日	131 000 000	100%	收购	2023年5月1日	实际取得对被合并方或被购买方控制权	83 475 167	5 710 828	−9 940 633

续表

被购买方名称	股权取得时点	股权取得成本	股权取得比例（%）	股权取得方式	购买日	购买日的确定依据	购买日至期末被购买方的收入	购买日至期末被购买方的净利润	购买日至期末被购买方的现金流量
安庆老百姓大药房连锁有限公司	2023年6月1日	124 000 000	80%	收购	2023年6月1日	实际取得对被合并方或被购买方控制权	69 884 767	52 224	−18 550 619
山东老百姓春天大药房连锁有限公司	2023年8月1日	108 990 000	80%	收购	2023年8月1日	实际取得对被合并方或被购买方控制权	62 174 953	4 415 082	−18 293 949
江苏普泽大药房连锁有限公司电商	2023年2月19日	10 000 000	不适用	收购	2023年2月19日	实际取得对被合并方或被购买方控制权	151 927 233	2 718 127	不适用
恒誉大药房17家门店	2023年3月9日	7 300 000	不适用	收购	2023年3月9日	实际取得对被合并方或被购买方控制权	27 744 236	987 806	不适用

2. 合并成本及商誉

项目	芜湖老百姓一家人药房连锁有限公司	安庆老百姓大药房连锁有限公司	山东老百姓春天大药房连锁有限公司
合并成本：现金	131 000 000	124 000 000	108 990 000
减：取得的可辨认净资产公允价值份额	10 000 000	14 880 000	13 196 411
商誉/合并成本小于取得的可辨认净资产公允价值份额的金额	121 000 000	109 120 000	95 793 589

本公司之子公司南通普泽大药房连锁有限公司与江苏普泽大药房连锁有限公司于2022年9月签订了《业务及资产收购协议》，南通普泽大药房连锁有限公司收购其拥有的医药电商B2C业务。此次交易的收购对价为人民币10 000 000元，确认商誉为人民币10 000 000元，购买日确定为2023年2月19日。

本公司之子公司扬州市百信缘医药连锁有限公司与扬州市恒誉大药房连锁有限公司于2023年3月9日签订了《业务及资产收购协议》，扬州市百信缘医药连锁有限公司收购其拥有的17家门店相关业务及资产，此次交易的收购对价为人民币7 300 000元，确认商誉为人民币7 300 000元，购买日确定为2023年3月9日。

3. 被购买方于购买日可辨认资产、负债

项目	芜湖老百姓一家人药房连锁有限公司		安庆老百姓大药房连锁有限公司		山东老百姓春天大药房连锁有限公司	
	购买日公允价值	购买日账面价值	购买日公允价值	购买日账面价值	购买日公允价值	购买日账面价值
资产：	10 000 000	10 000 000	25 575 440	25 575 440	45 620 131	45 620 131
货币资金	10 000 000	10 000 000	18 600 000	18 600 000	18 499 671	18 499 671
预付账款					3 073 790	3 073 790
其他应收款					223 303	223 303
存货					22 524 565	22 524 565
固定资产			2 708 810	2 708 810	759 986	759 986
长期待摊费用			4 266 630	4 266 630	441 633	441 633
长期应收款					97 183	97 183
负债：			6 975 440	6 975 440	26 768 115	26 768 115
预收款项					37 000	37 000
其他应付款			6 975 440	6 975 440	26 731 115	26 731 115
净资产	10 000 000	10 000 000	18 600 000	18 600 000	18 852 016	18 852 016
减：少数股东权益			3 720 000	3 720 000	5 655 605	5 655 605
取得的净资产	10 000 000	10 000 000	14 880 000	14 880 000	13 196 411	13 196 411

可辨认资产、负债公允价值的确定方法：本公司采用估值技术来确定被购买方的资产负债于购买日的公允价值。于资产评估日，被购买方的资产主要为应收账款、存货、固定资产、无形资产等，其中应收账款根据应收金额减去预计的坏账损失确定评估值；存货以实际盘点数量及市场价格为基础确定评估值；固定资产和无形资产所采用的方法为市场法。

第二部分：分析思考

1. 请分析企业在2023年度的上述收购对其2023年度合并财务报表的主要影响。

2. 芜湖老百姓一家人药房连锁有限公司的资产只有货币资金且等于净资产。请问这是一家什么样的企业？

3. 为什么几次主要收购都带来了较高的商誉？

4. 评价“存货以实际盘点数量及市场价格为基础确定评估值”，但评估结果显示存货的购买日公允价值与购买日账面价值完全相等的可能原因。

5. 请关注此次收购以后，上述收购对企业未来业绩的贡献以及企业未来的商誉减值损失计提情况。

第八章 企业前景分析

第一节　经营性资产与企业前景

第二节　投资性资产与企业前景

第三节　重组与企业前景

学习目标

1. 掌握以经营性资产为基础对企业前景进行分析的基本方法；
2. 掌握以控制性投资性资产为基础对企业前景进行分析的基本方法；
3. 掌握以重组、并购等为基础对企业前景进行分析的基本方法。

对企业的前景进行预测，考虑到企业所处的复杂外部经营环境和内部管理、治理环境，我们决不能仅仅简单假设企业未来按照一个固定的增长率得以发展，也不能根据一个主观估计的水平去揭示企业所面临的各种风险，更无法通过估值模型的计算给出企业精确的内在价值。真正有意义的企业前景分析，应该是在评价企业目前财务状况的基础上，充分洞察企业发展中存在的各种制约条件和风险隐患，发现管理中存在的问题和症结所在；在结合企业赖以发展的战略和各方面管理、治理因素的基础上，进行个性化、具体化的定性分析。

考虑到母公司是战略的发起端、合并报表是战略执行的阶段性成果，且母公司是实实在在的法律主体，因此，我们在对企业前景进行预测的过程中，应该以母公司为基础来进行。

以母公司财务报表为基础对企业前景进行预测，可以至少从以下三个方面来加以具体分析：对扣除母公司不具有战略属性的资产（货币资金加各项短期投资）后的经营性资产前景进行分析；对扣除母公司不具有战略属性的资产（货币资金加各项短期投资）后的投资性资产前景进行分析；以及以融资、重组、并购为基础进行的企业前景分析。

第一节　经营性资产与企业前景

在企业发展前景方面，母公司的经营性资产如商业债权、存货、固定资产和无形资产等个别资产质量及其组合质量决定着企业经营活动的发展前景。

一、个别经营性资产与企业前景

从企业发展的延续性来看，决定企业前景的个别资产主要包括应收票据、应收账款、存货、固定资产和无形资产等项目。

就其本身质量来说，应收票据往往具有明确的到期日和到期金额，因而可以作为优质资产来看待；对于应收账款而言，其质量可以从债权的期限结构、债权的债务人所有权性质构成、债权的地区构成等方面来考察，也可以结合企业对应收账款所计提的减值准备的状况来考察。

关于存货质量，可以从存货的周转率、毛利率两个方面考察其基本质量，还可以通过存货的结构变化、规模变化以及减值准备计提情况来对其质量进行考察。

对于固定资产质量，可以通过考察固定资产原值周转率的变化，关注固定资产的技术装备水平和工艺特点与企业市场化经营的关联度，以及对固定资产减值准备的计提情况等方面来加以评价，并结合企业年度内固定资产规模变化、结构变化的态势，来考察企业固定资产的更新与优化状况。

企业的无形资产比较具有特殊性。由于其“无形”的特征，一般不会有无形资产物理质量的概念。实际上，无形资产总是要通过与其他经营性资产的组合来发挥作用的，其质量也常常体现在企业的整体效益上。当特定无形资产（如商标、专利等）在与其他资产组合过程中不能继续发挥作用时，其价值就很可能发生减损，随之就要计提减值准备。在这种情况下，企业的整体效益往往也会出现问题，甚至会波及企业的发展前景。

二、经营性资产组合与企业前景

从组合的视角来看，经营性资产的系统整合状况通常集中体现在如下几个财务指标上。

（一）经营性资产周转率

经营性资产周转率可以在一定程度上反映企业现有经营性资产的优化程度和整体使用效率：经营性资产周转率较高的企业，往往资产整体结构比较优化、产品或者劳务的市场地位较为稳固。对于这样的企业来说，其发展前景主要取决于企业在改善销售产品或业务的结构、提高综合毛利水平、降低综合资源消耗等方面所做出的努力和成效；而经营性资产周转率较低的企业，其经营性资产整体结构或者出现了结构失衡的状况（如在建工程周期过长、规模过大，货币资金规模长期过高等），或者出现了整体性的产品或劳务的市场丧失。对于这样的企业来说，其发展前景主要取决于企业在优化企业的资产结构、降低不良资产占用规模、改善或重新调整销售产品或业务的结构等方面所做出的努力和成效。

（二）核心利润率

影响企业核心利润率的因素主要是企业的毛利率、销售费用率、管理费用率和研发费用率等几项指标。一般来说，企业的核心利润率若能不断提高，其面对的市场往往处于不断成长扩大的阶段，这样的企业在未来更多的是要巩固自己的市场地位、提高市场占有率，通过产生更大的规模效应来提高自身的盈利能力。而对于核心利润率不断降低的企业来说，其面对的市场可能已经出现了不同程度的饱和甚至已经出现了拐点，或者企业自身的竞争地位有可能在持续下降。这样的企业在未来要么继续借助原有的资源基础，不断应对市场出现的新变化，通过调整产品结构来改善企业的盈利状况；要么索性及早进行战略转型，进军新的行业和领域，否则前景不容乐观。

（三）核心利润获现率

核心利润获现率是衡量企业核心利润的质量——含金量的重要比率。在不考虑行业因素的条件下，核心利润获现率持续走低的企业的利润质量实际上是不高的。核心利润获现率较低的企业所增加的核心利润，在大多数情况下，要么对应的是应收票据和应收账款的增加，要么对应的是存货的增加，要么可能就是通过造假而实现的。

核心利润获现率较低的企业，如果是处于创业初期，为了扩大市场而主动放宽信用政策，那么在未来也许会随着市场竞争地位的提高，通过收紧销售信用政策等方式来改善核心利润获现率；如果是处于衰退期，企业的产品或者劳务失去市场竞争力等一些不可逆转的因素引起核心利润获现率较低，这样的企业就应该及早考虑调整或改变发展战略，寻求新的发展方向，否则凶多吉少。

第二节　投资性资产与企业前景

在探讨投资性资产与企业前景的问题时，鉴于控制性投资极具战略意义，这里的投资性资产主要以母公司控制性的投资性资产为主。

实际上，企业的控制性投资会主要形成被投资企业（即子公司）的经营性资产。子公司的经营性资产总规模基本上可以从合并报表资产总额与母公司报表资产总额之差以及母公司的控制性投资所占用资源的规模来加以初步判断。

实践中，企业的控制性投资往往是一个组合，这个组合或者体现出企业的多元化战略（主要表现为业务结构的跨度等），或者体现出企业在地域结构上的布局战略（主要表现为地理位置的跨度等），当然，也存在以税务规划目的而进行的控制性投资。下面主要讨论企业控制性投资中的业务结构与区域结构及其变化对企业前景的影响。

一、控制性投资业务结构及其变化与企业前景

前已述及，企业的控制性投资会主要形成被投资企业（即子公司）的经营性资产，相应地，这些子公司所从事的产品或者劳务的业务结构，就构成了企业控制性投资的业务结构。因此，对于一个投资主导型的企业来说，其控制性投资的业务结构及其变化会对企业的前景产生很大的影响。

对于某一特定子公司业务与企业前景的分析，与前面企业经营性资产与前景的分析方法是一样的，此处不再赘述。这里重点关注不同子公司的业务结构与企业前景之间的关系，从以下几个方面展开分析。

（一）不同业务的市场竞争地位变化

在子公司从事不同业务的条件下，不同业务在市场中的竞争地位大多是不相同的。对于竞争地位不一样的业务结构前景的分析，需要关注年度内不同业务结构的市场占有率的变化趋势、产品结构适应市场变化的反应能力以及产品市场美誉度的变化趋势等。

（二）不同业务的盈利能力变化

不同业务的盈利能力变化，主要表现在不同业务的综合毛利率、核心润率、核心利润获现率以及相应的经营性资产周转率等方面的变化上，需要特别关注这种变化趋势是否有可能持续到未来会计期间。当然，分析时不能仅强调各子公司自身的财务状况，还要充分考虑其所面临的宏观政策环境、外部市场环境以及内部管理和治理环境等各方面可能发生的变化。

（三）不同业务面临的外部环境变化

任何企业的经营活动都是在特定的宏观经济环境、政策环境和市场环境下进行的。其中的政策环境变化，既包括国家层面的变化，也包括地方层面的变化。国家层面的政策变化，主要涉及宏观调控政策与产业政策的变化、税收政策的变化、信贷政策的变化等；地方政策的变化，主要涉及地方政府换届与地方产业政

策调整、地方经济结构布局的调整等。而市场环境的变化，既包括产业升级带来的变化，也包括在销售渠道、竞争格局、消费者偏好等方面所带来的变化。对不同业务未来发展前景进行分析，必须强调外部环境变化所带来的影响。

（四）不同业务所处的内部环境变化

任何企业的经营活动都是在特定的战略规划、管理制度安排、内部控制流程、运营模式、治理结构等一系列内部管理和治理环境下进行的。这些环境中的任何一个因素发生改变，都可能引起业务的结构、发展方向、运营结果等方面的变化，因此，对不同业务未来发展前景进行分析，也必须强调内部环境变化所带来的影响。

二、控制性投资区域结构及其变化与企业前景

简单地说，控制性投资区域结构就是子公司的区域结构。对于一个投资主导型的企业来说，子公司的区域结构及其变化会对企业的未来发展产生至关重要的影响。

比如，在企业存在境外子公司的情况下，应当对子公司所在地的政治、经济、人文环境以及子公司所在地与中国的关系等投资环境因素进行充分的考察，这些因素的变化往往会对企业未来的发展具有重要影响。

而在企业存在境内子公司的情况下，应当对子公司所在地的竞争环境、子公司所在地地方政策的变化等方面进行深入的调研，这些因素的变化也会对企业未来的发展产生直接影响。

第三节　重组与企业前景

一、重组的主要方式

在企业的整个发展进程中，难免发生各种重组事件。无论是哪一种形式的重组，通常都会给企业的资产负债表带来某些方面的变化。

（一）资产重组

资产重组通常直接带来的影响是资产结构的优化和盈利能力的改善，重点强调重组过程中对资产的存在方式、存在形态以及资产存在空间的调整，目的是把企业做大做强。因此，资产重组的主旋律是改善企业的持续经营能力和盈利能

力。业务重组一般也包括在资产重组之中。

单纯的资产重组并不涉及资产负债表右边——负债和股东权益方面的问题，即不涉及利益相关者之间的利益关系调整。

（二）债务重组

债务重组重点关注债务偿付条件的改变（包括债务的偿还期限、利率水平、偿还方式等方面的改变），以缓解债务企业的偿债压力。

债务重组改变了与企业债务清偿有关的条件，因此，债务重组对于债务企业来说，要么会引起资产负债表中的负债规模的减少（如债务豁免），要么会引起资产负债表右边——负债和股东权益之间结构的改变（如债转股），当然，通常也会引起企业当期或未来的现金流出的减少。

（三）资本重组

资本重组主要涉及特定企业内部的股权结构调整。如果企业的名称没有变化，但股权结构发生变化（如原股东之间股权结构调整或者有新的投资者入资等），则从会计的角度看是企业内部的股权结构调整，这种重组通常不会引起资产负债表项目金额的变化。

但由于股权结构的调整往往涉及核心人力资源的调整和治理结构的变化，对企业今后的发展很可能带来深远的影响，因此，建议将这一形式的重组上升到企业资本引入战略层面去考察。

（四）企业重组

企业重组是指以企业间的股权结构调整为基础进行的整合。企业重组包括资产重组、债务重组和资本重组等。

在实务中，各种重组之间并无严格区分。这是因为，几种形式的重组通常是同时发生的，例如成功的债务重组常常伴随着资产重组；在进行资本重组的同时也时常会发生资产重组。也就是说，很难有某种重组不涉及利益关系调整的，也很难有某种重组不涉及资产结构和规模的重新整合的。

二、各种重组的财务效应与企业前景

前已述及，无论是哪一种形式的重组，均可以在资产负债表和利润表上表现出来。一般地说，各种重组的财务效应主要表现在以下三个方面，这三个方面对企业的发展前景都会产生较为深远的影响。

（一）通过改善资产质量来提升盈利能力

如果管理和组织得当，企业各种形式的重组都希望通过改变资产的组合、结构等方式来达到持续改善企业资产质量、持续提升企业盈利能力的目的，这也是判断重组成功与否的标志。当然，有的重组带来的是一次性的当期盈利能力的改善（如债务重组），有的重组带来的是持续的盈利能力改善（如资产重组）。

（二）通过改善融资能力来提升盈利能力

无论哪一种形式的重组，都有可能在重组后直接改善企业的融资能力。即使是单纯的不直接影响企业负债和股东权益的资产重组，也会由于重组后企业盈利能力的改善而提高其融资能力。而融资能力的改善，为企业未来通过融资进一步提升企业的盈利能力又奠定了基础。

（三）通过改变股权结构与核心人力资源来提升盈利能力

在以资本重组为主的重组中，企业的股权结构可能会发生重大变化，甚至引起企业的控制权发生转移，企业的核心人力资源也会随之发生变化。在这种情况下，企业的战略很可能做出调整和转移，势必带来企业资产结构和业务结构的改变和优化，最终带来企业盈利能力的提升。

案例 8-1

爱美客前景分析

爱美客2023年年度报告中的基本报表信息如表8-1、表8-2和表8-3所示。

表8-1　爱美客资产负债表　　单位：元

	2023-12-31 合并报表	2023-12-31 母公司报表	2022-12-31 合并报表	2022-12-31 母公司报表
流动资产：				
货币资金	2 433 849 444.16	2 212 276 228.94	3 139 586 447.39	2 577 724 467.35
交易性金融资产	1 204 099 249.02	902 018 684.92	703 686 279.12	702 233 561.63
应收票据及应收账款	206 068 105.21	207 648 512.85	127 758 045.77	127 758 045.77
应收票据				
应收账款	206 068 105.21	207 648 512.85	127 758 045.77	127 758 045.77

续表

	2023-12-31	2023-12-31	2022-12-31	2022-12-31
	合并报表	母公司报表	合并报表	母公司报表
预付款项	33 396 365.70	12 783 982.70	20 858 937.42	16 441 912.20
其他应收款（合计）	12 030 702.90	141 468 489.96	4 599 558.81	29 998 103.74
其他应收款	12 030 702.90	141 468 489.96	4 599 558.81	29 998 103.74
存货	49 771 209.00	42 850 575.09	46 715 408.58	40 172 474.12
一年内到期的非流动资产	288 621 805.56	288 621 805.56		
其他流动资产	23 461 301.83	12 386 992.09	90 522 067.70	82 917 849.37
流动资产合计	4 251 298 183.38	3 820 055 272.11	4 133 726 744.79	3 577 246 414.18
非流动资产：				
债权投资	713 404 169.29	713 404 169.29	283 380 000.00	283 380 000.00
其他非流动金融资产	195 556 015.50	0.00	189 663 734.29	47 320 498.51
长期股权投资	950 699 713.19	1 964 807 569.42	935 139 153.20	1 949 008 546.78
投资性房地产				
固定资产（合计）	219 482 048.95	172 931 545.21	195 024 321.61	148 873 068.37
固定资产	219 482 048.95		195 024 321.61	
固定资产清理				
在建工程（合计）	14 715 561.25	12 948 827.80	5 009 148.57	
在建工程	14 715 561.25		5 009 148.57	
工程物资				
使用权资产	47 859 044.54	30 494 479.89	58 069 633.82	36 537 573.69
无形资产	114 920 673.44	95 164 382.27	116 642 563.22	94 061 217.56
开发支出				
商誉	244 891 105.88		244 891 105.88	
长期待摊费用	35 279 568.70	7 394 728.57	39 001 939.55	8 516 099.17
递延所得税资产	17 716 662.74	12 156 121.00	8 479 016.86	8 127 899.88
其他非流动资产	46 537 889.15	46 363 789.15	49 520 338.38	47 276 588.38
非流动资产合计	2 601 062 452.63	3 055 665 612.60	2 124 820 955.38	2 623 101 492.34
资产总计	6 852 360 636.01	6 875 720 884.71	6 258 547 700.17	6 200 347 906.52
流动负债：				
应付票据及应付账款	44 695 481.99	39 418 188.44	19 336 721.68	11 788 856.46

续表

	2023-12-31 合并报表	2023-12-31 母公司报表	2022-12-31 合并报表	2022-12-31 母公司报表
应付票据				
应付账款	44 695 481.99	39 418 188.44	19 336 721.68	11 788 856.46
预收款项				
合同负债	50 625 777.30	44 773 247.49	14 711 812.40	13 623 043.12
应付职工薪酬	96 633 897.66	90 964 342.89	75 947 085.99	74 362 490.98
应交税费	59 483 690.20	50 069 864.71	17 529 116.16	14 829 090.20
其他应付款（合计）	29 882 208.07	74 392 803.18	85 118 971.80	65 903 564.99
一年内到期的非流动负债	15 003 317.00	10 820 348.69	11 299 498.96	8 037 325.65
其他流动负债	1 343 281.06	831 480.05	227 295.81	188 396.59
流动负债合计	297 667 653.28	311 270 275.45	224 170 502.80	188 732 767.99
非流动负债：				
租赁负债	37 459 921.33	21 863 881.81	48 389 347.53	30 234 722.30
递延所得税负债	28 821 872.54	15 137 986.30	36 059 122.78	15 189 153.18
递延收益	3 372 365.43	2 491 063.64	4 148 054.83	3 266 753.04
非流动负债合计	69 654 159.30	39 492 931.75	88 596 525.14	48 690 628.52
负债合计	367 321 812.58	350 763 207.20	312 767 027.94	237 423 396.51
所有者权益（或股东权益）：				
实收资本（或股本）	216 360 000.00	216 360 000.00	216 360 000.00	216 360 000.00
资本公积	3 459 407 315.72	3 497 116 987.42	3 411 588 497.51	3 449 298 169.21
减：库存股	399 783 478.24	399 783 478.24		
其他综合收益	2 866 880.90	2 866 880.90	2 806 998.09	2 806 998.09
专项储备				
盈余公积	108 180 000.00	108 180 000.00	108 180 000.00	108 180 000.00
未分配利润	2 960 911 557.61	3 100 217 287.43	2 107 190 736.59	2 186 279 342.71
归属于母公司所有者权益（或股东权益）合计	6 347 942 275.99	6 524 957 677.51	5 846 126 232.19	5 962 924 510.01
少数股东权益	137 096 547.44		99 654 440.04	
所有者权益（或股东权益）合计	6 485 038 823.43	6 524 957 677.51	5 945 780 672.23	5 962 924 510.01
负债和所有者权益（或股东权益）总计	6 852 360 636.01	6 875 720 884.71	6 258 547 700.17	6 200 347 906.52

表 8-2　爱美客利润表

单位：元

	2023 年度 合并报表	2023 年度 母公司报表	2022 年度 合并报表	2022 年度 母公司报表
营业总收入	2 869 347 231.89	2 815 159 675.58	1 938 838 363.70	1 934 895 917.52
营业收入	2 869 347 231.89	2 815 159 675.58	1 938 838 363.70	1 934 895 917.52
营业总成本	756 663 664.82	660 042 599.41	525 415 803.00	462 809 620.07
营业成本	140 767 802.10	122 635 932.11	99 911 554.61	98 715 532.20
税金及附加	15 366 511.34	12 523 904.73	9 503 195.67	9 023 516.82
销售费用	260 321 464.83	245 752 419.15	162 674 119.91	160 699 257.78
管理费用	144 268 362.46	129 981 618.29	125 433 600.71	115 980 604.99
研发费用	250 129 948.62	198 334 638.78	173 113 507.55	118 957 714.51
财务费用	−54 190 424.53	−49 185 913.65	−45 220 175.45	−40 567 006.23
其中：利息费用	2 383 823.43	1 352 984.74	3 147 629.88	2 006 899.33
减：利息收入	58 245 004.15	52 230 143.02	48 680 115.94	42 858 212.53
加：其他收益	26 439 892.94	25 579 150.09	14 886 480.58	14 879 072.21
投资收益	39 667 507.79	39 632 621.21	33 132 164.19	29 590 150.75
公允价值变动收益	−16 079 748.64	12 901 614.89	29 407 361.38	12 692 126.80
资产减值损失	0.00	0.00	0.00	−88 495.58
信用减值损失	−4 512 694.92	−4 455 390.13	−2 647 570.53	−2 917 265.92
资产处置收益	14 531.60	14 531.60	144.84	144.84
营业利润	2 158 213 055.84	2 228 789 603.83	1 488 201 141.16	1 526 242 030.55
加：营业外收入	1 233 499.81	1 153 050.07	307 413.46	304 221.50
减：营业外支出	3 893 401.86	3 832 380.88	200 590.80	196 474.13
利润总额	2 155 553 153.79	2 226 110 273.02	1 488 307 963.82	1 526 349 777.92
减：所得税费用	300 635 743.85	307 417 846.78	220 723 129.54	211 050 833.43
净利润	1 854 917 409.94	1 918 692 426.24	1 267 584 834.28	1 315 298 944.49
持续经营净利润	1 854 917 409.94	1 918 692 426.24	1 267 584 834.28	1 315 298 944.49
终止经营净利润				
减：少数股东损益	−3 557 892.60		4 026 418.57	
归属于母公司股东的净利润	1 858 475 302.54	1 918 692 426.24	1 263 558 415.71	1 315 298 944.49
加：其他综合收益	59 882.81	59 882.81	6 497 396.64	6 497 396.64
综合收益总额	1 854 977 292.75	1 918 752 309.05	1 274 082 230.92	1 321 796 341.13

续表

	2023 年度	2023 年度	2022 年度	2022 年度
	合并报表	母公司报表	合并报表	母公司报表
减：归属于少数股东的综合收益总额	—3 557 892.60		4 026 418.57	
归属于母公司所有者的综合收益总额	1 858 535 185.35	1 918 752 309.05	1 270 055 812.35	1 321 796 341.13
每股收益：				
基本每股收益	8.60		5.84	
稀释每股收益	8.60		5.84	

表 8-3　爱美客现金流量表　　单位：元

	2023 年度	2023 年度	2022 年度	2022 年度
	合并报表	母公司报表	合并报表	母公司报表
经营活动产生的现金流量：				
销售商品、提供劳务收到的现金	2 953 252 173.92	2 847 372 196.73	1 941 681 385.52	1 936 050 175.49
收到的税费返还	14 902 263.65	14 896 588.23	19 484 542.12	19 431 967.54
收到其他与经营活动有关的现金	93 899 047.53	84 952 031.22	69 097 678.66	108 738 239.90
经营活动现金流入小计	3 062 053 485.10	2 947 220 816.18	2 030 263 606.30	2 064 220 382.93
购买商品、接受劳务支付的现金	86 102 003.11	60 678 223.12	72 676 562.60	73 444 409.85
支付给职工以及为职工支付的现金	353 942 249.66	335 199 787.52	270 211 925.14	264 473 128.23
支付的各项税费	431 553 025.24	386 010 210.94	314 238 734.36	311 789 670.25
支付其他与经营活动有关的现金	236 385 563.96	298 558 740.58	179 201 180.59	135 826 918.22
经营活动现金流出小计	1 107 982 841.97	1 080 446 962.16	836 328 402.69	785 534 126.55
经营活动产生的现金流量净额	1 954 070 643.13	1 866 773 854.02	1 193 935 203.61	1 278 686 256.38
投资活动产生的现金流量：				
收回投资收到的现金	4 284 351 057.00	3 526 351 057.00	3 582 000 000.00	2 820 000 000.00
取得投资收益收到的现金	27 830 766.05	23 092 261.15	24 650 127.33	25 140 808.05
处置固定资产、无形资产和其他长期资产收回的现金净额	21 880.00	21 880.00	2 589.84	2 589.84

续表

	2023年度	2023年度	2022年度	2022年度
	合并报表	母公司报表	合并报表	母公司报表
处置子公司及其他营业单位收到的现金净额	0.00		0.00	0.00
收到其他与投资活动有关的现金	0.00		0.00	0.00
投资活动现金流入小计	4 312 203 703.05	3 549 465 198.15	3 606 652 717.17	2 845 143 397.89
购建固定资产、无形资产和其他长期资产支付的现金	63 680 610.26	52 396 861.44	155 683 762.65	121 020 401.81
投资支付的现金	5 457 278 741.55	4 310 471 458.32	4 155 760 000.00	3 732 060 000.00
取得子公司及其他营业单位支付的现金净额	70 000 000.00		238 922 792.61	0.00
支付其他与投资活动有关的现金	372 209.96		0.00	0.00
投资活动现金流出小计	5 591 331 561.77	4 362 868 319.76	4 550 366 555.26	3 853 080 401.81
投资活动产生的现金流量净额	−1 279 127 858.72	−813 403 121.61	−943 713 838.09	−1 007 937 003.92
筹资活动产生的现金流量：				
吸收投资收到的现金	41 000 000.00		95 450 000.00	0.00
其中：子公司吸收少数股东投资收到的现金	41 000 000.00		95 450 000.00	
取得借款收到的现金	0.00		0.00	0.00
收到其他与筹资活动有关的现金	0.00		0.00	0.00
筹资活动现金流入小计	41 000 000.00		95 450 000.00	0.00
偿还债务支付的现金	0.00		0.00	0.00
分配股利、利润或偿付利息支付的现金	1 004 754 481.52	1 004 754 481.52	454 356 000.00	454 356 000.00
其中：子公司支付给少数股东的股利、利润				
支付其他与筹资活动有关的现金	416 092 257.85	413 183 451.85	15 272 634.00	9 739 580.00
筹资活动现金流出小计	1 420 846 739.37	1 417 937 933.37	469 628 634.00	464 095 580.00
筹资活动产生的现金流量净额	−1 379 846 739.37	−1 417 937 933.37	−374 178 634.00	−464 095 580.00
汇率变动对现金及现金等价物的影响	−833 048.27	−881 037.45		

续表

	2023 年度	2023 年度	2022 年度	2022 年度
	合并报表	母公司报表	合并报表	母公司报表
现金及现金等价物净增加额	−705 737 003.23	−365 448 238.41	−123 957 268.48	−193 346 327.54
期初现金及现金等价物余额	3 139 586 447.39	2 577 724 467.35	3 263 543 715.87	2 771 070 794.89
期末现金及现金等价物余额	2 433 849 444.16	2 212 276 228.94	3 139 586 447.39	2 577 724 467.35

以爱美客 2023 年年报财务数据为基础，对企业未来进行预测，可以通过如下方式来进行：

第一，考察母公司具有战略属性的资产布局，体会企业发展战略属于经营主导型还是投资主导型。

母公司 2023 年年末资产总计为 68.76 亿元，其中，典型的不具有战略属性的货币资金与交易性金融资产的合计为 31.14 亿元。此外，两个债权性投资“一年内到期的非流动资产”（金额为 2.89 亿元）和“长期债权投资”（金额为 7.13 亿元）虽然可能投资于具有战略意义的方向（如借给具有战略意义的合作伙伴），但这种投资在性质上仅为债权性投资，不具有经营性资产和控制性投资性资产的业务布局特征，因而也应在母公司的战略布局中予以剔除。

这样，母公司资产中真正具有战略属性的资产为 27.60 亿元（68.76−31.14−2.89−7.13）。

从母公司资产的战略属性来看，爱美客多半资产没有进行战略性应用。

母公司典型的具有战略属性的投资性资产包括规模为 19.65 亿元的长期股权投资以及其他应收款中向子公司提供的资金部分，约为 1.29 亿元（其他应收款母公司数据 1.41 亿元与合并数据 0.12 亿元之差），合计为 20.94 亿元。

这样，母公司剩下的经营性资产为 6.66 亿元。

从具有战略意义的资产布局看，母公司走的是投资主导的发展战略。

请注意，母公司的经营性资产包括了应收账款、预付款项、存货、固定资产、在建工程、使用权资产和无形资产等，并且上述多数经营性资产项目的规模与合并报表的规模较为接近。这意味着，虽然母公司走的是投资主导的发展战略，但截止到 2023 年底，母公司的经营活动是居于主导地位的。

合并利润表的数据证实了上面的分析：合并报表的营业收入比母公司营业收入、销售费用和研发费用增加不多。这意味着母公司是直接面向市场的，有完备的研发、生产、储存和销售的经营系统。

第二，对企业经营性资产的经营状况进行分析。

比较一下母公司经营性资产2023年年末与年初之间的数据，我们就会发现母公司主要经营性资产年末数普遍大于年初数，这意味着母公司的经营性资产在扩大，这一般意味着母公司的营业收入在增长。

母公司利润表的主要项目证实了我们的分析：在2023年，母公司的营业收入、营业成本、销售费用、管理费用、研发费用等均大于2022年的数据，说明企业的经营活动在实实在在增长，且继续保持了较高的毛利率水平以及核心利润水平（请自行计算毛利率与核心利润及核心利润率）。

在核心利润获现能力方面，虽然企业经营活动产生的现金流量净额低于核心利润，但却可以充分满足当年“购建固定资产、无形资产和其他长期资产支付现金”的资金需求，根本不需要任何融资就可以实现企业经营活动的扩大。这是一种良性发展企业较为理想的现金状况。

可见，母公司经营活动成长性好、盈利性强，经营活动产生的现金流量净额完全可以满足企业经营活动的扩张需要。

第三，对企业控制性投资的扩张效果进行分析。

合并资产在2023年年底的规模为68.52亿元，比母公司的资产总额68.76亿元还小一些。比较一下母公司与合并负债和股东权益的项目，我们会发现导致合并资产小于母公司资产的主要原因有两个：一是母公司其他应付款的规模大于合并其他应付款的规模，二是母公司未分配利润的规模大于合并未分配利润的规模。

母公司其他应付款规模大于合并其他应付款规模的原因是：母公司把个别子公司暂时不用的货币资金集中到母公司进行管理，这样，在母公司收到集中管理资金的时候，增加货币资金、增加其他应付款，从而增加了母公司的资产规模。但这项增加并没有减少子公司的资产：子公司资产被集中后，其货币资金会相应减小，同时增加的则是子公司的其他应收款。因此，母公司集中子公司的资金越多，合并资产与母公司资产的差额越小。

母公司未分配利润规模大于合并未分配利润规模的可能原因至少有两个：一是子公司把自己的利润分回母公司，增加了母公司的投资收益、营业利润、利润总额和净利润，但母公司并没有将其分配给自己的股东，从而子公司分给母公司的利润最终增加了母公司的未分配利润；二是个别子公司可能存在亏损的情况，但子公司的亏损并不会直接传导到母公司基于成本法核算的母公司投资收益（亏损）上去。但子公司的亏损会减少子公司未分配利润从而导致合并未分配利润降低。

必须注意的是，合并资产比母公司资产增加不多（本案例是减少）的最主要原因是子公司的业务规模及竞争力没有导致合并经营性负债（应付票据、应付账款、预收款项、合同负债、应付职工薪酬以及应交税费等项目）显著增加，这意味着子公司整体的营业收入规模不大。

合并报表中的商誉也告诉我们，在母公司不太多的控制性投资中，已经通过并购实现了一定规模的商誉。但产生商誉的收购似乎也没有对企业的营业收入产生很大的贡献。

结论：母公司的控制性投资并没有释放出较大的营业收入与核心利润，在业务发展方面，子公司需要做出更多努力。

第四，对母公司经营前景进行预测。

前面已经看到，母公司的营业收入成长性好，毛利率超高（请自行计算母公司 2022 年、2023 年的毛利率），盈利能力极强。需要强调的是，母公司的销售费用率、研发费用率都不是很高。一般认为，销售费用率将决定企业的市场规模并在一定程度上决定毛利率水平，而研发费用率将决定企业的毛利率（如果企业的产品需要研发，则有效的研发一定会导致较高的毛利率）。在销售费用率、研发费用率都不高的情况下，企业还能够实现营业收入的高成长性和高毛利率，极有可能是企业有稳定的销售渠道或者有较强的品牌效应。

考虑到企业的产品集中在医美行业（公司主要从事生物医用材料及生物医药的研发、生产和销售），相信在这方面，企业会继续按照原有惯性在市场拓展、研发投入等方面向前发展。母公司经营活动的前景较为乐观。

第五，对控制性投资的前景进行预测。

我们已经看到，母公司控制性投资对外投资相对较大，盈利性相对不强（母公司投资收益不大，合并报表增量营业利润为负数）。究其原因，一是个别子公司是通过产生较高商誉收购而来的，被收购企业未来经营活动的前景具有一定的不可控性；二是一些被投资对象并没有对企业的营业收入、盈利能力做出更大的贡献，这意味着企业应该强化对子公司的整体，包括人力资源、市场开拓、产品质量保证等方面的管理。

第六，对企业融资、重组和并购前景进行预测。

以下从几个方面进行预测。

(1) 现有资源的战略性应用。

我们已经看到，母公司资产中只有不足一半的资产进行了具有战略意义的应用。查看爱美客过去几年的财报数据，可以发现企业货币资金的增加主要有利润带来、经营活动产生的现金流量净额增加以及公司在 2020 年在资本市场募集 34.73 亿元的股东入资这几个途径。

但实际上，母公司各年经营活动产生的现金流量净额可以充分满足企业经营扩张的资金需求，根本不需要额外融资。应该说，不管当年企业募集资金的时候对资金用途如何描述，也不管企业过去一段时间对募集资金使用如何解释，不争的事实是：企业在募集到上述资金后一直没有对该项资金做出有战略意义的应用（企业曾经在2022年进行了一次产生较高商誉的收购，全部对价是3亿多元，根本不需要动用募集资金。企业经营活动产生的现金流量净额足够解决上述问题）。

这意味着什么？这应该意味着企业的既有战略中没有应用如此大规模现金的规划。简单地说，在你自己的规划中只有10亿元的资金需求的条件下，你突然拥有了100亿元资金，你当然会不知所措，以至于多出来的货币资金长期得不到具有战略意义的应用（你可能将其用于购买大额存单、短期理财或者在资本市场上进行一些短期投资交易，但这些不是战略意义上的应用）。

下一步会怎么样？

企业一定面临来自监管机构以及股东要求其对募资基金进行战略性应用的压力。但问题是：企业所熟悉的市场的市场规模可能不大，每年只需简单进行一些购建固定资产、无形资产支出就可以维持经营活动的不断发展。

看来，企业对其现有闲置资源进行战略性应用的主要手段就是收购了。请注意企业未来在闲置货币资金的战略性应用尤其是可能发生的收购对企业未来的影响。

（2）债务融资手段的应用。

母公司2023年年末的资产负债率极低（请自行计算企业的资产负债率）。这意味着企业在盈利能力较强的情况下有能力进行大规模的债务融资。但问题是：你对现有募集资金的使用还在发愁的条件下，再进行额外债务融资干什么？

因此，虽然企业有极强的债务融资能力，但债务融资手段促进企业发展这条路暂时还不用去走。

（3）发行股票募集资金手段的应用。

现有募集资金还没有花完，企业完全没有必要进行这种方式的融资。

我们现在看得非常清楚了：企业不是资金不足，而是战略性应用不足。

而战略性应用，一是扩大已有母子公司的产能基础（多年经验证明，不需要花多少钱），二是并购其他企业。

在并购其他企业方面，既可以考虑在原有业务领域内寻找并购对象，也可以跨行业进行并购。只是企业要有足够的能力解决未来并购所带来的一系列风险问题。

到底企业如何发展，请持续关注爱美客的相关公告。

本章小结

本章介绍了以经营性资产为基础对企业前景进行分析的方法；展示了以控制性投资性资产为基础对企业前景进行分析的方法；讨论了以重组、并购等为基础对企业前景进行分析的方法；以爱美客这家上市公司的财务报表为基础对企业前景进行了预测。

思考题

1. 怎样以经营性资产为基础对企业的前景进行预测？
2. 怎样以控制性投资性资产为基础对企业的前景进行预测？
3. 怎样理解资产重组的实质？
4. 各种重组与并购对企业财务状况的影响有哪些？

案例分析

以2024年度财务信息为基础的前景分析

请读者获取青岛啤酒股份有限公司2024年年度报告，完成下列各项练习与分析：

1. 从母公司资产结构出发，公司属于什么发展类型（经营主导还是投资主导）？
2. 计算母公司控制性投资所占用的资源以及资产扩张效应。
3. 评价母公司与子公司之间的货币资金管理和贷款管理特征。
4. 评价企业的盈利能力及利润的含金量。
5. 关注企业的2024年年度报告对企业风险的描述。
6. 对企业前景进行预测。
7. 请跟踪该公司的发展动向，并把企业2024年年度报告发布后的相关内容与你的分析预测结论进行比较。

第九章

综合案例分析

第一节　案例资料

第二节　对企业财务状况的整体分析

学习目标

1. 了解本书基于战略视角的企业财务报表分析框架；
2. 掌握基于战略视角的企业财务报表分析方法的主要内容；
3. 学会将这种分析框架和分析方法运用于具体的企业案例中。

作为本书的最后一章，我们将利用本书介绍的分析框架和分析方法，针对一个具体案例进行整体分析。

第一节 案例资料

本书中有关贵州航天电器股份有限公司（以下简称航天电器）2023 年年度报告的相关信息是根据该公司 2024 年 3 月 30 日对外发布的年度报告整理而成。为便于分析，我们收集了部分财务报表附注内容。

一、公司简介

贵州航天电器股份有限公司系经贵州省人民政府黔府函〔2001〕663 号文批准，由贵州航天朝晖电器厂（原名“中国江南航天工业集团公司朝晖电器厂”），联合贵州航天朝阳电器厂（原名“中国江南航天工业集团国营朝阳电器厂”）、贵州航天工业有限责任公司、遵义朝日电器有限责任公司、梅岭化工厂、国营风华机器厂、贵州航天凯天科技有限责任公司、上海英谱乐惯性技术有限公司共同发起设立的股份有限公司。2004 年 7 月在深圳证券交易所上市。所属行业为电子元器件制造行业。

二、公司从事的主要业务

公司主营业务为高端连接器与互连一体化产品、微特电机与控制组件、继电器、光电器件等产品的研制和销售，以及为客户提供系统集成互联一体化解决方案。当前公司业务正在由单一元器件向互连一体化、驱动控制整体解决方案转型升级。目前公司主导产品用于航天、航空、电子、兵器、船舶、通信、商业航天、数据中心、新能源汽车、能源装备、轨道交通等高技术领域配套。

三、审计报告与关键审计事项

信永中和会计师事务所（特殊普通合伙）于2024年3月28日出具的XYZH/2024BJAG1B0109审计意见为标准无保留意见的审计报告（具体内容略）。

审计报告中的关键审计事项为：

（一）营业收入确认事项

如财务报表附注三、24及五、40所述。2023年度，航天电器公司营业收入为人民币620 982.03万元，较上年度增加19 012.52万元，增长率为3.16%，由于营业收入是航天电器公司利润贡献的主要来源，是经营考核的关键业绩指标之一，存在较高的固有风险，因此我们将航天电器公司营业收入确认作为关键审计事项。

（二）应收账款坏账准备事项

如财务报表附注三、10及五、3所述，截至2023年12月31日，应收账款余额332 414.46万元，坏账准备余额19 276.01万元，账面价值313 138.45万元，较上年度增加130 199.34万元，增长率为71.17%。应收账款期末账面价值占资产总额的28.09%。由于应收账款金额重大，增幅较大，管理层在确定应收账款减值时做出了重大判断，因此我们确定应收账款的坏账准备为关键审计事项。

四、基本财务报表

航天电器2023年年度报告中相关财务报表信息如表9-1至表9-6所示。

（一）合并资产负债表及母公司资产负债表

表9-1　航天电器资产负债表　　单位：元

	2023-12-31	2023-12-31	2022-12-31	2022-12-31
	合并报表	母公司报表	合并报表	母公司报表
流动资产：				
货币资金	3 407 953 843.79	2 165 334 830.78	2 188 016 599.59	1 335 529 358.01
应收票据及应收账款	4 675 277 797.86	3 167 195 566.26	4 922 329 410.09	3 168 058 042.66
应收票据	1 543 893 281.41	1 224 355 854.88	3 092 938 266.47	2 257 629 126.01

续表

	2023-12-31	2023-12-31	2022-12-31	2022-12-31
	合并报表	母公司报表	合并报表	母公司报表
应收账款	3 131 384 516.45	1 942 839 711.38	1 829 391 143.62	910 428 916.65
应收款项融资	66 667 968.41	32 653 927.42	116 857 021.48	40 499 027.88
预付款项	48 816 459.12	16 361 521.49	99 936 801.23	45 568 910.90
其他应收款（合计）	11 748 124.39	1 964 548.19	8 334 756.95	1 622 189.37
其他应收款	11 748 124.39	1 964 548.19	8 334 756.95	1 622 189.37
存货	1 062 616 248.66	211 033 047.48	1 045 635 924.76	490 247 713.99
其中：数据资源				
合同资产	4 414 997.17		12 206 295.29	
其他流动资产	107 778 316.16	80 988 840.94	93 138 720.40	68 813 852.95
流动资产合计	9 385 273 755.56	5 675 532 282.56	8 486 455 529.79	5 150 339 095.76
非流动资产：				
其他非流动金融资产	48 667 151.36	48 667 151.36	49 311 725.00	49 311 725.00
长期应收款		523 452 400.00		368 894 100.00
长期股权投资		944 794 698.93		944 794 698.93
投资性房地产	28 807.24		28 807.24	
固定资产（合计）	1 236 507 552.44	243 582 075.25	1 119 822 705.03	222 001 463.77
固定资产	1 236 445 038.14		1 119 794 762.15	
固定资产清理	62 514.30		27 942.88	
在建工程（合计）	130 554 196.92	29 528 166.23	73 088 838.40	44 806 701.13
在建工程	130 554 196.92		73 088 838.40	
使用权资产	22 881 161.42	6 342 300.61	48 933 670.73	9 281 001.27
无形资产	163 893 969.56	78 829 649.54	91 877 420.21	19 929 340.93
其中：数据资源				
开发支出				
其中：数据资源				
商誉				
长期待摊费用	36 117 826.03	20 350 665.21	31 067 666.05	22 885 505.02
递延所得税资产	45 239 838.31	27 942 719.85	41 095 088.91	12 924 282.89
其他非流动资产	78 499 239.84	12 571 715.35	26 786 837.72	8 479 751.00
非流动资产合计	1 762 389 743.12	1 936 061 542.33	1 482 012 759.29	1 703 308 569.94

续表

	2023－12－31	2023－12－31	2022－12－31	2022－12－31
	合并报表	母公司报表	合并报表	母公司报表
资产总计	11 147 663 498.68	7 611 593 824.89	9 968 468 289.08	6 853 647 665.70
流动负债：				
短期借款	40 000 000.00			
应付票据及应付账款	2 919 157 018.41	2 222 841 432.95	2 717 595 883.78	1 661 631 924.56
应付票据	1 155 261 580.55	483 798 895.90	1 203 892 500.27	608 086 840.72
应付账款	1 763 895 437.86	1 739 042 537.05	1 513 703 383.51	1 053 545 083.84
预收款项				
合同负债	73 329 631.77	32 036 635.16	166 104 219.06	112 213 941.74
应付职工薪酬	2 572 776.72	1 951 028.64	3 046 257.41	1 288 200.18
应交税费	46 128 965.59	25 744 464.85	43 266 479.37	8 323 330.69
其他应付款（合计）	237 498 337.33	206 000 506.44	44 237 792.21	332 212 226.68
应付利息			122 247.01	
应付股利			1 206 600.00	
其他应付款	237 498 337.33		42 908 945.20	
一年内到期的非流动负债	17 932 328.49	2 090 772.24	17 646 624.13	5 439 367.80
其他流动负债	56 298 203.36	4 734 762.57	16 415 548.11	14 582 596.60
流动负债合计	3 392 917 261.67	2 495 399 602.85	3 008 312 804.07	2 135 691 588.25
非流动负债：				
长期借款				
应付债券				
租赁负债	13 829 032.16	6 021 864.30	35 790 265.99	3 377 757.78
长期应付款（合计）	370 647 866.08	460 000.00	303 494 348.46	18 875 545.82
长期应付款	260 467 918.95		241 414 818.95	
专项应付款	110 179 947.13		62 079 529.51	
递延所得税负债		1 436 965.89	457 402.31	69 581.35
递延收益	89 054 148.87	46 544 709.06	42 847 956.11	17 517 379.98
非流动负债合计	473 531 047.11	54 463 539.25	382 589 972.87	39 840 264.93
负债合计	3 866 448 308.78	2 549 863 142.10	3 390 902 776.94	2 175 531 853.18
所有者权益（或股东权益）：				

续表

	2023-12-31	2023-12-31	2022-12-31	2022-12-31
	合并报表	母公司报表	合并报表	母公司报表
实收资本（或股本）	456 870 256.00	456 870 256.00	452 662 256.00	452 662 256.00
资本公积	2 023 793 055.54	2 048 314 413.02	1 816 453 355.55	1 840 974 713.03
减：库存股	193 568 000.00	193 568 000.00		
专项储备	91 607 786.09	35 923 829.36	92 530 798.10	39 073 542.08
盈余公积	822 836 277.74	814 061 599.31	715 582 294.20	706 807 615.77
未分配利润	3 081 952 374.53	1 900 128 585.10	2 606 211 016.66	1 638 597 685.64
归属于母公司所有者权益（或股东权益）合计	6 283 491 749.90	5 061 730 682.79	5 683 439 720.51	4 678 115 812.52
少数股东权益	997 723 440.00		894 125 791.63	
所有者权益（或股东权益）合计	7 281 215 189.90	5 061 730 682.79	6 577 565 512.14	4 678 115 812.52
负债和所有者权益（或股东权益）总计	11 147 663 498.68	7 611 593 824.89	9 968 468 289.08	6 853 647 665.70

（二）合并利润表及母公司利润表

表 9-2　航天电器利润表　　单位：元

	2023 年度	2023 年度	2022 年度	2022 年度
	合并报表	母公司报表	合并报表	母公司报表
营业总收入	6 209 820 336.41	3 698 264 850.82	6 019 695 184.60	3 384 566 810.89
营业收入	6 209 820 336.41	3 698 264 850.82	6 019 695 184.60	3 384 566 810.89
营业总成本	5 267 671 330.61	3 109 031 421.10	5 322 023 645.00	2 971 918 286.31
营业成本	3 850 868 037.14	2 516 863 463.81	4 033 266 430.24	2 399 000 226.32
税金及附加	41 685 637.53	17 560 374.59	45 050 225.26	24 845 630.32
销售费用	145 198 949.96	96 877 625.98	152 095 545.96	102 095 877.33
管理费用	553 888 695.13	273 983 904.84	498 713 984.23	247 206 393.98
研发费用	698 756 782.12	234 375 771.56	624 965 078.80	230 309 677.86
财务费用	−22 726 771.27	−30 629 719.68	−32 067 619.49	−31 539 519.50
其中：利息费用	11 544 708.66	281 775.87	10 391 340.70	535 297.73
减：利息收入	31 280 209.34	31 482 600.05	34 469 331.83	36 204 488.59
加：其他收益	83 115 482.33	35 847 925.30	67 985 663.71	34 571 694.66

续表

	2023年度	2023年度	2022年度	2022年度
	合并报表	母公司报表	合并报表	母公司报表
投资收益		40 655 850.00		35 779 600.00
资产减值损失	−6 719 059.63	−3 051 948.08	−36 221 911.63	−25 674 693.76
信用减值损失	−85 305 170.67	−66 836 614.96	−20 557 807.89	−1 634 968.06
资产处置收益	1 634 751.85		−249 958.25	3 219.06
营业利润	934 875 009.68	595 848 641.98	708 627 525.54	455 693 376.48
加：营业外收入	4 274 056.84	2 832 534.03	4 503 586.00	1 193 922.56
减：营业外支出	2 592 721.60	882 625.94	6 514 660.99	670 102.94
利润总额	936 556 344.92	597 798 550.07	706 616 450.55	456 217 196.10
减：所得税费用	68 353 840.00	61 528 632.35	55 232 260.77	48 035 563.09
净利润	868 202 504.92	536 269 917.72	651 384 189.78	408 181 633.01
持续经营净利润	868 202 504.92	536 269 917.72	651 384 189.78	408 181 633.01
终止经营净利润				
减：少数股东损益	117 722 128.79		95 940 250.45	
归属于母公司股东的净利润	750 480 376.13	536 269 917.72	555 443 939.33	408 181 633.01
加：其他综合收益				
综合收益总额	868 202 504.92	536 269 917.72	651 384 189.78	408 181 633.01
减：归属于少数股东的综合收益总额	117 722 128.79		95 940 250.45	
归属于母公司所有者的综合收益总额	750 480 376.13	536 269 917.72	555 443 939.33	408 181 633.01
每股收益：				
基本每股收益	1.65		1.23	
稀释每股收益	1.65		1.23	

（三）合并现金流量表及母公司现金流量表

表9-3 航天电器现金流量表 单位：元

	2023年度	2023年度	2022年度	2022年度
	合并报表	母公司报表	合并报表	母公司报表
经营活动产生的现金流量：				

续表

	2023 年度	2023 年度	2022 年度	2022 年度
	合并报表	母公司报表	合并报表	母公司报表
销售商品、提供劳务收到的现金	7 118 542 565.77	3 727 539 946.79	5 892 037 227.62	3 178 708 726.34
收到的税费返还	41 814 721.36	27 185 167.77	11 629 736.79	6 593 514.53
收到其他与经营活动有关的现金	41 366 570.88	61 780 212.79	141 696 629.82	42 987 826.95
经营活动现金流入小计	7 201 723 858.01	3 816 505 327.35	6 045 363 594.23	3 228 290 067.82
购买商品、接受劳务支付的现金	3 421 852 254.63	1 508 968 990.26	3 807 025 396.00	2 329 982 164.81
支付给职工以及为职工支付的现金	1 259 796 371.64	411 836 650.80	1 238 604 474.68	440 837 691.85
支付的各项税费	429 499 230.28	232 340 326.49	441 570 680.01	297 843 033.88
支付其他与经营活动有关的现金	448 492 606.19	618 620 716.64	379 516 638.89	280 938 281.67
经营活动现金流出小计	5 559 640 462.74	2 771 766 684.19	5 866 717 189.58	3 349 601 172.21
经营活动产生的现金流量净额	1 642 083 395.27	1 044 738 643.16	178 646 404.65	−121 311 104.39
投资活动产生的现金流量:				
收回投资收到的现金	644 573.64	644 573.64		
取得投资收益收到的现金		40 655 850.00		35 779 600.00
处置固定资产、无形资产和其他长期资产收回的现金净额	212 021.00		669 220.00	
处置子公司及其他营业单位收到的现金净额				
收到其他与投资活动有关的现金		14 112 422.14		
投资活动现金流入小计	856 594.64	55 412 845.78	669 220.00	35 779 600.00
投资支付的现金	6 500 000.00	6 500 000.00	20 000 000.00	90 470 150.59
购建固定资产、无形资产和其他长期资产支付的现金	448 496 143.31	130 543 822.85	336 236 246.05	117 906 709.99
取得子公司及其他营业单位支付的现金净额				

续表

	2023年度	2023年度	2022年度	2022年度
	合并报表	母公司报表	合并报表	母公司报表
支付其他与投资活动有关的现金		154 558 300.00		138 628 900.00
投资活动现金流出小计	454 996 143.31	291 602 122.85	356 236 246.05	347 005 760.58
投资活动产生的现金流量净额	−454 139 548.67	−236 189 277.07	−355 567 026.05	−311 226 160.58
筹资活动产生的现金流量：				
吸收投资收到的现金	193 568 000.00	193 568 000.00		
其中：子公司吸收少数股东投资收到的现金				
取得借款收到的现金	70 000 000.00			
发行债券收到的现金				
收到其他与筹资活动有关的现金	25 053 100.00		43 467 882.35	
筹资活动现金流入小计	288 621 100.00	193 568 000.00	43 467 882.35	
偿还债务支付的现金	30 000 000.00			
分配股利、利润或偿付利息支付的现金	198 133 197.70	167 485 034.72	120 731 144.07	91 067 748.93
其中：子公司支付给少数股东的股利、利润			15 920 900.00	
支付其他与筹资活动有关的现金	25 628 426.72	4 826 858.60	92 025 035.33	6 131 752.27
筹资活动现金流出小计	253 761 624.42	172 311 893.32	212 756 179.40	97 199 501.20
筹资活动产生的现金流量净额	34 859 475.58	21 256 106.68	−169 288 297.05	−97 199 501.20
汇率变动对现金及现金等价物的影响	2 410 965.76		4 972 984.78	534.59
现金及现金等价物净增加额	1 225 214 287.94	829 805 472.77	−341 235 933.67	−529 736 231.58
期初现金及现金等价物余额	2 139 006 262.97	1 335 529 358.01	2 480 242 196.64	1 865 265 589.59
期末现金及现金等价物余额	3 364 220 550.91	2 165 334 830.78	2 139 006 262.97	1 335 529 358.01

（四）部分报表相关信息

表 9－4　主营业务分行业、分产品、分地区情况　　金额单位：元

项目	2023 年度		2022 年度		同比增减
	金额	占收入比重	金额	占收入比重	
营业收入合计	6 209 820 336.41	100%	6 019 695 184.60	100%	3.16%
分行业：					
电子元器件制造业	6 151 083 544.60	99.05%	5 862 905 265.47	97.40%	4.92%
其他业务	58 736 791.81	0.95%	156 789 919.13	2.60%	−62.54%
分产品：					
连接器及互连一体化产品	4 432 966 645.15	71.39%	3 878 974 761.05	64.44%	14.28%
电机与控制组件	1 257 778 737.00	20.25%	1 501 144 985.07	24.94%	−16.21%
光通信器件	134 782 109.51	2.17%	124 213 975.09	2.06%	8.51%
其他业务	58 736 791.81	0.95%	156 789 919.13	2.60%	−62.54%
分地区：					
华北片区	1 658 539 769.70	26.71%	1 716 107 001.23	28.51%	−3.35%
华东片区	941 888 249.61	15.17%	1 214 361 135.22	20.17%	−22.44%
中南片区	1 243 997 045.67	20.03%	746 488 059.39	12.40%	66.65%
西南片区	806 878 946.72	12.99%	826 847 686.63	13.74%	−2.42%
西北片区	840 205 191.69	13.53%	619 992 355.94	10.30%	35.52%
其他片区	659 574 341.22	10.62%	739 109 027.06	12.28%	−10.76%
其他业务	58 736 791.81	0.95%	156 789 919.13	2.60%	−62.54%
分销售模式：					
直销模式	6 209 820 336.41	100%	6 019 695 184.60	100%	3.16%

表 9－5　占公司营业收入或营业利润 10%以上的行业、产品、地区、销售模式的情况

金额单位：元

项目	营业收入	营业成本	毛利率（%）	营业收入比上年增减（%）	营业成本比上年增减（%）	毛利率比上年增减（%）
分行业：						
电子元器件制造业	6 151 083 544.60	3 819 087 527.02	37.91%	4.92%	−4.16%	5.88%
分产品：						

续表

项目	营业收入	营业成本	毛利率（%）	营业收入比上年增减（%）	营业成本比上年增减（%）	毛利率比上年增减（%）
继电器	325 556 052.94	174 587 668.26	46.37%	−9.21%	−16.32%	4.56%
连接器及互连一体化产品	4 432 966 645.15	2 726 828 943.74	38.49%	14.28%	4.03%	6.06%
电机与控制组件	1 257 778 737.00	814 289 087.49	35.26%	−16.21%	−23.12%	5.81%
光通信器件	134 782 109.51	103 381 827.53	23.30%	8.51%	7.59%	0.66%
分地区：						
华北片区	1 658 539 769.70	933 655 144.51	43.71%	−3.35%	−11.62%	5.27%
华东片区	1 241 888 249.61	812 010 703.00	34.61%	2.27%	−6.35%	6.01%
中南片区	943 997 045.67	486 120 890.17	48.50%	26.46%	27.13%	−0.27%
西南片区	806 878 946.72	540 122 207.07	33.06%	−2.42%	−8.58%	4.52%
西北片区	840 205 191.69	591 768 686.81	29.57%	35.52%	31.51%	2.15%
其他片区	659 574 341.22	455 409 895.47	30.95%	−10.76%	−28.65%	17.31%
分销售模式：						
直销模式	6 151 083 544.60	3 819 087 527.02	37.91%	4.92%	−4.16%	5.88%

表 9-6　研发费用　　单位：元

项目	本期发生额	上期发生额
职工薪酬	316 168 271.88	302 480 961.41
材料费	191 051 491.33	154 579 489.99
管理费	92 300 814.40	85 171 668.25
固定资产使用费	58 504 740.08	44 874 789.91
设计费	12 585 288.12	6 533 723.41
试验费	28 146 176.31	31 324 445.83
合计	698 756 782.12	624 965 078.80

第二节　对企业财务状况的整体分析

在本书前面的讨论中，我们主要关注的是基于战略视角的企业财务状况的分析问题。因此，对航天电器案例的分析，我们也主要集中在利用三张基本财务报表对企业战略信息进行挖掘，通过分析企业财务状况质量与竞争力、企业面临的风险等方面，对企业未来的发展前景进行预测。

按照这样的分析框架，我们基于表 9－7 所示的主要步骤来展开分析。

表 9－7 分析步骤

步骤	分析内容
1	表外因素的了解
2	企业年度内的财务状况总体概览
3	财务报表所包含的企业战略信息分析
4	财务状况质量与企业竞争力分析
5	基于财务报表的企业风险分析
6	企业前景预测

一、表外因素的了解

案例中提供的信息摘自航天电器公开发布的 2024 年度的信息。在信息的选择中，为了方便分析我们进行了必要的重新组合。更全面的信息，读者可以参阅该公司的年度报告原文。从本书收集的信息来看，至少应该关注的表外因素有：

（一）公司所处的行业和主要产品

信息显示：所属行业为电子元器件制造行业。公司主要从事高端连接器与互连一体化产品、微特电机与控制组件、继电器、光电器件等产品的研制和销售，以及为客户提供系统集成互联一体化解决方案。

主要产品高度聚焦连接器及互连一体化产品、电机与控制组件等。年度间实现了营业收入整体的小幅增长。

（二）公司的控股股东

年报显示，公司的控股股东为航天江南集团有限公司，持有公司 37.25％股份。主要经营业务为战术导弹武器系统、航天产品、地面设备、卫星应用设备、雷达、特种电池、微特电机、电子元器件及其他相关产品、航天汽车、系列税控收款机和特种二维码防伪数据终端等电子信息产品的研制、生产、销售。

了解控股股东的重要之处在于，控股股东在很大程度上决定着企业的发展战略与经营方略，决定着企业发展的根本方向。

（三）行业地位

公司是国家精密微特电机工程技术研究中心、国家创新型企业、高新技术企业和科改示范企业。公司研制生产的高端连接器与线缆组件、微特电机与控制组件、继电器、光电器件产品，性能优良，部分产品属国内独家开发和生产，在行业内具有较强的竞争优势，2021年公司在中国电子元器件百强企业排第14名；品牌价值居“2022年中国品牌价值榜机械设备制造类第22位”。

（四）审计报告措辞

会计师事务所出具的审计报告是标准的无保留意见的审计报告，这意味着：第一，注册会计师对企业的会计处理没有重大意见分歧；第二，至少在注册会计师看来，企业的会计处理及会计信息的质量是符合会计准则要求的。

二、企业年度内的财务状况总体概览

（一）资产负债表

1. 资产的结构及规模变化

在资产方面，母公司资产负债表显示，企业资产总额从年初的68.54亿元增加到年末的76.12亿元，资产总额有所增长；合并资产负债表显示，整个集团资产总额从年初的99.68亿元增加到年末的111.48亿元，资产总额也有所增长。母公司与整个集团资产均有所增长，显示出企业可以利用的资源在增加。合并报表中货币资金34.08亿元的规模显著大于母公司21.65亿元的规模，说明母公司对子公司货币资金进行集中整合的力度不大，为子公司留有一定规模的货币资金；合并报表其他应收款的规模0.12亿元且大于母公司其他应收款0.02亿元的规模，意味着子公司并没有通过其他应收款的通道从母公司获得资金支持。

另外，还应该看到，母公司的长期股权投资规模不大，只有9.45亿元，在母公司去除非战略属性的资产货币资金（21.65亿元）后在剩余资产中占比也不大，因此，母公司属于典型的经营主导型企业（后续会进一步展开分析）。由于合并报表中长期股权投资规模为零，因此，母公司的对外投资全部是对子公司的控制性投资。

2. 负债和股东权益的结构及规模变化

（1）母公司负债和股东权益的规模变化。在负债方面，母公司资产负债表显示，企业的流动负债规模年度内有所增加，从年初的 21.36 亿元增加到年末的 24.95 亿元。从结构看，实质性经营性负债（包括应付票据、应付账款、合同负债、应付职工薪酬、应交税费等）整体有所上升，且以应付账款增加最为迅猛，显示母公司的经营业务对经营性负债资源的获取能力有所提升；其他应付款的规模有所下降，且出现了合并报表其他应付款规模大于母公司规模的情况（年初合并报表其他应付款规模显著小于母公司其他应付款规模，其差额是母公司集中整合子公司资金的基本规模），这至少意味着年末母公司对子公司资金整合力度的下降。在短期借款方面，公司年末、年初数字均为零，也没有较大规模的一年内到期的非流动负债，说明年内母公司短期借款行为或者没有，或者不多。

概括起来说，导致母公司流动负债年末较年初有所增加的主要原因就是一个企业经营活动获取经营性负债的能力在增强。

母公司的股东权益显示，企业的股本和资本公积的规模均有少量增加变化，说明年度内公司有股东入资行为发生，但其规模并不大。这应该是企业对部分员工实施了员工持股计划，员工按照规定认购了股份。员工持股计划的实施，有助于凝聚核心管理者与核心业务骨干的人心，对企业发展具有重要战略意义。

引起母公司股东权益年末比年初增加的主要项目是未分配利润，说明母公司当年的盈利积累状况不错。

由此看来，母公司年内资产总额的增长，主要是母公司的经营活动扩大了经营性负债以及当年实现的利润导致的未分配利润增加。

（2）整个集团（合并报表）负债和股东权益的规模变化。在负债方面，合并资产负债表显示，企业的金融性负债项目中短期借款、一年内到期的非流动负债有所增加，但规模不大，租赁负债则有所减少，且规模更小——企业金融性负债对负债和资产的增长贡献度并不大。

有一个比较奇特的项目是长期应付款，该项目年度内增长较多。企业报表附注显示了如下信息（见表 9－8）：

表 9－8　合并其他应付款结构　　金额单位：元

项目	期末余额	期初余额
长期应付款（借款）	260 467 918.95	241 414 818.95
专项应付款（上级拨款）	110 179 947.13	62 079 529.51

企业并没有披露为什么没有把实质是借款的负债归入借款形象并不强的其他应付款。但尽管如此，企业的债务规模中，经营性负债还是占据主导地位的——企业对债务融资的依赖度很低。

企业能够持续获得上级拨款，当然是好事。

借款和上级拨款是促进企业资产增长的又一个因素。

在经营性负债方面，合并报表的整体态势与母公司基本相近：经营性负债整体规模有所增加，这与企业营业收入增长是一致的。

合并归属于母公司所有者权益显示，引起其年末比年初增加的项目主要是盈余公积和未分配利润，说明年度内子公司在整体上是盈利的。

需要注意的是，与母公司资产负债表不同的是，合并资产负债表的股东权益部分增加了一项少数股东权益，反映子公司的非控制性股东对子公司股东权益的应享份额。从规模看，归属于母公司所有者权益为62.83亿元，少数股东权益为9.98亿元——说明子公司的非控制性股东对子公司净资产的贡献是比较小的（当年虽然有所增长，但整体规模还是较小）。

概括起来说，合并报表年内资产总额的增长，主要是母公司和子公司自身业务发展所引起的经营性负债增加以及利润积累所致，当然，企业借款、上级拨款以及子公司的非控制性股东对资产增长做出了贡献。

资产负债表的整体变化表明，母公司和子公司整体尚处于较为稳定的发展阶段。

（二）利润表

1. 母公司利润表的变化

对母公司利润表的营业收入和营业利润的数据进行比较，我们会发现，企业的营业收入2023年比上一年有了一定幅度增长，同时营业利润也实现了增长，总体感觉是营业收入增长、企业效益增长。

比较一下具体项目，母公司增量毛利将近3亿元，销售费用和利息费用有所下降，管理费用、研发费用在提高，但从整体上来看，上述几项费用整体增加的规模小于毛利额的增加，因此，母公司2023年的核心利润是大于2022年的。

在其他收益、投资收益以及利息收入的变化上，虽然各个项目有增有减，但整体规模基本与上年持平，对营业利润影响不大。

最后，虽然母公司两个减值损失之和大于上一年度，但整体对营业利润的冲击还不足以导致企业营业利润下降。

总结一下：母公司在2023年能够实现营业收入与营业利润双增长，主要贡献就是企业的毛利增加以及相关成本和费用的有效控制。

2. 合并利润表的变化

合并利润表中营业收入本年与上年的增长状况，以及营业成本、销售费用、管理费用、研发费用等各项成本费用项目及其他相关项目本年与上年的数据差异，走势大致与母公司相同，显示出整个集团较为稳步的发展态势。

由于在合并报表的利润总额构成中，投资收益是零，代表政府补贴的其他收益虽然有所增长，但整体规模也不大，因此，整个集团营业利润的主体是母子公司贡献的核心利润，利润结构看起来还是比较健康的。

综合来看，企业集团的业务运转整体上还是比较正常的。

（三）现金流量表

1. 母公司现金流量表的变化

从母公司现金流量表的基本态势来看，母公司经营活动产生的现金流量净额与上年相比发生了较大变化：经营活动产生的现金流量净额从上年的负数转变为本年的正数，且远超母公司的核心利润（请读者自行计算母公司核心利润）；投资活动现金流入量不多，主要为“取得投资收益收到的现金”，表明投资收益的质量很高（连续两年母公司投资收益与母公司“取得投资收益收到的现金”完全相等，表明子公司分红都支付了现金）。投资活动产生的现金流出量连续两年均是既有“购建固定资产、无形资产和其他长期资产支付的现金”，也有“支付其他与投资活动有关的现金”，还有“投资支付的现金”。

这显示出母公司在 2023 年的发展是沿着这样的方向进行的：（1）购建固定资产、无形资产强化经营能力；（2）对外继续支持子公司（母公司“支付其他与投资活动有关的现金”有数据，合并现金流量表相同项目没数据，表明资金流向是子公司）；（3）进行小规模参股性投资（母公司“投资支付的现金”规模与合并报表同项目金额一致，表明投资方向不是子公司）。

连续两年的数据显示，母公司经营活动产生的现金流量净额在整体上大于投资活动产生的现金流量净额，说明尽管在 2022 年，企业由于经营活动产生的净额为负数，不能对投资活动产生的现金流量需求进行支持，但连续两年从整体上看，企业经营活动产生的现金流量净额可以对企业投资活动资金需求进行根本性支撑。

这就是说，从母公司连续两年的情况看，投资活动所需现金不需要进行额外融资。

在筹资活动产生的现金流量方面，母公司上年没有任何筹资活动，本年则主要是实施员工持股计划而相应增加了“吸收投资收到的现金”。现金流出量的内容则主要是分配股利给股东支付的现金。

从整体上看，母公司经营活动现金流量净额管理渐入佳境。现金流量较为充足，货币资金周转也较为顺畅，利润带来的现金对战略支撑能力较强。

2. 合并现金流量表的变化

与母公司现金流量表的结构类似，从合并现金流量表的基本态势来看，整个集团经营活动产生的现金流量净额比上年有显著增加；投资活动产生的现金流量净额连续两年出现了较大规模的负数，主要原因是购建固定资产、无形资产和其他长期资产支付的现金，显示出子公司也有较大规模的购建固定资产、无形资产活动发生，这应该理解为企业试图在通过扩大生产和经营规模来不断增强自身的盈利能力。

本年合并现金流量表中经营活动产生的现金流量净额远远大于投资活动产生的现金流量净额，说明整个集团基本上不需要通过额外融资就可以实现自我发展。

本年度筹资活动现金流量中的“取得借款收到的现金”小试身手，但其规模大于“偿还债务支付的现金”，从而导致合并报表年末的借款有一个4 000万元的增量。这与我们前面所看到的合并负债短期借款项目的变化是一致的。

从整体上看，整个集团的现金流量较为充足，货币资金周转较为顺畅。

（四）对集团整体财务状况的初步印象

从资产的规模变化来看，母公司与整个集团的资产总额均在增长，支持日常运营活动的主要动力来源并不是筹资活动，而是经营活动与企业的利润积累。企业的市场规模和盈利能力均在发展，企业现金流转较为顺畅。母公司和子公司均在持续不断地夯实生产经营规模，整个集团基本处于稳定发展的进程中。

当然，这仅仅是浏览了企业财务报表后形成的初步印象，更深入、全面的分析后续会逐步展开。

三、企业战略信息分析

资产负债表、利润表和现金流量表均蕴含了丰富的企业战略信息。

（一）资产负债表的企业战略信息

我们在前面已经讨论过，利用资产负债表对企业战略信息进行挖掘，根据母公司资产负债表和合并资产负债表信息，可以完成下列分析：第一，识别企业的资源配置战略和对外控制性投资的资产扩张效果；第二，识别企业的资本引入战略和对企业业务发展的支持作用；第三，识别企业集团的融资管控模式；第四，识别企业集团的货币资金管控模式。

1. 企业资源配置战略识别和对外控制性投资的资产扩张效应

（1）企业资源配置战略识别。对企业资源配置战略的识别，主要是以母公司的资产结构为依据来进行的。从航天电器母公司资产结构看，2023 年年末的资产总额为 76.12 亿元。其中，不具有战略属性的资产（货币资金）为 21.65 亿元，这样，进行战略性应用的资产为 54.47 亿元。在这 54.47 亿元中，典型的投资性资产为其他非流动金融资产和长期股权投资，此外，由于长期应收款合并报表数据为零，因此可以断定长期应收款就是向子公司提供的资金。而有可能向子公司提供资金的其他应收款不仅规模小，而且合并报表的其他应收款显著大于母公司其他应收款的规模，这意味着母公司并没有通过其他应收款项目向子公司提供资金。

这样，母公司投资性资产的规模为上述三项投资性资产之和，为 15.17 亿元。这样，在进行战略性应用的资产 54.47 亿元减去投资性资产 15.17 亿元后，经营性资产的规模为 39.30 亿元。

这就是说，母公司资产结构表明，母公司走的是经营主导的发展战略。

而从合并资产负债表 2023 年年末的资产结构来看，各项非经营资产合计数为 34.57 亿元（其中包括货币资金和其他非流动金融资产），占合并资产总额 111.48 亿元的 31.01%，说明从整个集团来看，基本上将资源配置在自身的经营资产上，并没有太多的对外投资行为发生，这也显示出整个集团扎扎实实做主业的决心。

（2）对外控制性投资的扩张效果。实际上，母公司的投资性资产中具有控制性色彩的资产集中在两个项目中：一项是长期股权投资，母公司长期股权投资项目的金额与合并长期股权投资项目的金额之差为 9.45 亿元（9.45－0）。这就是说，母公司全部长期股权投资都是控制性投资。另一项是长期应收款，母公司长期应收款项目的金额与合并其他应收款项目的金额之差为 5.23 亿元（5.23－0）。这样，母公司控制性投资的规模是 14.68 亿元（5.23＋9.45）。

而合并资产总额与母公司资产总额之间的差额为 41.36 亿元（117.48－76.12）。这就是说，母公司用 14.68 亿元的投资，获得了整个集团 41.36 亿元子公司的资产增长。

由此看来，母公司控制性投资的资产扩张效果是较好的，实现了用较少资源投资换来更多资产的资产扩张效果。

2. 企业的资本引入战略

（1）母公司的资本引入战略。从年末母公司的负债与股东权益的结构来看，企业的金融性负债仅为极少量的租赁负债，经营性负债占据负债的主体地位。这在很大程度上说明，企业在货币资金较为充裕的条件下，没有进行非需求性债务融资（大量上市公司存在非需求性债务融资行为）。

需要说明的是，由于在2023年年末的母公司与合并其他应付款的数量对应关系中，不再出现越合并越小、差额属于母公司集中整合子公司货币资金的那种对应关系，在缺乏详细数据支持的条件下，我们难以确定母公司是否还通过其他应付款集中整合子公司资金以及集中整合了多少子公司资金。由于母公司有相当规模的经营活动，因此母公司其他应付款中应该有相当一部分是正常经营活动所引起而不是集中整合子公司资金所引起的。

这就是说，在2023年年末，因集中整合子公司货币资金所产生的其他应付款的规模是难以判断的。但是，有一点是肯定的：即使母公司年末其他应付款的规模全部是集中整合子公司资金所产生的，也只有2.06亿元，在负债中所占比重是很低的。

母公司股本与资本公积之和约为25.05亿元，专项储备、盈余公积与未分配利润之和约为27.50亿元。

这说明，支持母公司资产的资金来源按照贡献大小依次为：利润积累、经营性负债和股东入资。

作为战略性的结构分析，我们的分析已经说明了问题：母公司发展到2023年年末，支撑其资产的主要资源并不是债务性融资，也不是股东入资，而是企业的累积利润和当前的经营活动。而企业的累积利润和当前的经营活动属于企业的内部造血能力，各种融资体现着外部输血对企业的贡献。这意味着，企业自身的业务发展已经进入到造血能力较强的良性阶段。

（2）整个集团的资本引入战略。从年末合并资产负债表中负债与股东权益的结构来看，除了增加了商量的短期借款、长期应付款（借款和上级拨款）以及少数股东权益外，其基本结构与母公司是一致的：整个集团资产贡献主要力量按照大小排序是：利润积累、经营性负债、资本市场股东入资、少数股东贡献以及规模更小的借款和拨款。

这个结构同样意味着，支撑整个集团整体的资源主要是利润积累和业务所引起的经营性负债，企业基本没有非需求性债务融资。

这意味着，企业在产品的市场开拓能力和盈利能力方面做得是不错的。

3. 企业集团的融资管控模式

企业集团的融资管理问题主要涉及母子公司在债务融资方面的管控模式。以现有的报表信息为基础，我们看到，母公司短期贷款融资额为0，而合并报表中的短期贷款融资额为0.4亿元，说明企业的各类金融性负债的主体是子公司。此外，长期应付款中的借款也只有合并报表上有数字，说明这部分借款也发生在子公司。

这就是说，虽然债务融资不是企业的主旋律，但企业仍有部分借款发生。在现有的条件下，母子公司在债务融资的管控模式上采用的是分权式管控模式，这样就给子公司留有较大的融资灵活性。

4. 企业集团的货币资金管控模式

2023年年初（即2022年年末），母公司其他应付款的数据（3.32亿元）远远大于合并报表数据（0.44亿元），意味着母公司在一定程度上对子公司的货币资金进行了集中管理，集中管理的基本规模是2.88亿元（3.22－0.44）。

但到了2023年年末，这种关系发生了变化：母公司的数据小于合并数据。这种越合并越大的数据关系当然不意味着母公司没有对子公司资金进行集中管理，但至少说明母公司集中管理子公司资金的力度在减弱。

从合并货币资金规模显著大于母公司货币资金规模的情况看，母公司集中整合子公司资金的力度确实不大。

另外，不论是年初还是年末，其他应收款不但规模很小，且呈现出越合并越大的态势。这意味着子公司没有通过其他应收款的通道获得母公司资金支持。

当然，支持子公司资金的是长期应收款。母公司长期应收款为5.23亿元，合并长期应收款为零，这是母公司对子公司的长期资金支持。

整体来看，在2023年年末，母公司整合子公司资金的力度在下降（如果有的话），而支持子公司的规模在增加（母公司长期应收款年末数大于年初数）。这就是母公司与子公司之间的货币资金管理特征。

（二）利润表的企业战略信息

1. 产品结构的战略内涵

从我们收集到的信息来看，该公司整体业务的发展战略是清晰的：公司主营业务为高端连接器与互连一体化产品、微特电机与控制组件、继电器、光电器件等产品的研制和销售，以及为客户提供系统集成互联一体化解决方案。

从表9－4和表9－5中可以看出，企业2023年连接器及互连一体化产品基数大，并保持了较高的增长速度，在营业收入的占比地位还在提升。这表明，连接器及互连一体化产品是企业具有核心竞争力的产品。在毛利率方面，连接器及互连一体化产品的毛利率虽不是企业毛利率最高的产品，但其毛利率不仅保持了较高水平（2023年为38.49％），且比上年毛利率提高了6.06％。

企业在产品业务结构的分类中虽然分出了四类产品，但其他三类产品业务规模总体不大，且有的还在 2023 年出现了显著下滑。因此，企业现有的业务结构可以说是一枝独秀。从未来发展来看，应该研究的是，除了连接器及互连一体化产品外的另外三类产品市场规模不大的原因是什么？是行业竞争激烈、本公司没有竞争力还是行业本身就比较小，营业收入下滑属于正常波动、还是相关产品处于被淘汰的过程亟须转型升级？对这些问题的探究有助于调整产品经营策略。

从集团整体来看，支柱类产品就是一个，即连接器及互连一体化产品。其他业务的地位和竞争力还需要时间才能确立。以上信息和分析结论也因此而具有了非常重要的战略内涵。

2. 市场结构的战略内涵

从企业年报中，我们能够收集到的有关市场结构方面的信息主要包括华北片区、华东片区、中南片区、西南片区、西北片区和其他片区的分地区信息。

分地区信息显示，除华北片区和华东片区营业收入规模较大外，其他片区营业收入规模较为平均。从毛利率的地区结构来看，中南片区的毛利率最高，达 48.5%。从企业产品的特征（产品主要供机构使用）来看，地区间的营业收入差异主要与产品使用机构的分布有关。在毛利率方面，毛利率在地区间的差异主要与业务规模和产品结构有关。

产品结构、营业收入、毛利率等因素将决定企业产品调整的战略方向。

3. 期间费用的战略内涵

期间费用是指那些与企业当期经营活动有关的费用，一般包括销售费用、管理费用、研发费用和利息费用。

在本案例中，利息费用由于很低，在这里就不进行分析了。企业的销售费用规模较低、销售费用率更是持续走低，这往往意味着企业的产品不是通过广告等营销手段来进行的，更多是面向机构销售。较低的销售费用额和销售费用率说明了企业的营销策略是成功的，营销队伍是有质量的。

在管理费用方面，企业 2023 年实现了一定程度的增长。一般来说，企业管理费用中占比较大的是职工薪酬，航天电器也不例外（见表 9-9）。

表 9-9　航天电器职工薪酬　　单位：元

项目	2023 年	2022 年
合计	553 888 695.13	498 713 984.23
其中：职工薪酬	359 147 596.31	313 952 570.77

上表显示，在引起企业管理费用增加的因素中，职工薪酬占据主导地位。从增长比例来看，企业管理费用以及职工薪酬的增长速度远超营业收入的增长速度。

这在一定程度上说明，企业年度内提升了管理层及行政部门的薪酬水平。这种举措，有助于提升管理层的凝聚力以及行政部门的工作效率与管理效率。当然，企业的薪酬变化是一个系统工程，企业不可能只提升管理层和行政部门工作人员的薪酬。全员薪酬的有序增加才会提升企业整体的凝聚力。

在研发费用方面，企业持续加大投入，研发费用与营业收入的比率保持在10%以上。当然，不能绝对按照研发费用的比率来直接判断研发费用投入的规模和有效性：当企业业务结构比较分散、产品的市场竞争力与研发费用之间呈现出多样化关系的时候，简单计算研发费用率意义是不大的。

在本案例中，由于企业的业务较为集中，产品整体上需要研发支撑。因此，维持10%以上的研发费用率有助于企业产品市场竞争力的提高。

4. 利润结构与资产结构匹配度的战略内涵

母公司的利润表显示，企业2023年的营业利润为5.96亿元，投资收益只有0.41亿元，投资收益占营业利润的比例只有6.88%，如果剔除两项减值因素，投资收益占减值前营业利润的比重更低。而母公司2023年年初、年末平均资产总计中具有对外投资意义的平均长期股权投资与长期应收款之和占平均资产总计的比例远超10%。这就是说，从子公司分回投资的角度来看，企业对外投资的利润贡献力不足。

由于母公司的长期股权投资形成了对子公司的控制性投资，因此，母公司利润表中的投资收益就是子公司对母公司的现金分红。鉴于上述这种情况，分析母公司利润结构与资产结构之间的对应关系难以按照常规独立企业的模式得出结论。

实际上，企业对外的控制性投资所需要的不仅仅是投资收益，还有更广泛的价值预期，如业务布局、地区布局、行业布局、融资贡献等。从对外控制性的实质是形成子公司的经营资产并推动子公司的营业收入及核心利润这一点来看，对控制性投资的整体效应分析，要结合合并报表中资产的结构性盈利能力来判断。

合并利润表的数据显示，在企业9.35亿元的营业利润中，由于投资收益为零，利息收入仅为0.31亿元，而其他收益又直接或间接与企业的经营活动有关，因此这一规模基本就是通过经营活动来实现的。如果考虑两个减值因素，则企业减值前营业利润将达到10亿元以上。

这说明，从整个集团的整体来看，合并利润结构与合并资产结构是高度一致的（合并平均资产总计中的非经营资产占资产总计的比例不高，除了货币资金外，只有非常少量的投资性资产——其他非流动金融资产）。这意味着，企业集团在整体上经营资产的盈利能力相当强，比较而言非经营资产的盈利能力较低。

这说明企业对外投资形成子公司经营资产的资源配置战略实施效果良好。作为经营主导型的企业集团，其资源配置、市场开拓与经济效益之间的关系处在整体良性协调的状态下，企业完全可以继续坚守主业，夯实市场竞争力，保持良好的持续发展势头。

至于合并报表中非经营资产中货币资金的进一步应用，则需要进行严肃的战略论证后才能实施。

5. 利润结构与现金流量结构之间关系的战略内涵

为了分析企业利润结构与现金流量结构之间的关系，我们需要计算核心利润获现率与投资收益获现率（采用合并报表数据），如表 9－10 所示。

表 9－10　企业利润结构与现金流量结构　　金额单位：元

项目	2023 年度	2022 年度
营业收入（1）	6 209 820 336.41	6 019 695 184.60
核心利润（为作者自行计算）(2)	907 877 525.87	655 212 579.41
其他收益（3）	83 115 482.33	67 985 663.71
(核心利润＋其他收益)＝(4)＝(2)＋(3)*	990 993 008.20	723 198 243.12
经营活动产生的现金流量净额（5）	1 642 083 395.27	178 646 404.65
核心利润率（6)＝(2)/(1)×100％	14.62％	10.88％
核心利润获现率（7)＝(5)/(4)×100％*	161.66％	24.70％
杂项收益＝(投资收益＋公允价值变动收益＋利息收入)(8)**	31 280 209.34	34 469 331.83
杂项收益获得现金＝(取得投资收益收到的现金＋利息收入)(9)***	31 280 209.34	34 469 331.83
杂项收益获现率（10)＝(9)/(8)×100％	100％	100％

* 由于构成其他收益主体的补贴收入计入经营活动产生的现金流量，因而在计算核心利润获现率时，利润中应该包含其他收益。

** 杂项收益包含了与营业收入无关、由非经营资产贡献的利润，包括利息收入、投资收益和公允价值变动收益。

*** 现有信息无法确定企业实际收到的利息现金。但企业一般会足额收取利息收入，因此，这里假设企业利息收入全部对应现金增加。

计算结果显示，与上年相比，企业的核心利润率得到了显著的提高，而核心利润获现率的改善更是巨大，一举扭转了核心利润获现能力低下的问题。这说明公司核心利润的质量较高，在上下游关系管理方面具有整体上的竞争力。至于杂项收益获现率为 100％的问题，由于总体规模较小，在战略分析中可以忽略。

6. 经营性资产报酬率的战略内涵

以合并报表数据为基础，分别计算出整个集团的经营性资产报酬率、核心利润率以及经营性资产周转率等项指标，如表 9－11 所示。

表 9-11　经营性资产分析　　金额单位：元

项目	2023 年度
营业收入（1）(取自表 9-10)	6 209 820 336.41
核心利润（2）(取自表 9-10)	907 877 525.87
(核心利润＋其他收益)(3)(取自表 9-10)	990 993 008.20
经营性资产期初数（作者自行计算)(4)	7 731 139 964.49
经营性资产期末数（作者自行计算)(5)	7 691 042 503.53
平均经营性资产（6)＝((4)＋(5))/2	7 711 091 234.01
经营性资产报酬率（7)＝(3)/(6)×100％	12.85％
核心利润率（8)(取自表 9-10)	14.62％
经营性资产周转率（8)＝(1)/(6)	0.81（次/年）

从表 9-10 可知，计算得出整个集团的经营性资产报酬率为 12.85％，核心利润率为 14.62％，经营性资产周转率为 0.81 次/年。应该说，企业经营性资产报酬率以及核心利润率是不低的，经营性资产周转率虽然没有达到 1 次/年的速度，也是较为不错的。

上述数字的战略解读是：企业在产品研发、生产、存储和销售等方面的资源配置是较为成功的：企业在特定产品领域取得了较高的财务绩效。这种财务上的成功是企业战略成功的重要标志。

在经营性资产周转率的改善方面，我们必须看到，企业 2023 年年末合并资产中应收账款和应收票据之和高达 45.75 亿元，占经营性资产的 50％以上。这个规模虽然比年初有所下降，但从整体来看，过高的这两项商业债权彰显了企业赊销债权回收的缓慢。这种赊销债权的回收缓慢至少说明这样的问题：企业在与买方的业务关系中处于相对劣势——买方在付款方面处于强势地位。这种付款缓慢虽不一定产生大量坏账，但却影响本公司资产的周转效率——企业经营性资产周转速度因此而变得缓慢起来。

（三）现金流量表的企业战略信息

从 2023 年整个集团合并现金流量表的整体态势来看，经营活动产生的现金流量净额远远高于同期核心利润，因此，可以在一定程度上满足企业投资活动的资金需求。到 2023 年，企业基本可以在不借助外部融资的条件下顺利实现发展。

四、财务状况质量与企业竞争力分析

由于母公司的对外控制性投资终将形成子公司的个别资产，并进而形成整个集团整体的资源配置，因此，对财务状况质量和企业竞争力的分析我们以合并报表为基础来进行。

（一）营运资本管理与企业竞争力

如果我们以 2023 年 12 月 31 日流动资产规模为 93.85 亿元、流动负债规模为 33.93 亿元为基础计算流动比率，从而得出远超 2∶1 的流动比率并进一步认为企业短期偿债能力很强的结论是没有什么意义的。

有意义的分析是对企业营运资本管理与企业竞争力之间的关系进行感知。

从合并报表营运资本的基本结构来看，在流动资产总额的 93.85 亿元中，货币资金就高达 34.08 亿元，而具有投资色彩的交易性金融资产为零，可能存在投资因素的其他流动资产规模很低，这意味着企业流动资产除了货币资金以外几乎全部为经营性资产。资产质量可能不高的其他应收款因规模较小可以忽略不计。

这意味着，从规模和自身结构来看，企业流动资产的整体质量较高。

1. 货币资金存量与短期融资管理

合并资产负债表显示，企业的货币资金年末为 34.08 亿元，同时，短期借款有 0.40 亿元的余额。考虑到合并现金流量表的经营活动产生的现金流量净额与投资活动产生的现金流量净额之和远远大于零的情况，企业的经营活动和投资活动似乎并不存在对贷款融资的资金需求。

倘若企业能够降低这些貌似并不需要的贷款规模，企业的财务状况应该会进一步得到改善。简单地说，企业通过降低非需求性融资至少可以从以下几个方面改善财务状况：企业流动资产对流动负债的保障程度、企业的资产负债率、企业经营性资产周转率等。

2. 其他应收款质量

企业合并资产负债表中其他应收款规模较低，这意味着，企业的货币资金并没有通过计入其他应收款而被关联方（如大股东）长期占用，更没有形成不良资产。

3. 存货质量

航天电器整个集团的存货周转率及毛利率如表 9－12 所示。

表 9－12　航天电器的存货周转率及毛利率　　金额单位：元

项目	2023 年度	2022 年度
营业成本	3 850 868 037.14	4 033 266 430.24
毛利率	37.99%	33.00%
平均存货＝(年初＋年末)/2	1 054 126 086.71	1 020 027 909.46
存货周转速度＝营业成本/平均存货	3.65 次	3.95 次

（1）存货周转速度与企业竞争力。合并报表的数据显示，整个集团的存货周转率连续两年在 4 次以内，虽然 2023 年存货周转速度有所下降，但仍保持在较快水平。在没有和同行业其他企业相比较的情况下，单纯从周转率的上述计算结果来说，这个速度应该是其竞争力较强、存货管理质量较高的表现。

（2）存货毛利率的变化与竞争力。数据显示，企业的存货毛利率呈现出显著增加的态势。一般来说，毛利率提高，应该也是其产品质量和性能受到市场普遍认可、产品的市场竞争力较强的表现。

（3）存货质量评价。关于存货自身的质量，可以从三个方面来评价：

第一，存货的周转性。一般来说，存货周转速度较快的企业，其存货质量也是较高的——不容易形成存货积压和减值。虽然企业 2023 年的存货周转速度在整体上比上一年有所变慢，但这是在毛利率提高的基础上实现的。因此，从整体上来看，企业的存货质量应该是较高的。

第二，存货的盈利性。从产品的毛利率在两年间均保持较高水平且稳中有升的结果来看，企业存货的盈利性还是较好的。这一点在前面已经有了充分的讨论，此处不再赘述。

第三，存货的保值性。企业 2023 年合并报表对于资产的减值准备计提的规模并不高，因此可以推断，存货自身的减值也是不多的，说明至少可以按照账面价值顺利变现，保值性较好。

（4）以存货为核心的上下游关系管理。实际上，我们在前面考察企业核心利润获现率的时候，就已经看到，企业核心利润获现率较高，这意味着，企业通过系统管理自身与上下游的关系，为企业获得了大量的“经营净现金”。

4. 结构性上下游关系管理

实际上，我们已经看到了企业在上下游关系管理上出现的矛盾性信息：一方面，企业核心利润获现率 2023 年比 2022 年有了显著改善；另一方面企业赊销债权规模相当大，企业在与买方在收款方面处于劣势。

那么，到底应该怎样看待企业在上下游管理方面的优劣呢？

（1）收款管理。与存货有关的收款管理项目及其对应关系如表 9－13 所示。

表 9－13　收款管理

单位：元

项目	2023 年 12 月 31 日	2022 年 12 月 31 日
流动资产项目：		
应收票据及应收账款	4 675 277 797.86	4 922 329 410.09
应收票据	1 543 893 281.41	3 092 938 266.47

续表

项目	2023年12月31日	2022年12月31日
应收账款	3 131 384 516.45	1 829 391 143.62
应收款项融资	66 667 968.41	116 857 021.48
流动负债项目：		
预收款项		
合同负债	73 329 631.77	166 104 219.06

从上述诸项目的对应关系来看，企业在2023年营业收入有所增长的情况下，赊销债权整体规模却出现了下降。这说明企业年度内增加了赊销款的回收，且成效显著。在合同负债方面，企业年度内有所下降。这表明年度内赊销是主旋律，预收款销售是辅助性销售。但预售业务由于规模较小，因而对销售回款整体影响不大。

尽管企业以赊销为主且赊销债权与营业收入的对应关系显示出企业赊销债权回收的周期较长，但企业发生的信用减值损失并不大，因而从整体上看企业赊销债权的回收规模是有保证的。

总结一下：企业年度内的赊销款回收是销售回款的主旋律。营业收入增加、赊销债权下降是强化企业赊销债权回款的重要特征。

（2）付款管理。与存货有关的付款管理项目及其对应关系如表9-14所示。

表9-14　付款管理

单位：元

项目	2023年12月31日	2022年12月31日
流动资产项目：		
预付款项	48 816 459.12	99 936 801.23
存货	1 062 616 248.66	1 045 635 924.76
流动负债项目：		
应付票据及应付账款	2 919 157 018.41	2 717 595 883.78
应付票据	1 155 261 580.55	1 203 892 500.27
应付账款	1 763 895 437.86	1 513 703 383.51

从上述诸项目的对应关系来看，企业在2023年年末存货规模有所增加的情况下，预付款项的规模出现了显著下降。在相关负债方面，企业年度内有所增加，且增加的规模比存货增加的规模还要大。从数量对比关系来看，企业年末存货为10.63亿元，而与存货相关的应付票据与应付账款之和高达29.19亿元——企业与存货的付款周期远远慢于存货的周转速度，企业因此而获得大量节约的经营活动现金流量。

总结一下：

在销售回款方面，尽管企业在收取买方的货款方面居于劣势地位，但从连续的情况来看，企业债权回收是顺畅的、有保证的。企业 2023 年赊销款整体回款是很好的。

在购货付款方面企业显示出较强的竞争地位：企业存货周转速度明显快于企业支付应付账款和应付票据的速度，且在 2023 年年末预付款项的规模还在下降。

正是企业 2023 年在存货赊销回款管理以及购货付款的系统性管理，导致企业经营活动产生的现金流量净额得到了显著提升。

（二）固定资产质量与企业竞争力

为了从固定资产质量的角度考察企业竞争力，我们把可以收集到的合并报表相关信息列示如表 9－15 所示。

表 9－15　固定资产质量

金额单位：元

项目	2023 年 12 月 31 日	2022 年 12 月 31 日	2021 年 12 月 31 日
固定资产原值（取自报表附注）	2 422 299 586.78	2 124 736 728.91	1 902 032 301.64
平均固定资产原值＝(期初＋期末)/2	2 273 518 157.85	2 013 384 515.23	
营业收入	6 209 820 336.41	6 019 695 184.60	
固定资产周转率＝营业收入/平均固定资产原值	2.73 次	2.99 次	

上述计算结果显示，企业的固定资产（原值）周转率虽有所下降，但还是保持在较高水平。

但是，由于资料所限，我们无法搞清楚企业每年新增加的固定资产是什么时间投入使用的。而掌握固定资产的投入时间方面的信息，对考察固定资产对企业营业收入的影响更具有意义。

这里强调一下：如果企业固定资产的持续增加不能为企业扩大市场占有率和增强竞争力做出贡献，则新增固定资产大概率属于不良资产。因为不能有效推动营业收入增加的固定资产，其账面原值的增加只能起到恶化企业固定资产周转率和总资产周转率的作用。

（三）无形资产质量与企业竞争力

企业年末无形资产的规模有所增加。报表附注显示，增加的无形资产为土地使用权和软件。显然，这两项无形资产将提升企业生产经营的能力建设水平以及研发或管理水平。在无形资产稳定增加且并未大幅计提减值准备的情况下，企业的营业收入有所增长，这说明企业的无形资产与其他资产的组合可以发挥出应有的作用。

(四) 盈利质量与企业竞争力

我们在前面讨论存货竞争力的时候，已经对通过存货毛利率反映的企业竞争力进行了讨论。下面再进行盈利质量与企业竞争力之间关系的分析。

1. 费用效率与企业竞争力

为了考察企业的费用效率与企业竞争力，我们列示并计算相关信息（以合并报表数据为基础）如表 9－16 所示。

表 9－16　企业的费用效率与企业竞争力　　金额单位：元

项目	2023 年度	2022 年度
营业收入（1）	6 209 820 336.41	6 019 695 184.60
毛利率（前面已经计算）	37.99%	33.00%
销售费用（2）	145 198 949.96	152 095 545.96
销售费用率（3）=(2)/(1)×100%	2.34%	2.53%
管理费用（4）	553 888 695.13	498 713 984.23
管理费用率（5）=(4)/(1)×100%	8.92%	8.28%
研发费用（6）	698 756 782.12	624 965 078.80
研发费用率（7）=(6)/(1)×100%	11.25%	10.38%
核心利润（前面已经计算过）	907 877 525.87	655 212 579.41
核心利润率（前面已经计算过）	14.62%	10.88%

通过费用效率考察的企业竞争力，主要可以关注销售费用率、管理费用率和研发费用率等指标的变化情况。从企业的数据来看，企业的销售费用额和销售费用率均在下降，且销售费用率原本就不高。这一般意味着企业处于特殊的行业与销售环境，可以在销售费用下降的情况下增加营业收入。

从管理费用额和管理费用率来看，两者都在增加。我们在前面曾经分析过，企业管理费用增加的主要项目是职工薪酬。职工薪酬的变化当然取决于企业年度内人力资源政策的调整。虽然管理费用的规模与营业收入之间的关系不像销售费用那样直接，但过高的管理费用率往往会“吃掉”销售过程中获得的毛利。因此，良性的管理费用增长应该控制在一定限度内。

从研发费用额和研发费用率来看，两者也都在增加，且研发费用率一直维持在 10%以上。我们在前面曾经分析过，企业研发费用与产品的毛利率直接相关：有效的研发费用将提升企业产品的毛利率。企业毛利率在 2023 年的显著增长极有可能与企业持续不断的研发投入有关。

考察企业各项费用的有效性，除了进行相关的费用率比较分析，还应该关注企业核心利润率的变化情况。从核心利润率的变化情况来看，本年较上年有所上升，显示公司整体在市场上的盈利能力在提高，意味着企业年度强化研发和费用控制等方面的举措取得了实实在在的效果。

2. 利润含金量与企业竞争力

我们已经考察过，企业的核心利润获现率较高，表明经营活动产生的现金流量能力较强。由于投资收益为零，因而没有必要分析其获现能力。因此，企业利润的获现能力（即含金量）较高。

3. 利润持续性与企业竞争力

从合并利润表的基本结构中，我们看到，由于核心利润占主体，企业当期实现的业绩基本上是由集团自身的经营活动带来的，业绩不会因其他偶然因素造成大幅波动，只要行业未来市场行情不发生太大变化，企业利润的持续性和竞争力是可以继续保持的。

4. 利润的战略吻合性与企业竞争力

前已述及，从整个集团的整体来看，企业主要产品的毛利率持续走高，盈利能力持续保持，这意味着企业产品的战略布局是成功的。另外，企业的合并利润结构与合并资产结构是高度一致的，集团整体上的资源配置战略实施效果较好。作为经营主导型的企业集团，其资源配置、市场开拓与经济效益之间的关系处在整体协调的状态，企业完全可以继续坚守主业，夯实市场竞争力，保持良好的发展势头。

（五）财务状况质量与竞争力的综合评价

在经营性资产方面，企业的资产与业务、利润表和现金流量表各项目之间形成了非常清晰的经营性资产—业务—营业收入—核心利润—经营活动产生的现金流量净额的逻辑关系。

本年度内，在资产质量和实力提升上，经营性资产整体上保持了较高的质量，经营性资产结构的主要变化发生在固定资产、无形资产和在建工程这三项经营性资产增长、应收票据与应收账款债权减少上。固定资产、无形资产和在建工程这三项经营性资产增长，反映了企业对产能提升和技术创新方面的需要。

而应收票据与应收账款债权的减少，按照我们前面的分析，企业营业收入在增加且计提了很少的信用减值损失，说明企业债权减少不是计提了减值损失，而是收到了真金白银。

经营性资产的变化，要么是强化未来的生产经营能力，要么是当期强化了债权回收。

整体看，经营性资产的结构变化呈现出重后劲、强管理的特征。

在市场与盈利能力方面，企业的营业收入在扩大，同时毛利率和核心利润率能够保持较高水平，说明企业产品的市场竞争力和盈利能力都较强。

需要注意的是，企业的经营性资产周转率有进一步改善的空间。在这方面，企业除了扩大市场规模，还要继续强化债权回收，努力降低赊销债权的规模。

五、企业风险分析

基于年报中所能获取的资料来讨论企业的风险问题，可以从以下三个方面展开：

1. 关于资产结构、市场发展与企业风险

从表面上看，企业的经营性资产质量较高，无明显的不良资产区域，连续两年利润表中的资产减值损失规模也都不大。但是，需要关注企业资产项目中出现的固定资产增长、在建工程增长与营业收入增长之间的关系。现有数据表明，整个集团的固定资产增长较快，如果达到预期设想的话，营业收入理应以更快的速度增长。从长期来看，如果固定资产原值周转率持续变低，则企业固定资产推动市场的能力将遇到阻碍，在固定资产和开发支出在建工程上出现不良资产的可能性会随之加大。

2. 关于货币资金、融资管理与企业风险

从财务报表的数据关系看，企业存在子公司货币资金存量较高、企业整体货币资金存量较高、非需求性债务融资以及一定规模的利息费用情况。

这种方式固然在很大程度上增加了子公司安排利用资金的自主权和灵活性，但也容易造成整个集团资金使用效率低下、集团不必要的资金成本过高，甚至出现子公司资金使用失控的风险。今后企业还应进一步强化货币资金和融资方面的集权式管控力度，适当降低子公司手中的货币资金持有水平。

3. 关于资产结构中赊销债权过高与企业风险

在2023年的合并资产负债表中，资产总额为111.48亿元，其中的赊销债权就占减除货币资金以外的资产50%以上。

如此高的赊销债权一旦发生坏账，将对企业资产质量以及盈利状况产生很大冲击。不过，从当前情况看，企业赊销债权质量是较高的，短时间内发生大规模坏账的可能性较低。

六、企业前景预测

（一）企业经营活动的发展前景

截至目前，企业整体的资产是高度聚焦经营活动的，合并报表中投资性资产非常低。因此，对企业未来发展的预测首先应集中在经营活动。

企业合并报表展示出来的企业经营活动特征是：毛利率、核心利润率较高，销售费用率、管理费用率比较均衡，核心利润获现率较高，存货周转率和固定资产周转率虽有所下降，但均保持较为正常的水平，等等。

因此，在未来，企业可以继续走“靠自身业务自我发展”的道路，并通过进一步强化自身研发和营销优势，保持市场竞争力，提高产品综合盈利能力；在生产领域，可以进一步强化固定资产管理，提高固定资产利用效率；强化存货管理，最大限度降低存货存量，提高存货周转率；强化赊销债权回收，提高经营资产效率等。

（二）通过融资、并购、重组等方式的企业发展前景

需要注意的是，无论是在母公司资产负债表还是在合并资产负债表上，企业的负债规模很低，金融性负债更低。这意味着，在发展方式上，企业通过债务融资方式发展的空间是很大的。但关键的问题是要有企业愿意投资的方向。

从常规的固定资产、无形资产建设来看，企业经营活动产生的现金流量净额以及货币资金存量完全可以满足相关的资金需求。除非企业有更大的战略安排，现有货币资金及未来经营活动产生的现金流量净额完全可以解决企业现有业务的扩大所需资金问题。

1. 通过发行股票、债券筹资并购或重组其他企业

发行股票、债券来并购或重组其他企业，可以短时间实现企业资产（母公司资产与合并资产）总额、营业收入和净利润的快速增长。如果企业在并购或重组过程中控制好商誉规模，则并购是一个不错的发展方式。

但通过发行股票、债券筹资，并购或重组其他企业可能出现的问题是，容易产生高商誉并购或重组，导致企业未来的风险加大，并购或重组后还需要进行各种整合，整合不当甚至可能会导致殃及主业的风险。

2. 通过债务融资并购或重组其他企业

与通过发行股票、债券筹资相比，企业通过债务融资进行并购或重组，由于

是靠贷款或各种有息负债来提供并购所需资金，这就需要企业的并购或重组见效要快，尽量避免出现大的投资风险。

需要注意的是，通过融资、并购、重组等方式谋求企业发展是需要条件的。这个条件就是控股股东是否有资源以及是否有意愿去通过并购或重组的方式发展。

到现在为止，我们已经学会运用本书所提供的战略视角下的企业财务报表分析框架，对中国上市公司的财务报表进行分析。当然，这只是读者系统运用本书知识体系的开始。相信随着读者对本书的分析框架和分析方法运用得越来越熟练，它们的价值也就越来越会显现出来，当然，这需要一个长期的实践过程。祝读者们学习顺利！

本章小结

本章以全书讨论的分析框架和分析方法为基础，对航天电器2023年年度报告的财务数据进行了较为系统的分析。在对本章的内容认真学习以后，读者们应该已经具备了从事高水平财务报表分析工作的能力。

思考题

1. 完整的战略视角下的企业财务报表分析框架包括哪些内容？

2. 我国上市公司年度报告中对母公司的信息披露有哪些特点？对母公司财务状况的分析有哪些影响？

案例分析

中联重科2024年度财务报告分析

请获取中联重科股份有限公司2024年年度报告，并完成下列分析：

1. 企业战略信息分析；
2. 企业财务状况质量与竞争力分析；
3. 企业风险分析；
4. 企业前景分析。

参考文献

［1］财政部. 企业会计准则应用指南. 2018 年版. 上海：立信会计出版社，2018.

［2］张新民. 从报表看企业：数字背后的秘密. 5 版. 北京：中国人民大学出版社，2024.

［3］张新民，钱爱民. 财务报表分析：立体化数字教材版. 6 版. 北京：中国人民大学出版社，2023.

［4］张新民. 企业财务状况质量分析理论研究. 北京：对外经济贸易大学出版社，2001.

［5］张新民，王秀丽. 解读财务报表：案例分析方法. 北京：对外经济贸易大学出版社，2003.

［6］克莱德·P. 斯蒂克尼，保罗·R. 布朗，詹姆斯·M. 瓦伦. 财务呈报、报表分析与公司估值：战略的观点：第 6 版. 朱国泓，译. 北京：中国人民大学出版社，2014.

［7］斯蒂芬·H. 佩因曼. 财务报表分析与证券定价：第 2 版. 刘力，陆正飞，译. 北京：中国财政经济出版社，2005.

［8］克里舍·G. 佩普，保罗·M. 希利，维克多·L. 伯纳德. 运用财务报表进行企业分析与股价：第 2 版. 孔宁宁，丁志杰，译. 北京：中信出版社，2004.

［9］张新民，金瑛. 资产负债表重构：基于数字经济时代企业行为的研究. 管理世界，2022（9）.

［10］张新民，叶志伟，胡聪慧. 产融结合如何服务实体经济?：基于商业信用的证据. 南开管理评论，2021（1）.

［11］张新民，陈德球. 移动互联网时代企业商业模式、价值共创与治理风险：基于瑞幸咖啡财务造假的案例分析. 管理世界，2020（5）.

［12］张新民，钱爱民，陈德球. 上市公司财务状况质量：理论框架与评价体系. 管理世界，2019（7）.

［13］张新民，卿琛，杨道广. 内部控制与商誉泡沫的抑制：来自我国上市公司的经验证据. 厦门大学学报（哲学社会科学版），2018（3）.

［14］张新民，祝继高. 会计学本科专业核心课程建设：突围之路. 会计研究，2015（8）.

［15］祝继高，王珏，张新民. 母公司经营模式、合并：母公司报表盈余信息与决策有用性. 南开管理评论，2014（3）.

［16］张新民. 资产负债表：从要素到战略. 会计研究，2014（5）.

［17］张新民，王珏，祝继高. 市场地位、商业信用与企业经营性融资. 会计研究，2012（8）.

［18］钱爱民，张新民. 企业财务状况质量三维综合评价体系的构建与检验：来自我国 A 股制造业上市公司的经验证据. 中国工业经济，2011（3）.

［19］孔宁宁，张新民，李寅迎. 成长型公司财务报表分析与股票未来收益：来自中国上市公司的经验证据. 会计研究，2010（6）.

［20］孔宁宁，张新民，李娟. 营运资本管理效率对公司盈利能力的影响：基于中国制造业上市公司的经验证据. 南开管理评论，2009（12）.

［21］钱爱民，张新民. 资产质量：概念界定与特征构建. 财经问题研究，2009（12）.

［22］钱爱民，张新民. 经营性资产：概念界定与质量评价. 会计研究，2009（8）.

［23］钱爱民，张新民，周子元. 盈利结构质量、核心盈利能力与盈利持续性：来自我国 A 股制造业上市公司的经验证据. 中国软科学，2009（8）.

［24］张新民，朱爽，王蓓. 金融危机的“公地悲剧”现象解析：兼论资产负债表对企业边界的界定功能. 中国工业经济，2009（7）.

［25］钱爱民，张新民. 新准则下利润结构质量分析体系的重构. 会计研究，2008（6）.

［26］张新民，王秀丽. 企业财务状况的质量特征. 会计研究，2003（9）.

［27］K. R. Subramanyam，Financial Statement Analysis. 11th ed. McGraw-Hill Book Co，2014.

［28］Clyde P. Stickney，Paul R. Brown，James M. Wahlen. Financial Reporting，Financial Statement Analysis and Valuation：A Strategic Perspective. 6th ed. South-western Cengage Learning，2007.

图书在版编目（CIP）数据

财务报表分析：理论与实务/张新民，钱爱民编著.
2 版. -- 北京：中国人民大学出版社，2025. 6.
（新编 21 世纪研究生系列教材）. -- ISBN 978-7-300
-33937-5
Ⅰ. F231. 5
中国国家版本馆 CIP 数据核字第 2025ZL4571 号

新编 21 世纪研究生系列教材 · 会计硕士（MPAcc）
新编 21 世纪研究生系列教材 · 工商管理硕士（MBA）
财务报表分析——理论与实务（第 2 版）
张新民　钱爱民　编著
Caiwu Baobiao Fenxi——Lilun yu Shiwu

出版发行	中国人民大学出版社		
社　　址	北京中关村大街 31 号	**邮政编码**	100080
电　　话	010－62511242（总编室）		010－62511770（质管部）
	010－82501766（邮购部）		010－62514148（门市部）
	010－62511173（发行公司）		010－62515275（盗版举报）
网　　址	http：//www. crup. com. cn		
经　　销	新华书店		
印　　刷	天津鑫丰华印务有限公司	**版　　次**	2021 年 4 月第 1 版
开　　本	787 mm×1092 mm　1/16		2025 年 6 月第 2 版
印　　张	19. 5 插页 1	**印　　次**	2025 年 6 月第 1 次印刷
字　　数	356 000	**定　　价**	56. 00 元

中国人民大学出版社　管理分社

教师教学服务说明

中国人民大学出版社管理分社以出版工商管理和公共管理类精品图书为宗旨。为更好地服务一线教师，我们着力建设了一批数字化、立体化的网络教学资源。教师可以通过以下方式获得免费下载教学资源的权限：

- 在中国人民大学出版社网站 www.crup.com.cn 进行注册，注册后进入“会员中心”，在左侧点击“我的教师认证”，填写相关信息，提交后等待审核。我们将在一个工作日内为您开通相关资源的下载权限。
- 如您急需教学资源或需要其他帮助，请加入教师 QQ 群或在工作时间与我们联络。

中国人民大学出版社　管理分社

教师 QQ 群：648333426(工商管理)　114970332(财会)　648117133(公共管理)
教师群仅限教师加入，入群请备注（学校+姓名）

联系电话：010-62515782，82501868，82501048，62514760

电子邮箱：glcbfs@crup.com.cn

通讯地址：北京市海淀区中关村大街甲 59 号文化大厦 1501 室（100872）

管理书社　　人大社财会　　公共管理与政治学悦读坊